北京大学
史学丛书

追寻现代世界的足迹

董正华 著

社会科学文献出版社
SOCIAL SCIENCES ACADEMIC PRESS (CHINA)

《北京大学史学丛书》出版说明

《北京大学史学丛书》是2018年北京大学百廿周年校庆之际，我系在学校财政大力支持下启动出版的一套历史学研究丛书。与已经开始出版的《北京大学人文学科文库·北大中国史研究丛书》、《北京大学人文学科文库·北大世界史研究丛书》、《北京大学中国古代史研究中心丛刊》、《未名中国史丛刊》相比，《北京大学史学丛书》选题范围更为广泛，除新撰专著外，也包括旧作增订、学术集刊、专题论文集、个人论文集等，旨在更加全面和充分地展示我系的学科建设成就。

北京大学历史学系渊源于1899年京师大学堂设立的史学堂，是全国高等教育中最早建立的史学教育机构。其学术实力在全国高校历史学院系中长期居于领先地位，在国际学术界也具有很高的声誉。近年来，随着兄弟院校历史学学科建设的不断加强，我系原有优势地位渐趋微弱，面临着巨大的挑战。在未来的时间里，我们将保持和发扬前辈师长的优秀学术传统，在已有基础上继续补充力量，整合队伍，拓展研究领域，明确学术标准，树立竞争意识，创造良好的学术氛围，鼓励和保护学术创新，力争产生更多的高水平学术成果，为北京大学的"双一流"建设做出应有的贡献。《北京大学史学丛书》出版的意义，亦在于此。

本套丛书出版，得到了社会科学文献出版社的大力支持，谨致谢意。

北京大学历史学系
2019年3月

目 录

第一辑　回望东西方

东亚传统文化与现代变革……………………………………003

现代化研究在中国的兴起与发展……………………………022

百年中国人权观念的嬗变……………………………………045

"联省共和"与荷兰的"黄金时代"…………………………076

资本主义精神：从韦伯、桑巴特到托尼
　　——兼评格林菲尔德的《资本主义精神——民族主义与经济增长》
　　………………………………………………………………090

中国人眼里的阿塔图克和现代土耳其………………………109

第二辑　聚焦现代化

现代化研究应当有所创新、有所超越………………………117

科学技术、生产力、现代化的本质特征与"未来景象"…125

以"一元多线论"为基础的"现代化范式"………………137

东亚"奇迹"之后的再思考
　　——《透视东亚"奇迹"》（合著）代前言……………157

从多层次研究的角度重新审视东亚现代化模式
　　——《世界现代化历程（东亚卷）》代前言……………165

"发展权"与发展模式的选择…………………………………181

环境生态的伦理…………………………………………………… 187
警惕新老发展主义病毒蔓延…………………………………… 198

第三辑　史学与史家

历史学的困境与史学家的命运………………………………… 205
长波理论与殖民主义史研究…………………………………… 208
菲尔德豪斯对殖民主义史的研究……………………………… 217
罗荣渠教授和他的现代化研究………………………………… 223
论全球史的多层级结构………………………………………… 231
观念史研究举隅
　　——人权观念在中国的演变……………………………… 240
师情友谊点滴在心头
　　——怀念何芳川老师……………………………………… 246
两岸学术交流的使者
　　——历史学家胡春惠先生………………………………… 252
独把春光磨铁砚　羞将华发换闲情
　　——读《罗荣渠文集》之四《北大岁月》…………………… 258
"世界历史"在中国
　　——以"世界现代化进程研究"为重点…………………… 267
口述史的方法和规则…………………………………………… 279

第一辑　回望东西方

东亚传统文化与现代变革

一 不断重构的"东亚"

谈到东亚必先想到亚洲。"亚洲"之称来自古代希腊,最初仅指当今小亚细亚(Asia Minor)一带,以后希腊人慢慢地知道了"小亚洲"以远还有"大亚洲"(Asia Major),但也只限于当时的波斯帝国及其周围。以亚洲实际面积之大,各部分之间的差异远甚于欧洲,历史上从来不曾作为一个文化单元或者政治经济统一体而出现。地理学家和历史学家将欧亚(Eurasia)大陆细分为若干地区,但并没有形成公认的地理界限,而且地理上的划分与政治、文化区隔有很大差异。

如同"亚洲"对于亚洲人纯属晚近外来的概念,在东方古籍里也找不到"东亚"一词。"东亚"顾名思义即"亚洲东部地区"。但究竟何为"东亚",迄今众说纷纭。日本学者子安宣邦指出,"东亚"作为一个文化地区概念,是在20世纪20年代由"帝国日本"建立起来的。"东亚"连同跟它关系紧密的"东亚共同体",曾经是明显具有负面意义的观念。"众所周知,这个概念构成了'东亚协同体',乃至最后扩大到'大东亚共荣圈'的理念。"① 提起"东亚协(共)同体"、"大东亚共荣圈",深受其害者至今心里仍然留着长长的阴影。它让人想到的,不是汉字"协同"、"共存"、"共

---

① 〔日〕子安宣邦:《东亚论:日本现代思想批判》,赵京华译,吉林人民出版社,2004,第92—93页。

荣"的本来含义,而是帝国主义的强权、霸道、侵略扩张甚至灭绝人性的烧杀抢掠。① 这也像那个常常被人跟汉译佛经里表示吉祥的"卍"(万)字搞拧了的、由四个希腊字母"Γ"组成的"卐",原本也是寓意光明、圆满,却在 20 世纪上半叶被纳粹玷污得不成样子。

二战结束以后,"东亚"走出日本侵略扩张的阴影,成为一个兼有地理、历史和文化内涵的流行概念,然而对其应用范围仍然众说纷纭。被尊为美国中国研究领域泰斗的费正清与他人合作,写了两部以"东亚"为书名的专著——《东亚:伟大的传统》(*East Asia*: *The Great Tradition*, with E. O. Reischauer, Harvard University Press, 1960) 和《东亚:近代的变革》(*East Asia*: *The Modern Transformation*, with E. O. Reischauer and A. Craig, HUP, 1965)。书中提出,包括中国、日本、朝鲜(半岛)和越南在内的"东亚",其概念应有三层含义:地理上指受崇岭和大漠阻隔的东部亚洲地区,人种概念指蒙古人种居住区,文化概念主要指渊源于古代中国的文明圈;结论是"可以说东亚就是'中华文化圈'"。② 师承费正清的罗兹·墨菲一版再版的《新东亚史》(*East Asia*: *A New History*),将东亚从其畅销的教科书《亚洲史》中一个"完整的单元"扩充为一个独立的叙述对象,而且增写了东南亚发展的新内容。墨菲也认为东亚形成了一个较易理解的文化单元。中华文明的痕迹在朝鲜、越南和日本至今仍然很明显。因此,东亚有时也被称为"中华世界"。墨菲叙述的"东亚"包括整个东北亚和东南亚,范围超出中、日、朝鲜半岛和越南。墨菲重视气候条件和农业对东亚区域文明形成的意义。强调整个东亚处于"季风亚洲"的范围之内,雨热同期,拥有世界上最大的高产农业耕地。农业是中国文明的燃料。正是在农业技术从中国传播到东亚其他地区的过程中,中国式文化被建立起来,中国人独特的土地观和人地关系观也传入这些地区。③ 中国学者杨军的《东亚史》从政治、经济、文化和地区、国家、区域等不同层次,探讨远古以来东亚如何成为一个独特的世界,揭示了当代东亚走向区域合作与一体化

---

① 参见韩东育《东亚的病理》,《读书》2005 年第 9 期。
② 〔美〕费正清、赖肖尔、克雷格:《东亚文明:传统与变革》,黎鸣等译,天津人民出版社,1992,第 1 页。
③ 〔美〕罗兹·墨菲:《东亚史》,林震译,世界图书出版公司,2012。

的趋势。①

随着经济高速增长，战后日本学界谈论"东亚共同体"的声浪再起，不排除有少数人梦想改用经济手段重建日本支配下的"大东亚"。然而也有人认为，尽管日本在经济以及文化和地理上越来越与亚洲连在一起，但她全然不是，至少大多数时候不是亚洲的。② 一说在当代日本学术界、新闻媒体和一般人的意识里，东亚大多不包括日本，而是指曾经作为半殖民地（中国）、殖民地（朝鲜、中国台湾等）和占领地（东南亚）的其他东亚国家。③ 这正像罗金义先生所指出的："东亚"一词很可能打从一开始就被"发明"为一个有浓厚意识形态指涉的"话语"。解构与重构按照西方意识形态标准"发明"出的"东亚"概念，清除其中的殖民主义遗产，比如为什么将20世纪70年代的印支半岛摒出"东亚"概念以外，等等，可以"以一本专著的篇幅来仔细论证"。④

世纪之交，随着世界经济重心由大西洋向太平洋转移，频频出现经济"奇迹"的东亚，因为位于太平洋西岸而有了一个新名称——"太平洋亚洲"（Pacific Asia）。1992年美国"太平洋经济合作协会"（PECC）的学者推出一本600页的大书——《太平洋世纪》，副标题为"现代太平洋亚洲的兴起"。该书着眼于美国从大西洋向太平洋的战略转移，也对太平洋亚洲即东亚如何转型为"一个'现代的'、内部相互依赖的地区"（a "modern" interdependent world region）着力做了分析描述。作者强调，地域涵盖中、日、朝鲜半岛和整个东南亚，以及俄罗斯东西伯利亚地区的"太平洋亚洲"，虽然内部存在地理、文化和政治的多样性，但是跟南北美洲和大洋洲远隔重洋，也跟南亚和西南亚有明显的区隔，其内部联系和相互影响催生了近百年来的融合趋势和共同发展道路。⑤

以上所述几部著作，因其明白无误地以东亚为叙述对象而引起笔者注

---

① 杨军：《东亚史》，长春出版社，2006。
② 参见〔美〕吉姆·罗沃《亚洲的崛起》，张绍宗译，上海人民出版社，1997，第27页。
③ 〔日〕中村哲：《东亚近代史理论的再探讨》，陈应年等译，商务印书馆，2002，第4页。
④ 罗金义、王章伟编《奇迹背后——解构东亚现代化》，香港，牛津大学出版社，1997，第327—328页。
⑤ Mark Borthwick, *Pacific Century: The Emergence of Modern Pacific Asia*, Westview Press, 1992, pp. 3-8.

意。更多的著作虽然主要涉及东亚某一个时段或一部分地区的历史，但字里行间透露出著者的区域整体意识。例如，中国学者权赫秀在其讨论东北亚国家关系史的论文集里，综合分析了中、韩、日学者关于"东亚世界"的各家之说，进而指出：近代以前的东亚确曾有一个以册封体制为媒介，通用中国式农历及其纪年，以汉字、儒学、律令制度、佛教为标志的文化乃至地区共同体，近现代东亚则经历了共同体分裂与瓦解和东亚各国关联与互动的"双主题变奏"。发端于19世纪后半叶的分裂与瓦解导致各国相互疏远、隔绝乃至对立，极端的表现如日本吞并朝鲜、侵略中国终至败亡；而东亚各国在现代化进程中日益密切的关联与互动，反映了世界一体化乃至全球化的进程和趋势。从传统东亚世界的瓦解到现代东亚世界的形成，正是东亚世界体系由逐步衰弱而重新成长为一个新的强势单位与体系的历史。[1] 日本新生代学者川本芳昭的《中华的崩溃与扩大：魏晋南北朝》，试图以"东亚世界"的眼光解读历史，着力于中华文明的传播及其所带来的民族间复杂的互动关系。该书第十章专门讨论这一时期中华世界的扩大与"新"世界秩序，包括古代日本、朝鲜中华意识的形成。[2] 中日韩三国共同编写委员会完成的《东亚三国的近现代史》以"面向未来，共同建设和平与友好的东亚新格局"为宗旨，以浅显流畅的文字介绍中日韩三国在近代走过的历程。[3] 本书的特点是由三国学者共同撰写，所述虽非整个东亚，但对于加强各国学者的交流、树立共同的历史观，具有示范意义和推动作用。

概言之，"东亚"作为一个兼顾地理、历史和文化的概念，包括东南亚和东北亚两个部分在内。因为它位于太平洋西岸，所以又被称为"太平洋亚洲"。它的面积约1620万平方公里，占亚洲总面积的37%、全球陆地面积的12%；它的人口到20世纪末已达17亿以上，接近世界人口总数的1/3。偌大一个"东亚"，政治、经济、文化、历史情况自然十分复杂：这里历来有众

---

[1] 权赫秀：《东亚世界的裂变与近代化》，中国社会科学出版社，2013，"代前言"。
[2] 〔日〕川本芳昭：《中华的崩溃与扩大：魏晋南北朝》，余晓潮译，广西师范大学出版社，2014。
[3] 《东亚三国的近现代史》共同编写委员会编《东亚三国的近现代史》，社会科学文献出版社，2005。

多民族聚集，儒、道、佛、基督教、伊斯兰等多种文化、宗教交汇，16世纪以来又增添了近代西欧的影响。从内部看，东亚俨如一个汇聚众多民族、文化和宗教的人类博物馆，充满异质性、多样性。然而，放在世界历史的大版图上，无论从历史文化的角度，还是就其在现代经济政治发展和世界格局中的地位来看，"东亚"相对于其他区域的特性、东亚自身的一体性还是十分鲜明的。

二　东亚共享中华文化

古代东亚对人类文明有独特的贡献。早在人类文明发展的晨曦时代，东亚已经独立发育出了区别于南亚、西亚文化的本土文化。东亚流行的汉字以及后来的汉字变形体在世界文字史上独树一帜。到了公元前800年至公元前200年，中国与印度、以色列、希腊等地区分别而又几乎同时发生精神的觉醒或曰文化的突破，初步形成了各具特色、富有生命力的文明形态。从那时以后，起源于黄河流域的这一支文化向东、向南、向北发展并与当地土生的文化融合，逐渐成为东亚文化的主流，形成以汉字和儒学为象征的东亚传统文明——华夏文明或称"中华文明"。历史上的朝鲜、日本、越南都曾"各自认为自身是保持中华正统的国家"。[①]"中华"成为华夏文明影响范围内共有的观念。中国的哲学思想、皇权官僚制度、艺术、文体、建筑乃至服饰样式都成为学习效仿的对象。因此，谈论东亚，不可能离开"华夏"、"中华"和"中国"。

"华夏"又称"中夏"、"诸夏"、"中华"，最初指黄河流域一带诸夏氏族群体、方国，跟夷、狄、蛮、戎等四方游牧部落对称，后来逐渐演变为中原王朝管辖区域的统称。"华夏"一词最早见于《尚书》。《尚书正义》解释为"冕服华章曰华，大国曰夏"。《左传·定公十年》云："裔不谋夏，夷不乱华。"孔颖达《春秋左传正义》疏曰："夏，大也。中国有礼仪之大，故称夏；有服章之美，谓之华。华、夏一也。"目前所知最早的"中国"一

---

① 〔日〕滨下武志：《近代中国的国际契机》，朱荫贵等译，中国社会科学出版社，1999，第40页。

词，见于出土文物"何尊"（青铜制成的酒器，1963年在陕西鸡贾村出土）上的周武王之子成王时的天子铭文"余其宅兹中国"，意思是"我已经据有天下之中"。以后，"中国"的内涵从京师到中原，再到泛指中原王朝，经历了漫长的演变过程，正式作为国名则始于辛亥革命以后。但早在中古时期，只要入主中原，不管是汉族还是少数民族，如鲜卑人建立的北魏，对峙的宋、辽、金，大家都自认为"中国"。"南朝"虽然迁离了中原，也仍以"中国"自居。

两千年来，孔子一直被当作华夏文化或中华文化的象征。孔子定《礼》、《乐》，强调"立于礼"。儒家主张"天子以至于庶人，一是皆以修身为本"，然后才能"明明德于天下"，个人修养和社会治理均臻于完美即"立于礼"。"礼"是儒家政治哲学的核心观念。大家都知道《礼记·礼运》里的如下一段名言：

> 大道之行也，天下为公，选贤与能，讲信修睦。故人不独亲其亲，不独子其子，使老有所终，壮有所用，幼有所长，矜寡孤独废疾者皆有所养，男有分，女有归。货恶其弃于地也，不必藏于己；力恶其不出于身也，不必为己。是故谋闭而不兴，盗窃乱贼而不作，故外户而不闭。是谓大同。今大道既隐，天下为家，各亲其亲，各子其子，货力为己，大人世及以为礼，城郭沟池以为固，礼义以为纪，以正君臣，以笃父子，以睦兄弟，以和夫妇，以设制度，以立田里，以贤勇知，以功为己。故谋用是作，而兵由此起。……是谓小康。

不管这段话究竟是不是孔子所说、是否掺杂了其他诸子的思想，我以为它揭示了华夏文明的真谛——正视"大道既隐、天下为家，各亲其亲，各子其子"，所以要讲礼仪、设制度；同时憧憬曾经有过的"大道之行、天下为公"，希望回到一个"老有所终，壮有所用，幼有所长，矜寡孤独废疾者皆有所养"的美好社会。这些都反映了中国古人的天下观念，希望看到天下大同，没有今天区分不同民族、国家的畛域之见。同时，这段话也反映了华夏文明区别于轴心时代形成的其他几个文明的最重要特点——世俗性。

华夏所宗先秦诸子尤其儒、墨、法、道四家，在应当维护或者建设什么样的制度、如何达到理想社会等问题上曾经反复争鸣、论辩。例如，儒家主张德政、礼治，主张区别亲疏贵贱的"仁爱"；与儒家同为当时"显学"的墨家则要求打破社会等级，主张"兼爱"；法家力主严刑峻法，道家则主张道法自然、无为而治；儒家"刑不上大夫礼不下庶人"而法家"刑过不避大臣赏善不遗匹夫"，儒家看到天下安宁的希望在"大一统"而道家只要"小国寡民"，等等。但恰如后世习儒者所总结的："周末诸子各有极致之诣……若游心能如老庄之静虚，治身能如墨翟之勤俭，齐民能如管商之严整，而又持之以不自是之心，偏者裁之，缺者补之，则诸子皆可师而不可弃也。"（曾国藩日记，咸丰十一年八月）更如何炳棣先生所指出的：《论语》、《墨子》、《庄子》等各家著述先后论及"道术"，且文意相同或者相似，都指向重实际、重功利的养民之道，亦即为解决基本民生以维持社会安定的一套方略。《庄子》所言"神人"、"神明"，都是理想中的上古圣君贤王。有证据可以说明"先秦思想中的基本关怀不是'宇宙、人生本原'的形上探讨，而是不出生民之理、日用人伦范畴的最现实功利的'人君南面之术'"（何炳棣：《从〈庄子·天下〉篇首解析先秦思想中的基本关怀》，《中央研究院历史语言研究所集刊》第78本第一分，2007年3月）。

　　概言之，影响东亚两千年的先秦诸子之学，全都关注现世为人和处理人际关系的准则，而绝少对"出世"即彼岸世界的探讨。对于诸子中影响最大的儒家学说，虽然早有人称之为"儒教"，例如称誉某人"世笃儒教"（蔡邕：《蔡中郎集》卷五《司空杨公碑》）、"伏膺儒教"（《晋书·宣帝纪》）、感叹"儒教沦歇"（《梁书·儒林传序》），等等，但它并非如佛教、基督教或者后世形成的道教那样的有佛祖或者上帝或者其他天神崇拜的宗教。此外还应当特别指出：从汉武帝时官家推行以经为教以儒为师起，儒学已经开始吸收其他诸子的思想，以至于逐渐变得"外儒内法"或"儒表法里"了。董仲舒在力主罢黜百家独尊儒术的同时大讲阴阳五行、"天人感应"，本人的思想就有浓重的黄老刑名之学的色彩。标榜以儒家孝道治天下的汉室统治者，文景之治是为道家"清静无为"之治，武帝曾多用酷吏推行严刑峻法，宣帝则明讲"汉家自有制度，本以霸王道杂之，奈何纯任德教，用周政乎！且俗儒不达时宜，好是古非今，使人眩于名实，不知所守，何足委任！"（《汉书·元帝纪》）后世儒教，已经远非孔孟原儒了。这也反映了传统文化各种组成部分之间的相互影响、通融和渗透。

古代东亚各国深受中华文化影响，由此而形成共同享有且连绵不断的华夏文明。《新唐书》卷四十四《选举制上》"贞观十三年"条记载："四夷、若高丽、百济、新罗、高昌、吐蕃，相继遣子弟入学，遂至八千余人。"《唐语林》卷五有"太学诸生三千员。新罗日本诸国，皆遣子入朝受业"。朝鲜半岛的新罗在唐前期统一半岛大部，与唐关系密切，淮安专设新罗馆接待新罗商人。新罗留学生为各国赴唐留学之最。新罗用汉文，中国典籍大量传入，政治、经济制度及天文、历法、艺术、服饰均仿唐，佛教亦由唐传入。日本在隋代已经开始组织人员来华，以后派出遣唐使13届，每次100—500人不等。645年"大化改新"仿唐制度，以汉字记事，9世纪根据汉字创日文字母片假名和平假名；都城奈良（平城京）完全仿长安。受日人邀请，鉴真和尚六次东渡弘扬佛法，最后终于成功。中国对日本的影响从儒道释各家哲学思想文化、语言文字、政治制度、建筑艺术延及服饰、音乐等各个方面。迨到19世纪，随着工业化、现代化浪潮从西欧一隅向世界的扩散，出现了大规模的西学东渐。如果转换一下时空，我们会看到早在一千多年以前，东亚这个局部世界曾经发生过大规模的"中学四渐"——中国文化向四方的传播。

三　东亚文明的开放性与包容性

然而，无论是中国还是遍及东亚的"中华文化圈"，其形成都不是单向的从中心向四周传播输出文化的结果。

首先，"华夏"无论族群还是文化，原本就有大量"四夷"元素。传说中的黄帝集团出自昆仑、崆峒，入居中原与炎族融合。周人原本居于西北，处狄、戎之间，周战胜并融合殷商，封建宗亲而成"诸夏"，此后才有了夷夏内外之别。吴、越、楚、秦长期处边远之地，起初都曾被视为蛮夷，却不妨碍她们先后进入中原称雄称霸甚至最后入主中国。刘邦先是响应张楚反秦，继而承秦制兴汉，遂有了"汉人"统治的天下，实际上已经是"诸夏"与四夷融合混一的结果。以后从汉衰亡到隋唐兴起，中经三国两晋"五胡十六国"和南北朝对峙，四百年间中原板荡，天下大乱，其间由夷狄而入主中原者，又岂止苻秦、元魏？南北朝时期从天竺传入的佛教大盛于中国，而天竺更远在"四夷"之外。从此佛教寺庙、石窟、造像碑刻遍天下。十六国与北朝于佛教传布用力显著：羯人石勒敬重龟兹僧人佛图澄，允其收徒数万，立寺近千所。《洛阳伽蓝记》详细记录了北魏时洛阳内外著名佛寺结构。当初佛经被视为"胡经"（所谓"胡经尚质、秦人好文"），佛教被视为"夷狄之俗"。做了后赵皇帝的石勒曾明言"吾自夷"而"佛为戎神，正所应奉"。从十六国到北朝三魏、北齐、北周，一时间竟然胡天胡地，三代古风似乎荡然无存。佛教影响之大，连南朝皇帝也有不少笃信并且大造佛寺。梁武帝时建康一地有寺500余，各寺拥有大量田地，佃户和僧尼"不贯入籍，天下户口几亡其半"。北朝皇帝故多为胡人，隋、唐皇室均有鲜卑血统，又何曾是纯粹汉人的政权？唐以后经过半个世纪的动荡，好不容易有了一个赵宋，却又长期跟契丹、党项、女真以及大理、吐蕃对峙，从勉力维持昔日大唐的半壁江山，到最后不得不退居江左，从此"汉唐气象"不再。以后直到清朝覆灭民国创始，八百年里有将近三分之二时间中国被"夷狄"统治。范成大记载1170年金人治下的开封"民亦久习胡俗，态度嗜好与之俱化。最甚者，衣装之类，其制尽为胡矣"。

如果说先秦时的胡服骑射，"五胡乱华"以来的胡床胡凳胡音胡乐，以及清王朝的流韵宫廷菜式、旗人服饰、洪秀全《奉天讨胡檄》所斥"造为京腔、更中国音"的"满大人"（mandarin）声调，早已被普遍接受，甚至潜移默化为举世公认的华人标志、华人习俗，那么，最近百多年来因为遭遇欧风美雨，从天上到地下，从四民百业到衣食住行，没有西洋或者东洋印记的已经所剩无几。正如当年的遣唐使们将中华文化带走然后吸收消化成为自己本土文化的一部分，近代以来的中国留学生也从海外带来了大量新知识、新文化。据统计，现代汉语里的外来语词多达4300多个，其中大量为日常用语。各学科关键词基本来自外语，学科分类本身亦远离传统的经、史、子、集"四部"。离开了诸如经济、世界、科学、真理、主义、生产、节约、分配、服务、单位、干部、时间、能力、简单、客观、紧张、活跃、动员、同情、代表等等外来词，很难想象今日国人如何提笔成文、开口说话。

在世界古代史上，文明中断的例子并不罕见。且不说古代两河流域和古埃及，以及美洲的印加、阿兹台克等古老文明，只看古代希腊，文明成就赫赫扬扬，却在马其顿征服以后，直到19世纪上半叶复国以前，一千五百年间没有了自己的历史。从容就死于纳粹集中营的法国著名汉学家马伯乐（Henri Maspero）曾经说过这样一句话："中国是欧洲以外仅有的这样一个国家：自远古起，其古老的本土文化传统一直流传至今。"实际上，勉强算是延续希腊人事业的古代罗马，也先后遭受"蛮族"日耳曼人和奥斯曼土耳其人的毁灭性打击，城市建筑、典章制度直到文书文字都被破坏殆尽，以至于直到文艺复兴运动兴起，此前的中世纪曾经长期被称为"黑暗时代"。

如前所述，历史上东亚大陆的中心地区即中国，曾多次出现"四夷"的政权，汉人的统治几度中断。朱熹认为汉人从元魏开始染上胡风，忘记三代之礼仪，甚至难辨华夷，仅从服饰上看："今上领衫与靴皆胡服，本朝因唐，唐因隋，隋因周，周因元魏。"（《朱子语类》卷九十一《礼》八）北宋科学家沈括所记更进一步："中国衣冠，自北齐以来，乃全用胡服。"（《梦溪笔谈》卷一《故事一》）实则文明、文化必须不断充实更新，一旦固有，难免崩坏瓦解。华夷难辨的结果既不是尽化为胡，也不是尽化为汉，而是汉胡融合，四海一家。中华文化—东亚文明历来的发展既不是从内到外单向的"以华变夷"，更不是从外向内的"以夷变华"，而是不断的外化和内化、双向运动相互影响的"涵化"（acculturation）过程。如张荫生先生所论：

> 永嘉大乱为启发新时代之关键。而胡人内侵，华族南移，又为民族重新焕发与文化重新孕育之重要条件。北方大族以其传统文化与吴楚百越文化合流。五胡诸族以其强劲气质与华夏民族交配，历三百余年之长期酝酿，终于钟铸为伟大之新民族与新文化，而表现为隋唐两大帝国之盛业与华南之丰裕经济及蓬勃学风。通盘言之，五胡内徙虽

纵暴于一时，终溶解于洪炉。北人南迁虽屈局于偏方，终扩播其文化。两晋以及南北朝，实民族交配与文化交流之大时代。①

的确如此。"五胡"入塞以后，一方面带来了自己的文化，另一方面耳濡目染强大的华夏文化和典章制度。刘渊曾居洛阳，从儒生习经史，晋封为匈奴五部大都督。起兵后自称大单于，又称汉王，标示自己既是匈人首领，又是汉室正统的继承者。曾为人奴的石勒起自群盗，目不识丁，纵横冀、兖、豫、徐、荆各州，杀戮最重，却又喜听儒生陈说，知识日增，称王后设大学办教育，选将佐子弟使明经善书者教之；称帝后立明堂、辟雍、灵台，积极吸收和推广儒学经典和律学、史学，人事制度则因袭魏晋。苻坚氏人，重用王猛等汉族士人，鼓励农业，设立学校，扶持鳏寡孤独，褒扬孝友忠义，本人也博学多艺，终统一华北。"五胡"携其风俗文化气质入主中原，给华夏增添了新鲜血液，自身也最终融入其中。匈人不再是匈人，羯、氐不再是羯、氐，鲜卑也不再是鲜卑。当然，汉人也不再是原来的汉人。

华夏文明在不断融合外来文化的过程中繁荣壮大的一个鲜明例证，是佛教与老庄"玄学"、儒学的接榫和不断本土化。慧远隐逸以前曾入"太学"习儒，后来成为南派佛教的领袖，被视为净土宗的始祖。跟从慧远的众多俗家信徒、儒生弟子皆相信"禅定胜于念佛"。南朝佛教的著名代表支遁（支道林）曾注《逍遥游》，是时人推重的庄学大家。正如许理和在论及中国僧人和居士的佛教信仰时所总结的："当中国知识分子一边拿着《道德经》一边在佛教形而上的密林里开始探寻自己道路的时候，这种混合型佛教（hybrid Buddhism）便开始形成了。"② 佛教在中国进而在东亚广大地区的转播，为东亚文化增添了新鲜血液。千年以来书院、寺院并立，释、道共享名山，外来的佛教跟土生土长的儒教、道教和平相处，相互吸纳，形成中华文化混元三教九流一体的波澜壮阔新局面，实为世界文明史上罕见的特色。

---

① 张傧生：《魏晋南北朝史》，台北，幼狮文化事业公司，1978，第242页。
② 〔荷〕许理和：《儒教征服中国》，李四龙等译，江苏人民出版社，2005，第72—73页。

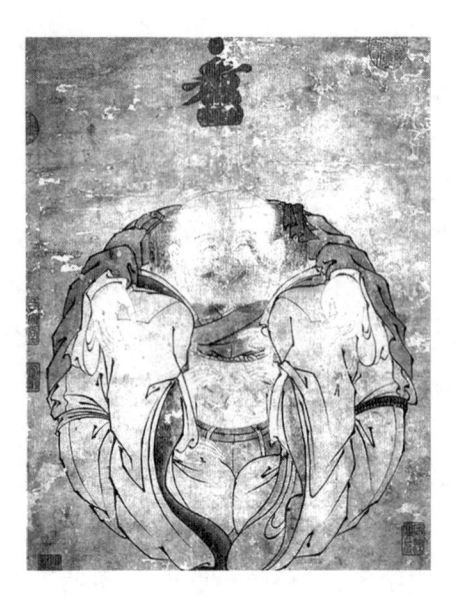

图1　明成化帝（宪宗朱见）《一团和气图》，作于1465年。粗看似一笑面弥勒盘腿而坐，体态浑圆，细看却是三人合一。左为一着道冠的老者，右为一戴方巾的儒士，二人各执经卷一端，团膝相接，相对微笑，第三人则手搭两人肩上，露出光光的头顶，手捻佛珠，是佛教中人。

图2　少林寺混元三教九流图赞碑拓

如果我们继续推演历史，对这种文化"涵化"的情形可以看得更清楚：元代始创的行省制度至今行之有效。元世祖召集儒生编撰地理书，将古今书史传记所载天下地理建制、郡县沿革、山川人物、圣贤赋咏分类编述，取"春秋大一统"之义，定名《大一统志》，后世明清修一统志皆因之。钱穆先生当初曾指斥"元诸帝多不习汉文，甚至所用官吏有一行省之大而无人通文墨者"(《国史大纲》)。但据考证,元朝皇帝当中,忽必烈曾亲自考试儒生的书法和背诵,世祖以下诸帝,仁宗师姚枢、窦默,成宗师李谦、董文用,武宗师从李孟等人,英宗师王集、柯久思,明宗师吴直方等。元代注重教育,学风沿袭宋,形成务实学不尚空谈的风气。经书著述、私人文集、小说戏剧都达到较高水平。陈垣总结:元时并不轻视儒学,至大元年加号孔子为大成至圣文宣王;延祐三年,诏春秋释奠,以颜、曾、思、孟配享;皇庆二年,以许衡从祀;又以周、程、张、朱等九人从祀;至顺元年,以董仲舒从祀;至正廿一年,以杨时、李侗等从祀。又并不轻视文学,延祐五年七月,加封屈原为忠节清烈公;致和元年四月,改封柳宗元为文惠昭灵公;至元三年四月,且谥杜甫为文贞。其崇尚文儒若此。① 至于满人在入关以前已经大规模吸收接纳中原文化的情况,不用在这里多说了。总之,佛教进入中国、"五胡乱华"以及后来元朝、清朝的历史都一再证明,东亚文明正是在西人所谓"心脏地带"(heartland)和"四夷"文化之间反复接触碰撞不断融合的"涵化"过程中,越来越充盈、越来越繁盛的。以华夏文化为标识的东亚文明正是以其强大的吸引力、凝聚力,以它的开放性和包容性,获得无比顽强的生命力。

这就引出东亚文明的另一突出特点,表现在时、空两个维度:东亚与中东、中美洲同为农业发源地,与南亚和地中海东部沿岸同为古典文明的发生地,但是经过后来的发展演变,唯有东亚农业文明历经数千年而未中断,而且涵盖范围不断扩大。汉字和儒家文化的泽被范围超出"中央帝国"而到达北边的朝鲜半岛和日本,南边中印半岛的安南、占城等地。20世纪80—90年代建立在东亚"奇迹"基础上、一度被炒得沸沸扬扬的"亚洲价值观",其基本内容无论是在华人为主体的新加坡还是在马来人居多的马来西亚,都打有鲜明的儒家文化的印记。儒家思想甚至被认为是"亚洲价值观"的核心。以儒学为代表、兼容和吸收其他而形成的"东亚文化",成为东亚区域文明和东亚地区整体性的重要象征,也是连接东亚广大地区和人民共同心理的强有力纽带。

除了上述特点,不断的民族混合和人口移动也对东亚文明的形成有重

---

① 李则芬:《文史杂考》,台北,台湾学生书局,1979。

要影响并构成其另一重要特色。中国人口的主要部分是古代中原的"华夏族"与境内各民族长期融合的结果。历史上大批华人移居南洋,对东南亚的开发和各国的社会经济发展做出了巨大贡献,同时也带去了汉字文化,传播了华夏文明。在东北亚,朝鲜半岛与中国东北之间的人口移动从未间断。与东亚大陆"一衣带水"的日本也是如此:到9世纪初,从朝鲜到日本的移民已经相当稳定。815年日本编撰的宗谱录收入1182名贵族,其中,1/3强的家族声称是朝鲜人血统或汉代殖民朝鲜的中国人的后代。[①]

四　东亚"朝贡贸易体系"

历史上的"朝贡贸易体系"和由此体系而形成的"亚洲区域经贸圈"、"前现代亚洲市场",是将东亚连为一体的又一重要环节。日本学者滨下武志详尽考察了"朝贡"体制的基本概念和形态,认为这一体制是"国内基本统治关系即地方分权在对外关系上的延续和应用。将中央—各省的关系延续到外国和周边,将中央—各省—藩部(土司、土官)—朝贡诸国—互市诸国作为连续的中心—周边关系的总体来看待,并将其整体作为一个有机的体制来把握"。[②] 它的前提是朝贡国(地区、部族)接受中国"天子"——皇帝对当地国王(首领)的承认并加以册封,各国、各地区、各部族则定期向皇帝朝贡。朝贡不限于各个"藩属"与中国之间,还有各藩属国间次一级的朝贡关系。例如江户时代初期的日本一面向明朝政府请求赐予"堪合符"以重建宗藩关系,一面迫使明朝的属国琉球暗中向日本纳贡;拉玛一世时的泰国一面继续向中国纳贡,一面将柬埔寨、老挝的诸小国以及马来半岛上的一些苏丹土邦收为藩属。朝贡体制所维持的不仅是一种以中国为中心的统治关系和内部共有"中华"理念的东亚世界秩序,也是一种贸易体系。例如,明朝对"奉正朔"前来朝贡的黎氏安南采取"薄来而厚往"的政策,黎王既得封号以自固,又图经济上的实惠,所以不断增加朝贡次数;阮氏越南则继续受清王朝册封并实行两年一次的朝贡贸易。

---

① 〔美〕费正清、赖肖尔、克雷格:《东亚文明:传统与变革》,第335页。
② 〔日〕滨下武志:《近代中国的国际契机》,第31页。

日本征服琉球后，以宗主自居的萨摩藩强使琉球请求增加向明朝进贡的次数。获准以后，萨摩藩积极投资琉球的每次朝贡活动，为此不惜向京都和大阪商人借贷，① 更是"以进贡之名行贸易之实"的最好注脚。正如滨下武志所论，朝贡体制在根本上是靠贸易关系支撑的。"朝贡的根本特征，在于它是以商业贸易行为进行的活动，也就是说，因朝贡关系而使得以朝贡贸易关系为基础的贸易网络得以形成。"② 东亚朝贡体系并不是一个由中央皇朝控制的、只许中国与周边各国（地区）之间单边往来的垄断贸易体，体系内同时存在次级贸易网（如暹罗—日本—华南贸易网）和多边贸易关系。此外，朝贡贸易体系还是一个开放的体系，不排斥体系内国家与体系外地区的往来，如雍正年间苏禄和暹罗国王给清朝皇帝的贡品中就都有来自西洋的物品。东亚朝贡体系在明朝建立以后曾经涵盖了广袤的东亚大陆和海上区域，包括中国、朝鲜、日本、琉球、越南（安南、占城）、柬埔寨（真腊）、泰国（暹罗）、马来半岛（满剌加）、印度尼西亚的爪哇、菲律宾的苏禄国，甚至远及锡兰。在西方殖民者到来之前，东亚贸易曾经空前繁荣。据田汝康先生研究，17—19世纪中叶东南亚及其他各地和中国连接的朝贡贸易网，以及与地区间贸易结合的移民浪潮的扩大，形成为一种内外共同发展的现象。③

朝贡贸易体系对东亚地区的文化传播、对东亚区域经济的形成和东亚文明圈的延续起巨大作用，其形成和长期延续均有深刻的历史原因。朝贡体制的核心是"华夷秩序"。费正清等人观察到：早在葡萄牙人、荷兰人和英国人之前，甚至在伊斯兰教徒和阿拉伯商人之前，中国人已有实力从事印度洋与东南亚的远洋贸易与海外扩张，但是并没有去做。对于这一令西方人感到困惑不解的现象，他们称作"早期东亚历史的神秘性之一"。④ 日本学者信夫清三郎引述东汉大儒何休所说"王者不治夷狄，录戎来者不拒，去者不追"，并进一步论证：以朝贡为媒介而建立的华夷秩序以慕化（慕夏）和"不治"为基本理念，是一种完全不同于西方"条约体系"下

---

① 〔日〕信夫清三郎：《日本政治史》第1卷，周启乾等译，上海译文出版社，1982，第14页。
② 〔日〕滨下武志：《近代中国的国际契机》，第38页。
③ 〔日〕滨下武志：《近代中国的国际契机》，第61页。
④ 〔美〕费正清、赖肖尔、克雷格：《东亚文明：传统与变革》，第260—261页。

弱肉强食的国际关系的世界秩序——包罗宇宙的普天下的秩序。① 这一类论述还有很多。他们分别指出了华夷秩序以和平交往为主流、以诚信相交为原则的特点，反映出华夏文明本质上是一种"和天下"的文明。东亚历史上尽管不乏疆场上的攻防、征战，王朝"户籍之版、土地之图"的扩张、收缩，东亚各民族并非畏葸怯懦"尚安息雍容文雅……具如斯卑劣无耻之根性"（陈独秀：《东西民族根本思想之差异》），但是，多数情况下，中央王朝与各藩属国封贡关系的建立和维持，不是武力征服的结果，反而是出于藩属国为取得"名分"、"正朔"而采取的主动。同时也应看到，这一建立在"天下"观（天下帝国唯我独尊，"溥天之下莫非王土，率土之滨莫非王臣"）之上的东亚世界体系是农耕时代自然经济的产物，是一种以中央帝国为核心、宗藩之间形同君臣、父子关系的不平等体系。中央帝国的强盛和优势地位一旦丧失，这一体系也将随之解体。西方殖民主义东来以前，东亚"边缘"与"核心"之间的冲突多是间断性的或局部的，变故之大如满人从东北入主中原，其结果也还只是体系内关系的调整和对体系的修复，而非体系的破坏。"华夷秩序"的真正崩坏，是工业化的西方到来和近代日本崛起以后才发生的。

五　现代东亚浴火重生

以华夏文明为标志的前现代东亚，无论思想文化、科学技术还是政治制度、贸易、经济的发展，都曾经在人类发展史上长期居于领先地位，从而给世界以巨大的影响。这种影响一直延续到近现代早期的西方思想界。17—18世纪英国和法国都曾经出现"中国热"。德国哲学之父莱布尼茨甚至将疗救"人与人相互为狼"一类人类恶性的希望寄托在中国文化身上。② 20世纪20年代，在经历了世界大战的空前灾难之后，有见识的欧洲学者又一次面向

---

① 〔日〕信夫清三郎：《日本政治史》第1卷，第7页。
② 〔德〕夏瑞春编《德国思想家论中国》，陈爱政等译，江苏人民出版社，1997，第3—5页。

东方，谈论起东方—中国传统文化的优越性。① 东亚文明直到近现代仍然保持着她足以感召世界的强大生命力。然而，令人感叹的是：恰恰与此同时，东西方都开始发生翻天覆地的大变化，相互间关系迅速逆转。

从18世纪后期到20世纪上半叶，东亚绝大多数地区跌入落后挨打的深渊。

18世纪中叶以后，率先走上工业化并以工业化带动向全球扩张的欧洲，对东亚形成史无前例的真正强大挑战。西方对亚洲的大规模殖民侵略几乎与工业革命同时开始。英国在18世纪后半叶征服南亚，随后移师东南亚，通过连续三次侵略战争占领缅甸，并将新加坡、马六甲、文莱、沙捞越、北婆罗洲等地掠为殖民地。印度尼西亚在经英、法、荷反复争夺后，在1816年成为荷兰殖民地。法国从1858年起逐渐兼并印度支那三国。这样，加上被老牌殖民帝国西班牙占据的菲律宾，整个东南亚除了泰国，几乎全部沦为西方的殖民地。在东北亚，除了日本经由维新改革成为新兴的东方强国，其余各国也纷纷沦为列强的殖民地、半殖民地。随着中国清王朝的衰落，维系东亚传统整体性的"华夷秩序"和朝贡贸易体系迅速解体。

从19世纪中叶到20世纪中叶的百余年间，先有西方列强以各项不平等条约将东亚纳入资本主义世界体系，使之成为西方中心的另一个边缘地区；继有日本帝国主义以"东亚经济同盟"、"大东亚新秩序"、"大东亚共荣圈"等为旗号，用刺刀建立强迫各国屈从于日本的东亚新体系。百余年间东亚经受了巨大的创痛，也激起了东亚各国空前未有的大变革。灾难中的东亚如同涅槃的凤凰。传统的东亚共同体在蜕变为现代的新兴工业化共同体之前，经受了痛苦的血与火的洗礼。

经过第二次世界大战以后半个世纪的发展，东亚已经成长为世界最有活力的三大经济区域之一，成长为一个与欧洲、北美鼎足而立的和平、合作的新东亚。东亚人已经从近代的战乱、贫困、被殖民、被奴役的屈辱中走出，对自己历史悠久的传统文明及其未来前景重新获得了自信。

东亚从西方引进了理性、科学、思想自由、政治民主、市场经济等现

---

① Adolf Reichwein (translated by J. C. Powell), *China and Europe*（《中国与欧洲》），NY：Routledge，1996.

代观念、现代知识和现代制度。但是东亚社会迄今没有被西方"现代性"所淹没。东亚现代发展中的社会、经济与政治，表现出许多不同于西方的特点。尽管有誉有毁，见仁见智，但不可否认，东亚自身的文明传统在其间起了重要的作用。

两千多年来，东亚文明历经磨难但没有中断、没有寂灭，表现了强大的生命力。随着人类交往的全球化，各种文明不可能再有平行的独立的发展。在与现代工业文明接触以后，东亚思想已经发生巨变，连文化保守主义者也有了明显的现代意识。工业革命以来，西方文化和社会制度被当作现代文明的普遍价值向全世界推广。但是，丰富多彩的世界历史既不是零碎的、杂乱无章的堆积，也从来没有单线的、唯一的模式。既有的文明形态和发展模式一样，各有所长，也各有所短。资本主义鼓动起来的无限追求利润、利益和向自然界索取贪得无厌的非理性欲望，"进化"与"进步"观念背后的社会达尔文主义"弱肉强食"逻辑，工业和科学发展带来的工具理性至上和科技霸权，都需要矫正。随着经济全球化的深入，全球性普遍伦理和现代性问题一样得到国际社会的广泛关注。然而，正像世界文化和生活方式呈现多元化存在状态一样，人们对现代性的理解也是多元的。全球化不等于全盘放弃地方性和个性。不能要求人们在特殊与普遍之间、在相对主义与绝对主义之间做非此即彼的选择。

现代世界体系作为资本主义全球化扩张的产物，至今还充斥着霸权主义和不平等。作为对抗这种霸权和不平等的工具的国家主权，正在不断被全球化所侵蚀。一个能实现"世界大同"的、拥有人类共同体主权的"世界共和国"，迄今还只是美好的理想。在此情况下，以平等合作为基础的区域共同体的出现，是合理的历史性选择。从历史发展长时段即历史的结构性变革角度来看，东亚区域合作与东亚一体化的进程才刚刚开始。但是，一个建立在和平发展、民主、繁荣和平等联合基础上的"东亚共同体"，毕竟代表了东亚各国人民的共同利益和愿望，也是东亚文明复兴的要求和复兴的东亚文明的必要载体。文化和文明是历史的积淀。著名文明史学家汤因比晚年憧憬世界的和平统一。他提出，在原子能时代的今天不能靠武力征服统一世界，所以，"我所预见的和平统一，一定是以地理和文化主轴为中心，不断结晶扩大起来的。我预感到这个主轴不在美国、欧洲和苏联，而是在东亚"。① 随着东亚的复兴，具有深刻内涵与高度多样性、包容性的东亚文明，必将对世界和平与发展、对人类的美好前景做出贡献。

本文根据讲课稿整理。

---

① 〔英〕汤因比、〔日〕池田大作：《展望二十一世纪》，荀春生等译，国际文化出版公司，1985，第294页。

现代化研究在中国的兴起与发展

20世纪中国史学最为显著的一个特征，是打破了支配古老的旧史学两千多年的传统循环史观，而改以接受从现代西方传来的各种进化史观、发展史观。面对席卷世界与中国的历史新潮流，越来越多的史学家立足于现世，将中国乃至整个世界的发展变革，将传统的以农业为主的社会向现代工业化社会的转变，这一通常被称为"现代化"的历史趋势和进程，作为史学研究的对象。从较广泛的意义上，完全可以把百年以来关于中国与世界现代发展变化的各种研究，统称为"现代化研究"。具体地说，中国的现代化经历了从自上而下的改革到自下而上的革命，再到今天仍在深入展开的全方位的改革与现代化，这样几个大的发展时期。现代化研究也可以相应地就其主要研究对象与研究范式的转换，大体划分为进化—革命—现代化这样几个阶段。"现代化"作为一个崭新的史学范畴在中国出现并历经几次重大的模式转换，这是中国史学受中国社会巨变和世界发展潮流剧烈震荡的结果。现代化研究本身的发展演变也像一面镜子，清晰地反映出20世纪中国史学乃至中国现代化历经磨难曲折发展的进程。

一 现代化研究的起始

中国的新史学在19、20世纪之交产生。新史学以进化史观为指导，对近代以来中国国家的衰败、民族危机和种种复兴努力所做的初步探讨，可以看作现代化研究的起始阶段。

最早以进化史观系统地观察研究中国发展与变革的，应推维新派思想家梁启超。1898年变法甫败，梁启超就写了《戊戌政变记》。他把鸦片战争以后60年的历史分为"四界"即变法图强依次深入的四个阶段，认为魏源倡师夷长技，林则徐创译西报"实为变法之萌芽"；曾国藩、李鸿章等兴办洋务，"变法之事，于是筚辂开山矣"；此后又历经挫折，甲午战败，新政废止，然而变法维新、学习西方的风气已经大开了。从1901年起，梁启超高举起"史界革命"的旗帜，在《中国史叙论》和《新史学》中，大声疾呼新史学和近代史家"必探察人间全体之运动进步"，"提倡民族主义，使我四万万同胞强立于此优胜劣败之世界"，"以过去之进化，导未来之进化"。1923年，梁启超又写了《五十年中国进化概论》。他以中国人学习西方为线索，将此前半个多世纪的历史划分为三期：第一期从鸦片战争后渐渐发动，是"先从器物上感觉不足"，于是有福建船政学堂、上海制造局等。第二期从甲午起到民国六七年止，是从制度上感觉不足。但政治运动完全失败，只剩下废科举算是成功。"第三期，便是从文化根本上感觉不足。……革命成功将近十年，所希望的件件都落空，渐渐有点废然思返，觉得社会文化是整套的，要拿旧心理运用新制度，决计不可能，渐渐要求全人格的觉悟。"他提出，在第二期，康、梁、章、严都是新思想界勇士，"到第三期时，许多新青年跑上前线，这些人一趟一趟被挤落后，甚至已经全然退伍了"。作为一个时期的精神领袖，能够这样不惮于否定昨日之我，正是他以进化史观审时度势的结果。尤其可贵的是他对中国发展前景的乐观态度。他认为：五十年来中国政治诚然并无进化，但国民的自觉政治意识即民族建国精神和民主精神日益鲜明、扩大，而旧势力不过是旧时代的游魂，"一二十年的猖獗，势所难免……经过一番之后，政治上的新时代，自然会产生出来"。除此以外，梁启超在《中国积弱溯源论》、《过渡时代论》和《新民说》诸篇中，或剖析中国衰弱落后的历史原因，或提出在相率而来的西方威胁面前"博考各国自主之道"、造就新思想新精神的迫切需要。他明了"'西方化'（西方器物有他的来历）与'东方化'（自家遗传的教化）大有冲突之点"（《惟识述义》），但他还是要求"所谓新民者，必非如心醉西风者流，蔑弃吾数千年之道德学术风俗以求伍于他人；亦非如墨守故纸者流,谓仅抱此数千年之道德学术风俗,遂足以立于大地也"。可以看出,这些思想都已"包含现代世界意识、中国处在过渡时代的意识、自由意识、现代竞争意识等现代化思想的闪光"。① 他的"十八九世纪所演于欧美之壮剧,势必趋而集于亚东"的预言,更可以当之无愧地被评定为"二十世纪之初中国文化界思想界中领先群伦的真知灼见"。② 梁启超运用进化史观对近代以来中国变革与发展的概述,对于20世纪中国的现代化研究确有创榛辟莽、前驱先路的意义,是一份值得认真总结的思想遗产。

二 "中国现代化问题"的提出

"新史学"所张扬的以进化、进步、学习西方等为标识的现代意识,在世纪之初滥觞,为现代化研究提供了最初的思想武器。而史书编撰以现代化为主题的真正开端,是在五四新文化运动以后。第一部明确地以现代化进程为对象的史学专著,是柳克述的《新土耳其》。该书洋洋30万言,完整地记述了亚洲另一个曾经被称为"病夫"的老大帝国——奥斯曼土耳其帝国转变为现代民族国家的历程。中国和土耳其近代以来有共同的遭遇,两国探索现代化的经验教训足可相互借鉴。所以,早在20世纪初年,中国知识界即已在关注东亚的同时,将目光投向亚洲另一端,这可以梁启超写《中国与土耳其之异》为证。柳氏自述其撰写《新土耳其》旨在"警策国人"、"唤醒民众"。统览全书,其希望中国走向独立富强与现代化的立意是十分鲜明的。值得注意的是,该书明确地使用了"现代化"这一几十年后才开始流行于西方的新概念。③ 柳氏提出的"现代化"概念,可能受土耳其文献的影响。例如,土耳其著名的民族主义思想家齐亚·格卡尔普在1917年就已提出"现代化",但他同时明确指出:现代化与欧化完全是两回事,两者有相似之处,但绝不能等同起来。④ 柳氏则将"现代化"与"西方化"

---

① 罗荣渠:《现代化新论》,北京大学出版社,1993,第345页。
② 丁伟志、陈崧:《中西体用之间》,中国社会科学出版社,1995,第326页。
③ 柳克述:《新土耳其》,商务印书馆,1926,第337页。
④ Ziya Gakalp, *Turkish Nationalism and Western Civilization*, Selected Essays, London, 1959, p. 180.

并提,把"现代化"等同于"西方化",这反映了在"中体西用"论之后,主张学习西方的中国知识分子对于现代化问题所达到的一般认识程度。

新文化运动兴起以后,中国知识界围绕有关中国现代化的各种历史与现实问题,曾经进行过反复的论辩。30年代由《申报月刊》发起的讨论,还将此前的有关问题归结为一个总问题——"中国现代化问题"。"现代化"这一概念由此而被推广。参与历次讨论的学者当中,不乏历史学家。许多史学专著论及中国贫困落后的历史原因、中国早期启蒙运动和产业革命等中国现代化的种种问题,从史学领域出发参加了讨论,推进了中国的现代化研究。例如,吕思勉在1933年出版的《白话本国史》中提出:秦汉以来周期性的治乱兴衰"是由于生产方式和生产社会组织始终没有变更的缘故"。这已经不止于进化史观对循环史观的冲击与反叛,而是有明显的唯物史观倾向了。30年代的中国史学,在以鸦片战争为近代中国的开端,以包括洋务运动、戊戌变法在内的晚清自上而下的改革为中国现代化的起点上,已大体取得共识。史学家虽然思想方法、政治倾向不一,对中国现代化的开启和延续却有相同或相似的认识。如李鼎声在《中国近代史》(1933)、任时先在《中国教育思想史》(1937)、蒋廷黻在《中国近代史》(1938)和有关的论文中、周谷城在《中国政治史》(1940)中对中国现代化最初阶段——洋务派经济活动的分析,都已超过了梁启超"烟消云散殆为昨梦"或者"无一成效可睹"的评价。对此,章鸣九、徐泰来《洋务运动研究的回顾》和姜铎的同名文章(分别刊于《历史研究》1982年第4期和1997年第2期)均有详细的评论,本文不再赘述。

中国的现代化虽然一开始就以学西方为标识,实则长期以东邻日本为样板。为了介绍和学习日本,黄遵宪曾用十年工夫写《日本国志》(1887);康有为则以《日本变政记》(1898)进呈光绪皇帝;仅在20世纪30年代前后,便有数十部日本近代史著作(包括译著)问世。[①] 与此同时,对中日现代化进程的比较研究也成为备受关注的课题之一。这方面可以胡适为代表。1929年,胡适发表英文短论《文化的冲突》,一方面主张"一心一意接受现

---

① 详见《八十年来史学书目》,中国社会科学出版社,1984。

代西方文明",同时又提出"日本的例子使我们对中国文明的未来抱一些希望"。① 此后,他又写了《中国与日本的西化运动》等文,后来还将这些文章的观点归纳总结,写成《中国和日本的现代化——一项文化冲突的比较研究》,提交美国历史学会1939年的会议。文中指出了中日现代化进程的差别:日本式的现代化是在统治阶级集权控制下的。它的优势是有秩序、精打细算、连续性、稳定和有效率。中国则由于统治阶级自上而下的控制不复存在和社会结构完全民主化,其现代化是缓慢的、断断续续的、不经济的,常常是由极少数人发动,慢慢地有人追随,直到足够多的人相信新思想和新举措确有道理,才会产生更大的变革。但是,日本的现代化并非没有重大的不利之处。国家和皇朝对人民的控制、穷兵黩武等"不少具有原始性的东西孕育着火山爆发的深重危险"。② 胡适在这里道出了中国早期现代化的一些基本特点,对日本早期现代化的分析也是中肯的。

三 对"中国现代化"认识的深化

随着自上而下改革的失败和清王朝统治的瓦解,中国的现代化进程进入一个以自下而上的革命为标志的时期。革命史学也随之在中国史学中逐渐取得主导地位。马克思主义史学的兴起,一方面把如何推动和服务于新民主主义革命,置于史学研究的中心;另一方面,马克思主义史学以唯物史观为指导,对近代以来一系列矛盾和变革的探索和研究,也进一步深化了对中国现代化的认识。

30年代前后,持唯物史观研究中国近现代社会变迁的史学著作成批量涌现,这些著作的一个突出的共同特点,是把新民主主义革命看作近代以来一系列变革、奋斗、追求与探索的继续,看作中国现代化经历了一系列曲折、失败以后道路选择的必然结果。例如,李达的一系列经济史论著如《中国产业革命概况》(1927)、《中国现代经济史之序幕》(1935)、《中国

---

① 参见罗荣渠主编《从"西化"到现代化——五四以来有关中国的文化趋向和发展道路论争文选》,北京大学出版社,1990,第368页。
② C. F. Ware ed., *The Culture Approach to History*, New York, 1940, pp. 243 - 251.

现代经济史概观》(1935)和吕振羽《中国社会史诸问题》(1942),都对中国现代社会经济与政治发展的动力和进程,对现代发展在不同时期的不同载体,做了相当深刻的分析。李达指出,产业革命是促成现代社会发生和成长的东西。数千年来的中国封建社会,自从被帝国主义侵入以后,开始踏入产业革命的过程。然而,帝国主义和封建势力的压迫和掠夺,造成中国新式工业的停滞,农业和手工业的破产,造成长期的经济与政治混乱。因此,中国只有通过革命去求得新的出路。"怎样发展中国产业的问题,实是中国革命的根本问题。"结论是:"要发展中国产业,必须打倒帝国主义的侵略,廓清封建势力和封建制度,树立民众的政权,发展国家资本,解决土地问题。"[①] 关于中国社会大转折的起点,李达认为,鸦片战争以来中国慢慢走到半殖民地的资本主义化的过程,正符合马克思所指出的:"资产阶级……迫使一切民族——如果它们不想灭亡的话——采用资产阶级的生产方式……"面对来自西方的强大外力,一班封建官僚,率先挣扎起来,讲求自强之策,利用封建国家的力量,助长新式工业的发展;他们"逐渐输入了不少新式的技术并养成了一些新式的人才,为第二期的民族资本工业建立了基础"。[②] 对于作为现代中国社会经济变革开端的洋务运动,吕振羽也认为,它还只是"封建阶级的一种自救运动",然而"洋务运动在'西学为用'方面,在学习和设立资本主义性质的事业方面,客观上是进步的"。[③]

研究30年代的马克思主义史学论著,何干之《转变期的中国》(1936年初版)和《近代中国启蒙运动史》(1937)[④] 特别引起我们的注意。前文开宗明义就提出了"对于这大转变期中的社会现象,必须加以有系统的解剖",而"想明白现在的大转变,同时也必须求过去的发展过程"。作者认为,八九十年来,中国社会所有的一切动乱和变迁,都以鸦片战争为出发点。在此之前,中国历史像龟步一样爬行了两三千年。太平天国运动是鸦片战争的结果。太平天国失败后,封建阶层中的进步分子,眼看着非效法西洋,就不能活命了,于是有洋务新政。甲午战后,中国经济渐渐沦为列

[①] 《李达文集》第1卷,人民出版社,1980,第390、392—394、495页。
[②] 《李达文集》第1卷,第643页。
[③] 吕振羽:《中国社会史诸问题》,三联书店,1961。
[④] 均收入《何干之文集》,中国人民大学出版社,1989。

强的附庸。第一次世界大战和战后初期，中国民族工业因帝国主义暂时放松压抑而一度蓬勃成长，但很快又陷入危机。该书以相当详尽的史料，论证了中国工业如何从"黄金时期"转入停滞、衰微和凋落，旨在说明：相信殖民地在帝国主义的支配下可以一帆风顺地完成工业化过程的"殖民地脱化说"是十分荒谬的。所有这些，放在今天来看，也都是对中国现代化历史相当深刻的论述。

《转变期的中国》主要是讲经济和政治的转变，《近代中国启蒙运动史》则重点论述思想变革。书中提出：思想的停滞是社会停滞的反映。西方资本主义东来之后，停滞状况被打破，客观上中国开始"近代化"。"鸦片战争以来，曾李的洋务运动，康梁的维新运动、辛亥反正的三民政策、五四时代的文化运动、国民革命时代及其以后的新社会科学运动等，都是与一百年来中国社会的经济机构、政治形态，与中国的资本主义互相适应的。"其中，洋务运动和维新运动是近代中国"最初的思想运动"。洋务派鼓吹新政有许多颠倒肤浅的地方，然而在社会激变中，看出自己的弱点，要人们了解变法是适应环境的需要，这与反对变法自强的顽固派"作一对照，真有天渊的悬隔"。但无论洋务运动还是维新运动，都只是士大夫由上而下的运动，没有物质的基础，领导主体只是几个绅士，因而算不得真正的启蒙运动。作者认为，近代中国真正的文化运动，即新文化运动，其根本任务，是灌输民主和科学，实现人的解放，而这是从"五四"才开始的。

所有上述马克思主义者的有关论著都反映并紧密配合了当时中国共产党领导的新民主主义革命，既富有革命色彩，也对19世纪中叶以来中国探索现代化的道路做出了比较科学的令人信服的解释。进入40年代以后，革命史观逐渐在马克思主义史学中占据了统治地位。青年时代就酷爱历史并且强调"读史必重近世，以其与我有关"的毛泽东，在成为中国革命的领袖以后，以革命史观为指导解读中国历史，并且大力推动中国史学从主体到客体全面地革命化。在中共六届六中全会上，他向全党提出重新研究中国历史的号召。在延安整风中又提出："近百年的经济史，近百年的政治史，近百年的军事史，近百年的文化史，简直还没有人认真动手去研究。"毛泽东多次讲到学习和研究历史对于指导革命取得胜利的重要意义，明确地提出历史研究要成为革命事业的一部分，要服务于当前的革命任务。评价史学著作的首要标准，要看它的革命性。在毛泽东的号召和中国共产党组织领导下，一大批革命史学家投入对中国历史（特别是近代史）的重新研究，在近代史研究领域出现了范文澜《中国近代史》、胡绳《帝国主义与中国政治》、黎澍《辛亥革命与袁世凯》等一批有影响的著作。

放在中国现代化进程这一历史大框架中来看，这一时期以新民主主义革命为主题的历史研究，其历史地位是不可磨灭的。这是因为，无论是清末自上而下的改革，还是以辛亥革命为代表的旧民主主义革命，都没有使得一个独立富强的新中国出现，都没有解决中国走向现代化的问题。相反，由清王朝中央统治的衰败开端，外部帝国主义侵略渗透的加剧和内部地方军阀势力上升，以及由此带来的混乱、战争、国家分裂，直到国民党南京政府成立后仍有增无已。历史选择了中国共产党领导的新民主主义革命，作为国家重新统一和走向现代化的必由之路。革命史学密切结合、呼应当时的历史任务，自然居于史学的主导地位。因此，我们不能把对革命史的研究与现代化研究对立起来，似乎一提研究现代化，就会否定革命在中国社会发展进程中的地位和作用。正如革命是中国现代化进程中的一个重要阶段，我们同样也应该把"革命史"看作中国现代化进程研究的一个重要组成部分。即使是在革命胜利以后，在以经济建设为中心的今天，对革命史的研究也还需要继续深入和加强。在这一方面，清华大学、浙江大学等四校合作编写的课程改革试用教材《中国革命史通论》已经做了积极的探索。关于革命史学，已经有并且今后还会有专门的研究、回顾，这里不再赘述。

四 现代化研究的中断

简要地说，即使仅看对中国早期现代化历史的研究，30年代以后马克思主义史学家所达到的认识深度和广度，也是进化史观和各种"新史学"所无法比拟的。同时，也应看到：革命时期的马克思主义史学，还只是它自身发展的一个阶段。史学家观察的局限难免造成认识失误。从今天来看，一些历史论著的明显失误可以归纳为以下两点：其一，为了论证革命的合法性，把历史上曾经发生过的改革或"改良"统统否定了，即使当时尚无革命条件和革命力量。古今中外的一切历史（包括哲学、思想史）都成了阵线分明、线索和向度单一的革命和阶级斗争史。丰富多彩的经济与社会发展变化，只是在作为阶级斗争和革命的必要背景时，才被简略地提及。其二，由于现实的革命仍然主要是农民革命和农民战争，于是将它直接与从陈胜、吴广到太平天国的旧式农民起义、农民战争衔接，农民成为古往今来历史的主体，推动历史前进的主要动力。革命的真实基础即现代生产力和生产关系的形成与发展，其作用和地位则相应下降甚至隐而不见了。这样，对中国近现代社会发展与变革的历史，就不可能有全面和正确的认识。这些缺点有的在革命胜利即新中国成立之初已经被提出，史学家就此进行了认真的批评与自我批评。① 从50年代初到70年代末，中国史学会和当时隶属于中国科学院的近代史研究所、经济研究所，以及许多大学的历史系、所，系统地编辑出版了《中国近代史资料丛刊》、《近代史资料》和关于近代农业、手工业、工业发展变革的多种专题资料，为拓宽史学领域和深化科学研究做了大量工作。历史研究在许多方面都有重要的成就与突破。但随着50年代后期"左"的思潮的逐渐上升，科学的实事求是的研究受到影响。"现代化"这一历史研究以及其他人文与社会科学学科研究的基本主题被弃置一边，对于外部世界特别是西方世界的现代化进程与最新发展的信息，也未能及时了解。

恰在此时，伴随着席卷世界的第三次工业化、现代化浪潮，现代化研究也在国际学术界（包括史学界）兴起，并逐渐形成一个跨学科且各种思潮学派林立的新的研究领域。

五 改革开放以来的现代化研究

70年代末以来，随着改革开放和以经济建设为中心的现代化进程全面

---

① 参见王学典《二十世纪后半期中国史学主潮》，山东大学出版社，1996，第43—53页。

展开，中国的人文与社会科学研究也进入一个崭新的时期。1979年，在思想解放运动的推动下，史学界开展了一系列学术讨论，史学家开始抛弃简单化、绝对化的思维方法，对历史学的功能、历史发展的动力等许多问题提出新的看法。许多新老史学课题被提出或重新提出。"现代化研究"就是其中最引人注目的一种。

新时期史学有组织地参与现代化研究，开始于80年代中期，以国家社会科学"七五"规划的两个重点项目为标志：一为"世界现代化进程研究"，由北京大学历史系罗荣渠教授主持；一为"中外近代化比较研究"，由华中师范大学章开沅教授主持。经过十多年的努力，两个项目都有比较突出的成就。北京大学"世界现代化进程研究中心"编辑的"世界现代化进程研究丛书"已出专著和论文集十多种，另有译著数种。其中，罗荣渠教授的两部力作《现代化新论——世界与中国的现代化进程》和《现代化新论续篇——东亚与中国的现代化进程》，凝聚了先生晚年在这一新的领域辛勤开拓的全部心血，已经引起广泛的重视。华中师范大学课题组编辑的"中外近代化比较研究丛书"也已出版《离异与回归——传统文化与近代化关系试析》、《国情、民性与近代化——以日中文化问题为中心》、《比较中的审视：中国早期现代化研究》等专著和文集近十种。这些著作侧重于"由中国看世界"，用比较的方法，对中国早期现代化进程的各个层面重新给予探讨，确实大大开阔了中国近现代史研究的范围和人们的视野。

十多年来，现代化研究已经硕果累累。限于篇幅，恕不在此一一胪举。长期以来，"革命"一直是中国近代史研究的中心和主题，乍一提出研究"现代化"，难免有人不解，以为它和"革命"是对立的。但有识者并不这么认为。例如，胡绳在《从鸦片战争到五四运动》"再版序言"中，在谈及"考虑以现代化为主题来叙述近代史的意见"时就讲道："我认为这种意见是可行的。从1840年鸦片战争以后，几代中国人为实现现代化作过些什么努力，经历过怎样的过程，遇到过什么艰难，有过什么分歧，什么争论，这些都是中国近代史中的重要题目。以此为主题来叙述中国近代历史显然是很有意义的。"① 刘大年先生在一次座谈会的发言中也提出：近代中国历

---

① 《近代史研究》1996年第2期。

史的基本内容"一是要求民族独立，二是要求中国近代化。从西方侵略中国这一天起，就是民族运动的开始，也就在我们面前提出了近代化的问题"。① 刘先生谈到20世纪90年代以来的中国近代化进程。由此可知，他这里所说的"近代化"，其实就是"现代化"。

"现代化"作为历史研究的范式或主题，正在被越来越多的史学工作者所接受。这固然与中国正在全面展开的现代化事业呼唤与之相适应的理论科学研究有关，也是中国史学日益向深、广两个方向发展的结果。"现代化"并不排斥"革命"，但"革命"显然不能涵盖现代化的全过程。现代化研究的理论意义和学术价值在于：它拓宽了史学家的视野与史学研究的领域，并且将社会学、经济学等学科的研究方法与成果融入史学，进一步实现了历史学的社会科学化和跨学科的研究，有利于对纷繁复杂的历史过程、历史现象进行多方位、多角度的思考。

六　现代化研究的主要成就

80年代以来的现代化研究，其成就主要集中在以下几个方面：

1. 给"现代"、"现代化"以科学定位。

研究现代化首先需要明确何为"现代"。因为"以现代化字面而论，必有一形成之现代，而后从而化之"（孟森语）。然而长期以来，人们对"现代"以及"现代化"众说纷纭。有的认为现代即资本主义兴起的时代，或者干脆以现代为资本主义（时代）的同义语，从而将现代化等同于资本主义化；有的持完全相反的意见，把"现代"定位为资本主义走向没落腐朽的时代，从而认为只有社会主义才能称得上现代化；还有人以"现代"为不定之名，向前向后都可以无限延伸，"三代为古则汉为今，魏晋为古则唐宋为今"，"现代"与"非现代"的区分完全是相对意义上的。这样一来，"现代化"一词的内涵便无法界定，实际上变得毫无意义，更难以作为科学研究的对象。

---

① 刘大年：《中国近代历史运动的主题》，《近代史研究》1996年第6期。

罗荣渠教授在他的两部现代化研究专著中，首先指出了"现代"作为一个具体的历史范畴，具有时间尺度和价值尺度（时代精神与特征）两层含义。他给"现代"的定位是18世纪后期工业革命以来的时代；这个时代的中心内容或特征，是在现代生产力引导下人类社会从农业世界向现代工业世界的过渡。"现代"即"发达的工业文明"这一人类历史上的特定阶段。追寻工业文明，是"现代化"作为全球性历史进程的共性特征；不同国家和地区的现代化道路，则可以因其传统因素的作用、社会改革和经济技术改造的方式等方面的差别，而有各自的特点。这样按生产力变革定义"现代"和"现代化"，将它们与资本主义剥离开来，不仅打破了把现代西方社会作为超时空的现代化范式的西方现代化理论和其他各种史学观念，而且对于历史与现实中存在的不同现代化道路、现代化模式，都有强大的解释能力。

2. 确立现代化研究的理论与方法。

80年代中期，围绕"中国近代史发展的主线"发生过热烈的讨论。在此之后，许多研究者开始尝试突破单线式的思维和研究方式，如章开沅先生所说，"从固有的'线索'、'分期'、'高潮'、'事件'等空泛化格局中解脱出来，认真研究中国走出中世纪并向现代社会转型的曲折而又复杂的历史过程，现代化的主要载体及其如何产生、演变，以及它的活动空间与活动方式等等"。[①]

关于现代化研究的理论与方法，是罗荣渠先生在他生命最后十年的开拓与探索中用力最勤的一个问题。他立足于马克思主义的发展理论，力图在史学研究中正本清源，建立一个包括革命在内而不是排斥革命的新的综合分析框架。罗荣渠教授《现代化新论——世界与中国的现代化进程》一书，对有关现代发展的一系列重大理论问题与历史问题进行了开创性的研究。涉及问题在国内外均属学术前沿，具有重要的理论和现实意义。从具体内容看，该书至少取得了三方面的突破：

（1）在马克思主义发展理论方面，探讨了现代化与马克思主义的关系，提出了以生产力为中轴的一元多线历史发展观与"中轴原理"，丰富和发展

---

① 马敏：《官商之间——社会剧变中的近代绅商》，天津人民出版社，1995，"序言"。

了马克思主义的发展理论。

（2）在现代化理论方面，突破了西方社会学的非历史的现代化理论，从宏观史学角度探讨了现代化的实质是向现代化工业社会的全球转变过程，对此总趋势进行了历史论证，并运用多学科方法建立了现代社会发展的宏观理论架构，提出了编写世界史的新思路。

（3）在中国现代化的历史进程方面，突破了以阶级斗争为纲的史学框架，提出了关于中国社会变革的新思路，对现代化思潮演变的研究，填补了中国现代思想史上的空白。

在《现代化新论续篇——东亚与中国的现代化进程》中，这些思想被具体化并有新的发展。例如，在《走向现代化的中国道路——有关近百年中国大变革的一些理论问题》等篇章中，罗先生以"一元多线历史发展观"为指导，反复论述了中国近代变革中四大趋势（衰败化、半边缘化、革命化、现代化）交织和三种基本矛盾（侵略与反侵略，资本主义生产方式与小农/手工业结合的生产方式，现代工业—商业文明与农耕文明的矛盾）重叠而体现出来的复杂性，强调鸦片战争迄今中国巨变的大过程包含着许多趋向不一致甚至相互冲突的分过程，其中最主要的是：①当西方资本主义入侵之际，在"王朝循环"模式支配下的清帝国末代统治正处于自身已经无力摆脱的内部体制性危机。这一过程或趋势被称为"衰败化"。②西方的入侵从根本上改变了中国历史的方向，使清朝的衰败未能走向另一次王朝更替，并将中国强行纳入扩张中的资本主义世界体系，这是"半边缘化"（即半殖民地化）。③在"衰败化"和"半边缘化"两种趋势冲击下，中国人民被迫起而反抗，走向"革命化"。从辛亥革命到解放战争，历次革命都充当了推动现代中国变革的加速器。④第四个过程或趋势是"现代化"亦即引进现代生产方式后中国发生的深刻社会革命。中国的现代化与日本明治维新几乎同时发生，其间经历了三次大的发展模式转换：19世纪下半叶到20世纪初在旧王朝体制下的"自强"和变法都未成其功，改革的失败导致革命，这是第一次发展模式转换。但随辛亥革命而来的是近四十年的大动荡，是半边缘化与革命化继续同步发展。国家的实效统治断裂，使得这一时期的中国现代化面临的首要问题不是经济发展，而是共和体制下的国家重建（state-building）。1949年革命胜利带来了发展模式的一次全面大转换：近百年的内部衰败化与半边缘化到此结束，第一次实现了国家的高度政治统一与社会稳定。中国开始走上非资本主义的现代化道路。最后，1979年以来发生了第三次模式转换，这是一次特殊的体制内的改革。改革与探索仍在进行之中，但将近二十年的经济持续高增长已经和正在引起世人瞩目。与三次大的发展模式转换相对应，中国人的现代化意识也经历了从朦胧的"富强"价值观到"西化"价值观，再到苏式社会主义价值观，最后达到现代发展价值观，这样四个阶段的发展演变。其中，每一次发展变化都包括了对其前者的部分否定，或否定之否定。

这里所展示的现代化研究是建立在着重分析经济与社会内部变革的基础上的，它以生产力的发展作为社会变革的根本动力，理论上是对"单线突进的阶级斗争史观"的重大突破。此外，罗荣渠教授的研究还展示了两个基本的方法论特点。其一，强调中国的现代化是现代化的世界进程的组成部分，把一个半世纪以来的中国历史置于资本主义（殖民主义）的全球性扩张、世界性的资本主义发展危机、新工业革命的大势头、殖民主义体系的瓦解和全球市场经济一体化趋势等相继出现、不断变化的世界大环境中考察，从纵向与横向（即国际的）比较中探讨和定位中国式的现代化道路。其二，坚持以马克思、恩格斯提出的历史观为指导，强调在社会生产力推动下历史发展的多向度即"多线性"。"这样，对于世界历史上形成的各种社会形态的分析都是多维的、立体交叉的、网络式的。这样，对历史进化论的辩证的解释就代替了机械的、片面的和单线的解释。"[①]

3. 现代化不同模式、不同道路的探讨。

对现代化的不同模式与不同道路，可以按不同的类型标准来区分。罗荣渠先生在"论现代化的世界进程"（《现代化新论——世界与中国的现代化进程》第五章）中，首先根据社会变迁所具有的创新性变革与传导性变革两种不同形式，指出了"内源的现代化"与"外源性现代化"两种类型的区别。然后，又依照世界各国家、各地区卷入三次现代化大浪潮的时序，指出了迟到的现代化与早期现代化相比所具有的政治变革引导、追赶型、

[①] 罗荣渠：《现代化新论续篇——东亚与中国的现代化进程》，第55页。

强制型现代化等特点,最后又按照不同特点的生产方式、交换方式和权力结构形式,区分了"资本主义"、"社会主义"和"混合式"三大现代化类型并分别指出了它们的特点。在对东亚现代化进程的研究中,还总结了东亚现代化的三大不同类型,即日本型、韩国型和中国型(《东亚跨世纪的变革与重新崛起》,《现代化新论续篇——东亚与中国的现代化进程》)。

钱乘旦、陈意新在《走向现代国家之路》中,基于对历史经验的总结并根据手段上的区别,辨析了世界各国政治现代化的三条道路:第一条是渐进改革的道路,以英国为代表;第二条是人民革命道路,其经验主要来自法国;第三条是德国式道路,是一种非平衡性的政治现代化进程,其结果是把国家引向毁灭。该书的特点在于:强调各国选择不同道路时,受国情等各自条件的制约。

在对某一国家或地区现代化的研究中,许多学者分析了不同国家和地区现代化模式与现代化道路的不同特点及其形成原因。例如,曾昭耀在《政治稳定与现代化》(东方出版社,1996)中,分析了拉美国家不同于欧美的政治模式的形成与发展演变。严立贤通过对中日工业化不同道路的研究,指出:产生中日两国现代化差异的根本原因必须到两国的社会经济结构中,也即必须从自下而上的发展道路中去寻找。[①]

在对不同类型的现代化进程进行比较中,许多著述特别注意到的一个问题,是现代化进程中政治与社会经济发展的关系,尤其是晚近现代化进程中市场与国家政权作用的关系。以英国为原型的西方早期现代化是现代私有制为基础,以自由市场为杠杆,新生的资本主义经济因素很少受到政府的干预,然而,国家在推动资本原始积累、开拓海外殖民地等许多方面,都起过重要作用。晚近现代化在其启动阶段,非经济因素的作用大于经济因素的作用。其中最突出的是国家即中央政权在推动经济增长与社会变革中作用重大。东亚的经济奇迹举世瞩目,其成功的经验之一,是国家宏观调控性的引导与竞争性的市场机制两者的结合。这一方面的论著已经很多,有代表性的如金明善、徐平合著《日本:走向现代化》(辽宁大学出版社,1990)考察了战后日本政府独特的宏观调节职能,包括政策目标、政策手

---

① 严立贤:《日本资本主义形态研究》,中国社会科学出版社,1995,第266页。

段和决策体制。尹保云探讨了韩国朴正熙政权的形成，并从其"经济发展第一"的方针和以军人政权干预经济的道路，从经济计划的制定与推行、分配与教育、政府同企业的关系，以及农业政策的变化等方面，分析了朴正熙政府所建立的新经济秩序的特征。①

关于伊朗失败的"白色革命"的研究，引起人们对"现代化的中断"问题和伊斯兰复兴运动与现代化关系的关注。《未成功的现代化——关于巴列维"白色革命"研究》一书总结了巴列维失败留给人们的深刻教训：一国进行改革和现代化建设必须从本国实际出发，决不能照抄别国的模式；政治改革必须与经济改革同步进行；不能忽视经济发展规律，急于求成盲目发展；必须重视本国历史文化传统和民情民意；在社会转变引起的社会动荡面前，要处理好避免两极分化、保证政权清正廉洁、清除腐朽丑恶现象和保持社会公正等问题。②

4. 传统文化与现代化的关系。

传统文化与现代化的关系，早已是学界的热门话题。王俊义、房德邻《对八十年"文化热"的评价与思考》③ 一文辑录了1983—1986年有关这一题目的论文索引，所选仅四年间论文就已在150篇以上。

章开沅先生的专著《离异与回归——传统文化与现代化关系试析》（湖南人民出版社，1988），从世界文化史的宏观角度对此问题进行了细致深入的探讨。作者提出了新文明离异于旧文明的西欧与东方两种类型，指出东方国家对传统文化的离异，首先表现为向西方近代文明的模仿、学习与趋近，从总体上来说这是进步的历史潮流，然而也很容易产生民族自卑感乃至全盘西化主义与民族虚无主义。回归总是发生在离异之后。其中，既有顽固派守旧复古的倒退倾向，也有包含合理的、必要的积极因素的回归。面对周而复始的对于传统文化离异与回归的两难抉择，正确的态度应当是：离异不可无根，回归不可返古。应该既超越西方文化又超越传统文化，根

---

① 尹保云：《韩国为什么成功——朴正熙政权与韩国现代化》，文津出版社，1993。
② 张振国主编《未成功的现代化——关于巴列维的"白色革命"研究》，北京大学出版社，1993，"序"、"结束语"。
③ 王俊义、房德邻：《对八十年"文化热"的评价与思考》，张立文等编《传统文化与现代化》，中国人民大学出版社，1987。

据现实生活与未来发展的需要营造新的价值体系。

五四运动70周年之际,《中国社会科学》发表了一组文章,从现代化的角度对反传统的五四新文化运动做出了新的评价。耿云志在《五四新文化运动的再认识》一文中,批评保守主义、传统主义者把它说成是"欧化"或"西化"运动,把陈独秀、胡适、鲁迅等新文化运动的领袖说成是"全盘性反传统主义者"或"全盘西化论"者。文章提出新文化运动既是民族文化的批判运动,又是民族文化的振兴运动,是中西结合、创造中国新文化的运动。在保守、反动的思想文化统治压迫下,新文化运动屡受攻击和剿禁,进步文化人遭迫害,因此,不能把民主不能实现、科学不能发达、中国现代化延搁的责任反推到新文化运动头上。王富仁的文章《对全部中国文化的现代化追求》提出从新文化运动与洋务运动、维新运动的联系和区别中认识它的历史意义。认为中国的新文化从洋务运动已经开始发展。新文化运动的独立贡献是提出了精神文化的改造,其思想旗帜是人的精神解放(个性解放)。这样就第一次提出了中国全部文化(不只是物质文化、制度文化)都必须现代化的历史课题。

王瑶先生在《"五四"时期对中国传统文学的价值重估》一文中也强调指出了新文化运动对于促进"人"的觉醒和解放的意义,认为价值重估是新文化运动的理论旗帜,现代化是对待文化评估的重要尺度,评判的标准则是"人"的觉醒和解放。新文化运动的历史地位在于,"尽管中国社会的历史变迁——从古老的封建旧中国走向现代化的转变和发展,早在上世纪中叶即已开始,而文化上的变革直到'五四'时期,才真正进入了深层文化结构的根本改造"。

近年来因"保守主义"重新泛起,史学界有关近现代传统文化的论文,对文化保守主义也多有涉及。何晓明《近代中国文化保守主义述论》(《近代史研究》1996年第5期)指出了从"体用"派到新儒家的保守主义的四组共同特征:第一,民族立场与忧患意识:通过浓烈的忧患意识宣泄出盼望国家强盛的情感;第二,人文精神与反科学主义:主张在坚持"观乎人文以化成天下"的人本主义传统基础上,引进西方科技,反对科学至上、科学万能;第三,道德本体与宗教情怀,将道德上升到人类"终极关怀"

的层面；第四，变易意向与中庸准则，"保守"并非墨守成规，而是"切实而落于实践的创新"（牟宗三语）。文章最后提出应从文化保守主义汲取有益的启示，认为其对现代化过程的本质分析有相当的认识价值，对现代化过程的传统基础的强调有一定的理论意义，它的根本理论缺陷，在于它对现代化所需要的社会系统的"整体创造性转换"认识不足。

罗荣渠教授的遗著《现代化新论续篇——东亚与中国的现代化进程》设两章专论传统文化问题，在论及传统向现代的转型时一上来就谈到新儒学文化保守主义对儒学批判的反批判，分析了批判与反批判双方的得失。他指出：传统的儒家文化整体而言是反现代化的。历代积淀下来的"道统"观、"夷夏"观等等构成变革的巨大障碍。这使得现代化只能在维护皇权正统与儒学道统的范围内启动。这一启动发端于经世致用思潮，经历了"师夷长技"、"中体西用"等许多演变，都没有超出传统的儒学思想的框架。但自强运动的失败不应归咎于"中体西用"的指导方针。同期日本有"东洋道德、西洋技术"与"和魂洋才"的口号，朝鲜有"东道西器"口号。为什么日本成功而中国失败，原因应从制度与政治层面去探寻。针对传统文化如何适应现代化的问题，罗先生提出一个"改革儒学"概念，认为传统儒学所具有的"实践理性"内涵，有可能在新的条件下被解放出来，推陈出新，发挥积极作用。因此，必须注意现代化进程中的传统文化因素，改造和利用儒学资源中的丰富蕴藏，对未来东亚及全世界的和谐发展和共同繁荣做出贡献。

中国现代化有史以来，关于传统文化与现代化关系的讨论，始终没有离开过"西学"和以儒学为代表的"中学"这两个题目以及二者之间的关系。30年代前后，围绕东西文化比较、中国本位与全盘西化等问题，发生过持续多年的大辩论。当时讨论中的许多观点至今仍有反响。这说明文化思想变迁的艰巨性和曲折性，说明文化问题确实是现代化进程中最深层的问题。但今天的讨论不能是当年争论的简单重复。今天，像洋务运动时代"朝士皆耻言西学，有谈者诋为汉奸"那样的事不会再有，但以"全盘性反传统"或"全盘西化"否定五四新文化运动和它以后的中国现代化运动者，以及对西学"饥不择食活剥生吞"者，仍时有出现。在今日中国全面的改革开放与现代化日益深化的新形势下，如何处理传统与现代、西学与中学的关系，仍是我们所必须面对的课题。

5. 关于中国早期现代化的起步与挫折的研究，兴奋点主要集中在两个方面：一是晚清自上而下的变革运动，二是新型工商社团的兴起。

黎澍在《一九七九年的中国历史学》(《中国历史年鉴1979年》) 中提出了对中国近代史上重大事件的重新评价问题，认为从洋务运动、戊戌维新到辛亥革命，是前后相续，一个发展高于一个的发展。从1980年起，李时岳先后发表一系列文章，把洋务运动列为"近代中国前进历程的重要一步"，是"地主阶级的改革运动"，① 并且在此基础上，提出了中国近代向下沉沦与向上发展"两个过程"说。② 由此引起热烈的争论。相关论文很多已结集出版。

90年代以来，近代史学界对清末新政的研究有新的进展。虞和平在《清末民初经济伦理的资本主义化与经济社团的发展》(《近代史研究》1996年第4期) 一文中指出，迨到甲午战败，清政府总算明白了"恤商惠工为本源"的道理。晚清民初的工商立国政策具有社会动员意义并为经济社团的发展提供了条件。朱英的专著《晚清经济政策与改革措施》(华中师范大学出版社，1996) 分析了甲午战争以后清政府奖掖工商、振兴实业的政策，这些政策和改革措施对中国社会从传统向现代转化的积极作用，论证了作者关于新政是"有清一代最具深度和广度，产生较大社会影响的一次重要改革"的观点。③

周积明《最初的纪元——中国早期现代化研究》(高等教育出版社，1996) 从早期现代化的历史起点、启动与阶段性推进，西方扩张的双重效应与传统文化的双重机制等角度，全方位地考察了中国现代化的早期历程。作者认为：现代化有多模式而非单一模式，不能规定一种线性发展的时序模式。

同对晚清自上而下变革的研究相呼应，对于来自社会的现代化努力的

---

① 李时岳：《从洋务、维新到资产阶级革命》，《历史研究》1980年第1期。
② 李时岳、胡滨：《论洋务运动》，《人民日报》1981年3月12日。
③ 朱英：《关于晚清市民社会研究的思考》，《历史研究》1996年第4期。

研究在近年也有新的拓展，表现之一是对近代以来工商社团（主要是商会）的研究正在从兴起走向高潮并将会很快蔚为大观。其意义诚如章开沅教授所指出：商会研究是一种社团或社会群体研究，是中国近现代史学科新兴的领域。[①] 虞和平《商会与中国早期现代化》和朱英的另一部专著《转型时期的社会与国家——以近代中国商会为主体的历史透视》（华中师范大学出版社，1996）代表了这一新领域的成果。中国传统社会历来奉行重农抑商政策，民族工商业从而长期被窒息而不能发展，这是中国没有发生内源性现代化的重要原因。晚清以来的一系列变革引起社会与国家新型关系的产生，确是中国现代化启动和发展的重要迹象。这样一个现代化研究的新领域、新课题已经开始被注意，相信会有更多的学者对它产生兴趣。

6. 中国现代化的区域研究。

这一领域的突出成就，是台湾学者李国祁、张朋园、张玉法共同主持的"中国现代化的区域研究"。这项研究开始于1973年，当时选择了九个沿海沿江省区，分别研究它们自清末民初以来的社会历史背景、所遭受的外力冲击及政治、经济与社会的现代化进程。为了做好这项研究，一些学者多次亲赴各省区访问、观察、收集史料。到1995年，已有关于湖北省（1860—1916）（苏云峰著）、山东省（1860—1916）（张玉法著）、闽浙台地区（1860—1916）（李国祁著）、湖南省（1860—1916）（张朋园著）、江苏省（1860—1916）（王树槐著）、安徽省（1860—1937）（谢国兴著）、广西（1860—1937）（朱浤源著）的七部专著相继问世。这些著述虽体例相同，仍各具特色。如《从变乱到军省：广西的初期现代化》探讨了地理位置特殊的广西近代以来在政治、经济、社会与文化四个面向上以政治因素为主导的变化。"中国现代化的区域研究"计划主持者之一张朋园先生，对该项研究已有成果从所采取的现代化概念、研究的架构等诸方面，做了一个综合性的检讨，指出了开展区域性研究的意义：其一，中国有广大的幅员，传统背景与现代化的关系复杂，在甲地某种传统是助力，在乙地则可能变成了阻力；由于区域的不同，人的性格也有区别，从而"民族性"也

[①] 虞和平：《商会与中国早期现代化》，上海人民出版社，1993，"序"。

非如有人认为的全然不利于现代化,而是无绝对的是非得先。其二,西方的冲击迫使中国不得不变而且必须及时求变,但西方文化和外商、外国投资的影响,在不同区域不尽相同。

大陆学者区域研究的最新成果,是胡福明等所著《苏南现代化》(江苏人民出版社,1996)。该书总结苏南的历史经验而着眼于苏南未来的建设,通过对苏南现代化的跟踪研究与实证分析,力求比较全面、系统地揭示有中国特色的社会主义现代化道路的内涵和主要特征,并分析指出了由发达地区超前显示的中国现代化进程的地区性和阶段性。该书将对现代化的理论、历史进程与现状及现代化指导思想与战略选择的研究融为一体,学术性与现实意义兼具,是一部颇有特色的现代化研究著作。

七 对今后研究的几点看法

以上是对百年以来尤其是70年代末以来历史学对现代化的研究的简要回顾,很可能挂一漏万。立足于新的世纪之交中国正在高速走向现代化和世界性现代化浪潮方兴未艾这一现实,现代化研究仍将继续深入,并将不断开拓出新的领域,这些都应是没有疑问的。以下提出我们对今后研究的几点粗浅看法,希望能得到学界同仁的批评。

首先,我们认为,现代化理论的研究还有待继续深入。一些文献仍将"现代化"的分析范式当作50年代西方特别是美国学者的专利品,把"现代化理论"固定在结构功能主义的"传统"与"现代"两分的水平,因而从根本上予以排斥;使用"现代化"分析范式的论文或专著,对这一概念的理论解释也有很大的差异;此外还有并非只是字面之争的"近代化"与"现代化"的并用等,都有待于进一步分辨和澄清。更为深层的课题是:对于现代化的基本动力机制即现代工业大机器生产力和社会结构演变的关系,对现代化不同道路、不同模式的各自本质性特点和相互之间的关系,各国现代化进程与世界现代化总进程的关系,还有待于进一步的研究。

其次,迄今为止,对于中国现代化的分区域、分部门的实证性研究才刚刚展开,其中大有学者用武之地。例如,台湾和江苏学者已经开始操作的区域现代化研究：地方性政治体制、基层行政结构与功能的演变，乡土中国的社会经济与文化变迁，百年来中国知识分子的坎坷经历，"科学"、"民主"与"法制"的理念与制度在中国确立的曲折历程，等等。从世界现代化进程的角度来看，在个别考察和分析比较的基础上对较大区域和总体进程的多学科合作的实证性研究也有待进一步展开。一批正在进行中的社科项目如"现代世界的兴起"、"发达国家的现代化道路"、"拉丁美洲通向现代化之路"、"东亚跨世纪巨变与重新崛起"，正是朝这个方向所做的努力。

最后，我们还想强调提出一点：在不断深入的研究中，不应将现代化（无论是作为进程，还是作为目标）理想化，不要忘了以批判的眼光看待现代化。

"现代化"只能是一个历史的范畴，一个反映真实历史进程的现实性概念。"现代化"的模式和道路都不是单一的，并非都是以社会主义为原则和旗帜的社会变革运动。"已经现代化"并不意味着已经没有矛盾因而不需继续变革和发展了。相反，如同罗荣渠先生所论："现代化绝非人类进程的最高阶段，而是一个大飞跃的阶段，但这个阶段终将被超越。如果以为只要按现行的即使不很高的增长率稳定增长，再过几个世纪全人类就将进入极乐世界或至福千年，那就是被西方流行过的想入非非的现代化理论自我催眠了。自由派理论忽视或掩饰了现代发展带来的各种负效应，因此是非历史的设想。事实上，从历史的趋势来看，这些负效应不是随着现代化的全球扩散而减弱，相反，而是日益增长。这是不论哪种类型的现代化都还不能解决的新问题。"（《现代化新论——世界与中国的现代化进程》，第160—161页）

这段话引人深思。现代化的核心是工业文明，现代化进程主要表现为"转型"（经济、社会与政治结构的改造）与"发展"（经济增长+社会变革——1960—1970年联合国"第一个发展十年"规定的公式）两个层面，基本内容是提高以科技革命为主导的现代工业大生产力。全世界各地区、各国家竞相追求尽可能快的发展速度和最大的经济效益，必然导致发展和现代化的危机。这也正是联合国提出"可持续发展"战略、通过全球《21世纪议程》，以及中国政府制定和实施《中国21世纪议程》的出发点。因此，研究现代化，必须充分估计上述现代化的负面效应，站在未来人类与自然界和谐发展的高度，看待"现代化"这一历史现象。

　　本文为林被甸老师命题并经林师最后审定，由林师与我共同具名，初刊于《历史研究》1998年第5期；曾先后被《新华文摘》、《中国社会科学》（英文版）、《炎黄文化研究》、《中国特色社会主义研究》等多种刊物转载，并为《历史学百年》、《求索者足迹——罗荣渠的学术人生》等多种文集收录。现征得林师同意，重新分节收入本书，各节重新加了小标题；原文约2.6万字，限于篇幅，收录时删去了1/4（主要是对研究成果的胪举）。

百年中国人权观念的嬗变

"人权"是人类长期以来的理想，也是百余年来中国现代化追求的目标。发轫于19世纪末的新文化运动以采西学为号召，引进人权是其重要成就之一。关于人权观念在中国的百年历程，有学者以1949年为界将其分为两个阶段，认为维新派对人权的继受和播扬还只是中国社会形成人权观念最基础的铺垫。① 也有研究者给维新派的人权思想以较高的评价。② 总体上看，史学界对人权观念与实践在20世纪上半叶中国发展演变的不同阶段、不同形态和它们（以及与人权有关的观念）之间的相互关联，对这些形态在20世纪后半叶的影响，都还有待展开深入细致的研究。笔者不揣简陋，试图对此略述浅见，以就教于方家。

本文关注的问题和基本思路可以概括如下：产生于近代西方的人权观念在进入中国后，其消化吸收、发展演变的过程大体经历了三个阶段或三种形态，即从鼓吹"兴民权"实则"兴绅权"，到要求普遍的个人自由个人解放，再到争取民族自主权和劳动者群体的社会政治权利。人权的三种形态分别有其相应的实践，跟中国现代化不同时期的历史任务息息相关。其中，第一种形态贯穿从维新派鼓吹变法革新到清末新政，再到辛亥革命的较长时期，涉及人权与民权、人权与绅权、人权/民权与君权等诸对概念的关系；第二阶段主要涉及人权与民主、人权与道德的关系；第三阶段则凸

---

① 徐显明：《人权观念在中国的百年历程》，《社会科学论坛》2005年第3期。
② 杜钢建：《中国近百年人权思想》，汕头大学出版社，2007。该书勾画了晚清以来人权观念在中国的发展历程，对康有为、严复、梁启超的人权思想在中国人权史上的地位都有较高的评价。

显了人权与"国权"、"启蒙"与"救亡"的关系。近代人权的三种形态对当代人权观念与人权实践仍然有深刻影响。百年中国人权观念的嬗变从一个角度反映了历史断裂与连续性的统一。

一 传统文化与"人权"

既有的研究已经指出，中国古代思想文化中有诸多因素可以跟人权观念接榫，例如儒家学说中的民本思想，法家"刑过不避大臣，赏善不遗匹夫"的法治主张，墨家的"官无常贵民无终贱"以及民间要求"均贫富等贵贱"的平等观念，等等，都能在一定程度上与人权所内含的价值相契合。[①] 黄宗羲写于明清之际而对晚清几代先进的中国人——从郑观应、康有为、梁启超、谭嗣同直到革命派的章太炎、邹容等——均有巨大影响的《明夷待访录》，被誉为17世纪中国的《人权宣言》，其立论依据，就是贵民轻君的"三代之法"和尧舜文武"以天下为主"的事迹。此外，还应指出：中西传统文化价值中的一些亲人权要素，例如墨子"视人之身若视其身"的"兼爱"思想[②]，儒家的宽恕仁爱思想（剔除其主张"贵贱不愆"

[①] 参见夏勇《人权概念起源——权利的历史哲学》，中国社会科学出版社，2007；陈弘毅：《中国文化传统与现代人权观念》，《法学》1999年第5期；叶海波：《试论中国传统文化与人权理念》，《湖北行政学院学报》2008年第2期。另见北大法律信息网、中国人权网"学术动态"栏下的有关论文。

[②] 清末民初已有许多人看到了墨子"兼爱"思想的价值，如皮嘉祐《平等说》："夫平等之说，导源于墨子，阐义于佛氏，立法于泰西。墨子之兼爱尚同也，佛法之平等也，泰西之人人有自主权利，爱汝邻如己，而倡君民一体也。名不同而旨则一也。"（《湘报》上册，中华书局，2006，第495页）黄遵宪所见略同："考泰西之学……其谓人人有自主权利，则墨子之尚同也；其谓爱汝邻如己，则墨子之兼爱也……"（黄遵宪：《日本国志》，上海古籍出版社，2001，第332页）此前郭嵩焘也提到基督教的"视人犹己""即墨氏兼爱之旨也"（《伦敦与巴黎日记》，岳麓书社，1984，第932页）。梁启超力倡墨学救国（"杨学遂亡中国！今欲救之，厥惟墨学……"），认为墨子与耶稣"根本之理想全同，实爱说中之极普遍极高尚者也"（《子墨子学说》）。他感叹"在吾国古籍中，欲求与今世所谓科学精神相悬契者，墨经而已矣！墨经而已矣！"（《墨经校释》）甚至将"墨家唯一之主义"——兼爱——推为"世界最高之理想"（《先秦政治思想史》）。孙中山也曾讲道："墨子所讲的'兼爱'，与耶稣所讲的'博爱'是一样的。"（黄彦编《孙文选集》，广东人民出版社，2006，第471页）当初与儒学并称"显学"的墨子学说历经千年沉寂磨难之后，终于在历史奇变、鼎革之交重放光彩。

的糟粕），《孝经》以及朱熹等后世学者论及的"博爱"，北宋"四为"学者张载的"民胞物与"泛爱思想，佛教经典中的"仁慈博爱"和基督教《新约》里讲的"爱众人"，其实都是相通的。至于在西方被视为"无价之价值"的《圣经》名言"想要别人怎样待你，你也要怎样待人"，跟《论语》中有异曲同工之妙的"己欲立而立人，己欲达而达人"，"己所不欲勿施于人"，则应当被视为人类各优秀传统文化所共同遵循的"黄金法则"（golden rule）。①

然而，这并不等于说人权古已有之。如同欧洲在近代以前存在严格的封建等级制度、宗教上的不容忍和对异端的迫害等，因而不可能有人权，中国两千年的君主专制②，历代统治者所奉行的政治文化、伦理道德，都使得前现代中国难以形成人权观念，而是使皇权、绅权、族权、夫权等压迫性特权得以长久维持。人权观念产生于近代西方，其基本内涵是要求普遍的、属于一切人的生命、尊严、自由和平等权利，最终达到使每个人在个性、精神、道德和其他方面的独立获得最充分、最自由的发展。人权在19世纪晚期被引进中国，其后经历了漫长的吸收消化过程。

二 "人人有自主之权"：从传教士到梁启超

1864年，丁韪良主译《万国律例》，以"权利"译 right，现代意义上

---

① 参见许明龙《"己所不欲，勿施于人"与道德黄金律》，《中华读书报》2012年6月13日，第10版。关于1793年和1795年法国人将孔子的话写入宪法所附的人权宣言，许先生的结论很谨慎："'己所不欲，勿施于人'被两度写入法国宪法，孔子的箴言纵然不是唯一渊源，至少也是重要来源。"

② 有学者反对用"专制"概括中国两千年的君主制，认为它源于西人对东方国家的臆测。实则中国古代早已有丰富的"专制"思想，如《商君书》讲到"权者，君之所独制也……权制独断于君，则威"；《韩非子》也反复论及"人主独擅"、"独制四海之内"，力诫君主谨防人臣"背法而专制"。秦始皇靠法家思想一统天下而百代皆行秦政治。商鞅、韩非都堪称中国专制帝王之教父、专制思想之鼻祖。后人用"专制"一词可能意含贬损，如本文所引梁启超、孙中山等人对清朝专制或"新生强盗专制"的抨击；也可能意含褒扬、肯定，如20世纪30年代蒋廷黻等人极力主张当今执政者"独裁"、"专制"、"极权"等。围绕中国古代专制问题的讨论参见黄敏兰《质疑"中国古代专制说"依据何在？》，《近代史研究》2009年第6期；《近年来学界关于民主、专制及传统文化的讨论》，《史学月刊》2012年第1期。

的"权利"概念从此进入中国人的话语,随之而来的便是"人权"。据刘广京先生考察,意义和自由或权利相近的"自主之权"概念仍为传教士(林乐知、韦廉臣、傅兰雅、李提摩太等人)引入中国,时在1875—1895年,所以张之洞在《劝学篇》(1898)里才会说出"人人有自主之权……语出于彼教之书"。① 曾经在上海广方言馆受教于林乐知的钟天纬,1880—1882年赴欧期间致信友人,介绍西方各国君权民授、男女平等的情况并说到在这些国家"小民皆有自主之权"。② 1899年梁启超写《爱国论》,在论述民权与君权的关系时提到了"天赋人权"。③ 同年,何启、胡礼垣在《劝学篇书后》一文里也讲道:"天既赋人以性命,则必畀以顾此性命之权。天既备人以百物,则必与以保其身家之权。……人人自主之权,则不问其人所居之位何位,所为之事何事,其轻重皆同,不分轩轾故也。"④ 李泽厚认为,在19、20世纪之交,"严复的'自由'、谭嗣同的'平等'、康有为的'博爱',完整地构成了当时反封建的启蒙强音"。⑤ 西学的引进和传播者以自由、平等、博爱这些实际标识着人权基本内涵的观念,推动在君主制度框架下的维新变革。人权思想号召力之大,大到青年柳亚子毅然将自己的名、号分别改为"人权"、"亚卢"。"亚卢"者,拥抱人权之"亚洲卢梭"是也。⑥

因为在《实理公法全书》中讲出"人各具一魂……人有自主之权"而被梁启超推崇为中国民权观念首倡者的康有为,在《大同书》中有更明确的人权思想:"但使大明天赋人权之义,男女平等皆独立……欲以度我全世界之同胞而永救其疾苦焉,其惟天予人权,平等独立哉!其惟天予人权,

---

① 刘广京:《晚清人权论初探——兼论基督教思想之影响》,夏勇编《公法》第1卷,法律出版社,1999,第26—29页。
② 钟天纬、钟镜芙:《刖足集》,《与程禧之书》,民国间刻/铅印本。更多的讨论见丁伟志《"中西体用"论在戊戌维新时期的嬗变》,《历史研究》1994年第1期;严立贤:《现代化模式与近代以来中国历史进程》,九州出版社,2010,第59页。
③ 《梁启超全集》第1册,北京出版社,1999,第275页。以下所引梁启超言论仅在文中附上文章题目的均出此全集,不另加注。
④ 《新政真诠——何启、胡礼垣集》,辽宁人民出版社,1994,第397、416页。
⑤ 李泽厚:《中国近代思想史论》,天津社会科学出版社,2003,第257页。
⑥ 对卢梭的思想还有另外的完全对立的诠释,如"专制主义倾向"、"绝对人民主权专制"、"自由最可怕的敌人"(以赛亚·伯林)等,此不论。

平等独立哉！"① 然而，康有为力倡君主立宪，认为中国应当由君主专制先行进到君民共主，然后才能走向共和民主，"其言实施政策，则注重君权……谓当以君主之法，行民权之意。若夫民主制度，则期期以为不可"（梁启超《南海康先生传》）。其所以"注重君权"，怕是眼巴巴地寄希望于他所心仪的那个扶不起保不住的天子——光绪皇帝，而当时的"君权"，实际掌握在慈禧太后和围绕在她身边的满族亲贵利益集团手里。要他们"以君主之法，行民权之意"，无异于缘木求鱼。因此，戊戌年的变法，甫发动便注定了后来的溃败。作为保皇党的领袖，康氏事后讲"不当言兴民权"，倒是他痛定思痛的大实话。

梁启超赞成君主立宪，并且反对"彼愚而自用之辈混民权与民主为一途"，但自始至终力主"兴民权"，大声疾呼"民权兴则国权立，民权灭则国权亡……保国尊皇之政策，岂有急于兴民权者哉！"（《爱国论》）他为康有为"但当言开民智，不当言兴民权"之说而惊讶，直陈"其与张之洞之言，甚相类也"（《致南海夫子大人书》）。另一方面，他也认为民权不可以旦夕而成，因而"欲兴民权，宜先兴绅权。欲兴绅权，宜以学会为之起点"。仅此还不够，还需先"开官智"："绅权固当务之急矣，然他日办一切事，舍官莫属也。即今日欲开民智，开绅智，而假手于官力者，尚不知凡几也，故开官智，又为万事之起点……"（《论湖南应办之事》）

梁启超所谓"开官智"、"开绅智"、"兴绅权"，旨在让有财产有知识的官僚士绅群体在社会政治变革中发挥作用，如同郭嵩焘当初介绍的西洋君主之国"大政一出自议绅"，最后达到"兴民权"。从《新民丛报》第六号、第七号连载的"答问"，可以看出梁启超及其君宪派同仁所说的民权，其实多半是人权：

---

① 《康有为全集》第1集，中国人民大学出版社，2007，第148、163—164页。同书第146页"《大同书》按"：康有为1884年已经开始"演大同之义"，1888年前写成《实理公法全书》。康有为也自视为"在中国实首倡言公理倡言民权者"（参见李泽厚《中国近代思想史论》，第127页）。对于《大同书》，梁启超曾在给康有为的书信里直言："大同之说，在中国固由先生精思独辟，而在泰西实已久为陈言。"见丁文江、赵丰田编《梁启超年谱长编》，上海人民出版社，2009，第188页。

问：中国近日多倡民权之论，其说大率宗法儒卢梭。然日本人译卢梭之说，多名为天赋人权说。民权与人权有以异乎？此两名词果孰当？

答：民权之说，实非倡之卢梭。如希腊古贤柏拉图阿里士多德亦多言之。但至十八世纪而大昌明耳。民权两字其义实不赅括，乃中国人对于专制政治一时未确定之名词耳。天赋人权之原字，拉丁文为 Jura innata, Jura connata，法兰西文为 Drois d'l Homme, Droits homains，英文为 Right of man，德文为 Urrecht, Fundamentalrecht, Angeborene Menschenrecht, Menschenrecht，其意谓人人生而固有之自由自治的权利，及平等均一的权利，实天之所以与我，而他人所不可犯不可夺者也。然则其意以为此权者，凡号称人类，莫不有之，无论其为君为民也。其语义范围，不专用于政治上也。故以日本译语为当。……①

由上可知，梁启超和他的立宪派同仁所讲的"民权"，不是"专用于政治上"的民权（rights of citizens, civil rights）即公权或公民权，更不是"民主权利"（democratic rights），不能"与民主混为一途"，而是私权，是个人权利、"天赋人权"（Jura innata, Urrecht, Angeborene Menschenrecht）。② 在梁启超和他的同道看来，"民人二字本无甚分别……民字可以人字代之，更无论矣。天赋人权，包括甚大，君亦不能与此权外有所增，民亦不能有所损。总而言之，皆在此权之中，各行其自由，不碍他人之自由是也"。③ 解答不能算不明确。也就是说，梁启超所反复倡言的民权，实即"天赋人权"，它可以跟君主立宪制下的君权并行不悖。既然为君为民，莫不有之，绅权自然更"在此权之中"，兴绅权即使不等于兴民权，至少也是后者的一部分或一步骤。

梁启超对人权也有大量直接的表述，如他在1896年就介绍并解释"西方之言曰：人人有自主之权。何谓自主之权，各尽其所当为之事，各得其所应有之利，公莫大焉，如此则天下平矣"（《论中国积弱由于防弊》）。

---

① 《新民丛报》第6号、第7号"问答"栏连载《京都知新书塾河北立太郎答东京爱读生问》。
② 或以为梁启超这里的解答不确，所说的"人权"实际是"民权"。见金观涛、刘青峰《观念史研究：中国现代重要政治术语的形成》，法律出版社，2009，第570页，"百个现代政治术语词意汇编"中"民权"条。
③ 《新民丛报》第6号、第7号"问答"栏连载《京都知新书塾河北立太郎答东京爱读生问》。

1900年4月，针对康有为"于自由之义深恶而痛绝之"，梁启超明确回答以"而弟子始终不欲弃此义"（《致康有为》）。再如他在《新民说》（1902）里呼吁："一部分之权利，合之即为全体之权利，一私人之权利思想，积之即为一国家之权利思想。……欲使吾国之国权与他国之国权平等，必先使吾国中人人固有之权皆平等，必先使吾国民在我国所享之权利与他国民在彼国所享之权利相平等，若是者国庶有疗，若是者国庶有疗。"《新民说》还提出："天生人而赋之以权利，且赋之以扩充此权利之智识，保护此权利之能力。故听民之自由焉、自治焉，则群治必蒸蒸日上；有桎梏之戕贼之者，始焉窒其生机，继焉失其本性，而人道乃几乎息矣。"

政治上比康梁更主张缓进立宪且最后走上拥袁复辟，但与梁启超同样力主"自由"的严复，则批评中国历代圣贤从来不讲自由，认为"中国理道与西法自由最相似者，曰恕，曰絜矩。然谓之相似则可，谓之真同则大不可也。……自由既异，于是群异丛然以生。"他强调"身贵自由，国贵自主"，赞赏西人"以自由为体，以民主为用……始于相忌，终于相成"。①

由上可知，严、梁一代人确已初具现代人权观念。他们所讲的自由、自治或天赋人权，所表达的其实是同一含义。正如有研究者所指出的，"基本自由"（fundamental freedom）与"人权"（human rights）两个概念常常可以通用。② 梁启超、严复的言论，开天赋人权说和自由主义在中国之先河。③ 当然，言论思想是一回事，如何付诸实践是另一回事。

梁启超一生常常"不惜以今日之我难昔日之我"，作为一个时代的言论骄子，其政体和民权（人权）主张的演变表明：几乎同时发生且同步挺进的立宪改良与共和革命，其行进轨迹时而疏远时而靠近，相互之间有着剪不断、理还乱的复杂关系。戊戌变法失败后，梁启超曾痛感革命事业"为今救中国独一无二之法门"，力主"必取数千年横暴混浊之政体，破碎而齑

---

① 严复：《论世变之亟》，《原强修正稿》，《严复集》，中华书局，1986，第3、17、23页。
② "在实在法的意义上，'fundamental freedom'（基本自由）与'human rights'（人权）往往表达同一涵义，可通用。"参见夏勇《人权概念起源——权利的历史哲学》，第169—170页、第178页注4。
③ 王思睿：《人权与国权的觉悟——新文化运动与五四运动同异论》，《战略与管理》1999年第1期。

粉之"，跟孙中山或面晤或书信往来，甚至有合并组党计划；因为"日倡革命排满共和之论"而被康有为斥为"流质易变"。① 虽然此后他又重回君宪派保皇党立场与革命派论战，将自由、立宪、共和视为"冬之葛"、"夏之裘"，认为"今日中国国民，只可以受专制，不可以享自由"（《新大陆游记》），但在清廷覆灭以后则坚决维护民主共和，拥抱此民智日开、民权日昌之世，讨袁称皇，遏张复辟，捍卫民国功勋卓著，为时贤所敬慕，为后世所瞻仰。梁启超的新民说，他于黯然无色中看到进步和希望，于狼奔豕突之际看到国民自主意识日益鲜明，坚信旧势力不过是旧时代的游魂，"一二十年的猖獗，势所难免……不久定要完全消灭，经过一番之后，政治上的新时代，自然会产生出来"（《五十年中国进化概论》）。种种自强不息、乐观进取的精神，深刻地影响了一个多世纪以来的一代又一代中国人。梁启超一生有大量揭露中国数千年专制政治积痼和关于民众自由与平等权利重要性的精彩论述，都是值得认真总结的精神财富。与此同时，他作为君宪派代表人物而提出的"欲兴民权，宜先兴绅权"，在近代中国政治史和人权思想史上也应有其位置，值得我们认真研究。

三 "欲兴民权，宜先兴绅权"

梁启超视民权（人权）可以包容绅权（甚至君权），混淆了两种不同范畴的权利概念，甚至将相互抵触的权利糅合在一起，学理上的确显得扞格难通。但是，在被称为"士绅社会"的中国，重视士绅的地位和作用，无论从历史还是从立宪派以及后来辛亥革命面对的现实看，都不能说没有道理。

关于中国历史上的绅（"士绅"或"绅士"、"乡绅"、"缙绅"，又有人细分为"官绅"和"学绅"，也有沿用西方概念称之为"精英"②），历来众说纷纭。在传统中国社会结构中，绅的面目确实有些模糊，他们一般拥有较多地产，"耕读传家"，通过接受儒学正统教育并考取功名而成为"学以

---

① 张朋园：《梁启超与清季革命》，台北，中研院近代史研究所，1999，第77、83、89—93页；丁文江、赵丰田编《梁启超年谱长编》，第196—197页。
② 参见尤育号《近代士绅研究的回顾与展望》，《史学理论研究》2011年第4期。

居位"者，绅与士从而混同一体。① 他们常常作为官府与民众的中介，在农村、乡镇主持公共工程，仲裁地方纠纷，负责筹款、赈济、施舍，以至于组织和指挥团练保安一方。一方面，有产有势的豪强士绅经常与皇权、族权等专制特权利益攸关；另一方面，士绅又位居士、农、工、商"四民"之首，自古以来就像称呼"农民（人）"、"工民（人）"、"商民（人）"一样被称为"士民"或"绅民"，以至于有"官与民疏，士与民近。民之信官，不若信士"之说。② 在王朝稳固时，士绅栖身于官府荫庇于皇权，读书人经过科考博得功名然后晋身为官员。然而，许多人只能做个仰人鼻息的清苦"冷官"，身处官僚阶层的边缘，难以与极少数权贵比肩。维新派另一重要思想家黄遵宪在给梁启超的一封长信里曾论及清代士大夫政治地位急剧下降的情况：

> 有明中叶以后，直臣之死谏诤，党人之议朝政，最为盛事，逮于国初，余风未沫，矫其弊者极力划削，渐次销除。……务摧抑其可杀不可辱之气，束缚之，驰骤之，鞭笞之，执乾纲独断之说，俾一切士夫习为奴隶，而后心安其文字之祸，诽谤之禁，穷古所未有。……③

士大夫的艰难拮据处境到了晚清更甚。科场衰落，官场"人累"，"壅塞之弊，无以宣泄"，即使高中状元亦"皆困踬不起"。④ 读书人的"正途"出路愈窄，跟专制皇权离心离德的倾向自然愈强。内忧外患之下，有声望无实权的"清流"，原本思想守旧，对自强新政多有批评，后来也纷纷被卷入要求维新变革的大潮。

---

① 《汉书·食货志》："学以居位曰士。"陈志让对"绅"的定义是："绅（缙绅，士绅）是受传统教育，有功名的人。有些任过政府的职位，有些拥有田产地产。"陈志让：《军绅政权》，三联书店，1983，"序"。
② 李燕光：《清代的政治制度》，转引自王先明《士绅阶层与晚清"民变"——绅民冲突的历史趋向与时代成因》，《近代史研究》2008年第1期。余英时先生曾述及春秋战国之际"士"的地位下降，从贵族末席变为庶人首座，从有职之人变为"游士"，《穀梁传》指为"士民"。余英时：《道统与政统之间——中国知识分子的原始形态》，《史学与传统》，台北，时报文化出版公司，1982。
③ 丁文江、赵丰田编《梁启超年谱长编》，第198页。
④ 何怀宏：《选举社会及其终结》，三联书店，1998，第377、378、380页。

在王朝衰败、中央统治动摇时，地方士绅有可能站在"民"一边并趁机伸张自己的权利，挟制甚至破坏皇权，这种情况在历史上不乏先例。19世纪中叶以后，中国政治权力和军事、财政的地方化程度日深。曾国藩靠编练乡勇团练而成气候，事实上已形成扩张的地方士绅势力对皇权的重大威胁，诚如首席军机大臣祁寯藻提醒咸丰皇帝所说："曾国藩以侍郎在籍，犹匹夫耳，匹夫居闾里，一呼蹶起，从之者万人，恐非国家福也。"① 史载曾国藩选将必用士人。由曾、左、李带出的一大批地方缙绅士大夫，由幕僚而将领而坐镇一方的大员，几乎占据了清王朝的半壁江山。到了庚子年的东南互保，地方势力已经敢于公开抗衡清王朝的中央威权。

历史上皇权衰落、士绅崛起的最后结果，往往是新一轮王朝周期。资本主义列强的东侵将这一王朝循环周期打断了，面临数千年未有之奇变，出现了龚自珍、魏源、冯桂芬、王韬等一批以天下为己任，以"士不知耻为国之大耻"（龚自珍语），先后鼓吹经世致用、主张睁眼看世界的先进士绅，维新派志士正是他们事业的继承者。作为新一代得西学风气之先的士大夫知识分子，维新派主张开绅智，即以从近代西方引进的新文化新观念新思想，取代历来支配士绅的旧纲常伦理意识形态，在此基础上开议会、兴绅权，以达到通过行宪制约皇权，实现变法改革的目标。甲午战败的震撼使这种取代成为可能。为了开绅智，康、梁等人卓有成效地办了许多报纸、学会，如强学会、农学会等。戊戌变法虽然短命，但维新改革的理念已经将士绅参与革新、维护和扩大自身权益以及要求自己参政议政权利的意识唤醒。庚子事变和日俄战争使越来越多的士绅有了变革求存的危机意识，从而群体走向要求立宪，并且希望通过采用英美宪政制度扩大自身的权益。于是我们在清末新政时期看到了蜂起的各种立宪学会，看到了士绅们充斥在资政院和各省谘议局的活动，② 看到了一次又一次强烈要求尽快立

---

① 参见房德邻《封疆大吏的沉浮》，中国青年出版社，1999，第86页。
② 据张朋园统计分析，全国21省谘议局（立宪派大本营）的1643名议员基本上都是士绅，约90%拥有秀才、贡生、举人、进士等传统功名。他们的家庭多数富有，部分曾入学堂或负笈海外，一人兼具传统与新式教育。在类似临时议会的资政院里，上层绅士比例高达57%。张朋园：《立宪派与辛亥革命》，吉林出版集团，2007，第12、22—27页。另见金观涛、刘青峰《开放中的变迁》，法律出版社，2011，第116—117页表3.6。

宪的大规模国会请愿运动，以及四川立宪派士绅领导的、直接引发了武昌起义的轰轰烈烈的保路运动。

陈志让先生还把清末新政时期的绅士分为三层：上层绅士头脑比较新颖，比较开明，他们负责中央和省一级改革。在他们之下有中下层的士绅住在县城或乡下，也在办新政。总体上说，"在变革的过程中，绅士阶级以'天下兴亡'为己任，是'责无旁贷'。这些当然的领袖约有七百万人，占全国人口的百分之二，跟幕末的武士在日本人口中的比例差不多"。① 清末新政的"顶层设计"意在继续维护专制皇权和满族亲贵的权益，从这一点上可以说是对戊戌变法的反动，在顶层以下则造成新型的绅权扩张，这又是一大进步。国会请愿和保路运动都以其加速清王朝覆灭、推动近代中国政治转型的作用而载入中国现代化的史册。

四 绅权的扩张：从反专制特权演变为新的专制特权

戊戌变法之际仍坚持"故知君臣之纲则民权之说不可行也"并狡辩"纵欲开议会其如无议员何"的张之洞，② 两年后也力主办议院，甚至主张州县长官民选，不过他所说的民只限于绅民或士民。③ 清末新政的重要内容之一是选择"正绅"或叫"合格绅民"筹办地方自治。新政时期众多官僚士绅跻身各地谘议局，参与地方自治。

然而，绅权的扩张亦如一柄双刃之剑，一刃指向专制皇权，另一刃则指向下层劳动大众。就后者而言，新政的成效诚如刘师培当时所评"至其实际，则绅民之权日伸，平民之权日削……此则少数人民之利，岂多数人民之利哉！"④ 也如其失败后清帝《罪己诏》所总结，"促行新治，而官绅

---

① 陈志让：《军绅政权》，"序"第11页。
② 陈山榜：《张之洞劝学篇评注》，大连出版社，1990，第35、57页。
③ 《劝学篇》已经在给"士民"谈变法，希望士绅官吏都来讲求农工商之学，认为法之变与不变"实成于士民之心志议论"，但以"中国士民至今安于固陋者尚多"而反对开议会。陈山榜：《张之洞劝学篇评注》，第56、120、138—139页。
④ 刘师培：《论新政为病民之根》，张枬等编《辛亥革命前十年间时论选集》第2卷，三联书店，1978，第970页。

或借为网利之图；更改旧制，而权豪或只为自便之计。民财之取已多，而未办一利民之事……"①

许多地方官僚士绅提出的改革措施，包括各种加税项目和禁令，首先损及下层劳动民众的基本生存权利。新政时期苛捐杂税较此前增加几十倍，如时人评论："当捐之行也，一盏灯、一斤肉、一瓶酒，无不有税，墨吏劣绅从而把持之。"② 由此而产生的尖锐矛盾引起下层民众的激烈反抗。

1910年，广西岑溪知县"联合地方绅士，借办地方新政，遇物加抽"激起民变。③ 同年，山东莱阳、海阳一带爆发大规模民变遭残酷镇压，事后有山东旅京举人上折沥陈莱阳"官绅激变"实情，历数劣绅"浮收钱粮，侵吞积谷，苛派集捐，皆确凿有证"。奉旨复查的孙宝琦也不得不承认众绅或放利而行，或假公济私、贪鄙无耻，"声名甚劣，均难姑容"。江西巡抚奏报宜春县"乡民因捐仇绅"，称"绅士勒捐……巨细靡遗，所有柴、米、纸张、杂粮、菜蔬等项，凡民间所用，几于无物不捐"。④ 据统计，在清王朝最后十年全国各地为数上千次的"民变"中，直接标示出和内容能够体现出的绅民冲突事件至少有300件次，且呈逐年递增的态势。⑤ 1904年的广东阳山民变提出"抗官杀绅"的口号，1910年的广西全州民变"各乡民之首，均插一竹片，上写'官逼民变绅逼民死'字样"。⑥ 在上海外围地区，从事家庭纺织业的农村妇女进行了有组织的暴力抗捐反禁斗争，约有两千人参与焚毁了62处建筑物，以此抗议负责新政改革的地方士绅提出的加税名目和损害下层劳动者利益的禁令法规。⑦

---

① 中国史学会主编《辛亥革命》（中国近代史资料丛刊）第8册，上海人民出版社，1957，第336页。
② 《论近日民变之多》，张枬等编《辛亥革命前十年间时论选集》第1卷，第947页。
③ 中国史学会主编《辛亥革命》第3册，第374页。
④ 中国第一历史档案馆等编选《辛亥革命前十年间民变档案史料》上册，中华书局，1985，第175、185、355页。
⑤ 参见王先明《士绅阶层与晚清"民变"——绅民冲突的历史趋向与时代成因》，《近代史研究》2008年第1期。美国学者蒲乐安调查并详细分析了这一段历史。见 Raxann Prazniak, of Camel King and Other Things: Rural Rebels against Modernity in Late Imperial China, Boulder: Rowman & Littlefield, 1999. 另见王文和蒲著所附文献。
⑥ 中国史学会主编《辛亥革命》第3册，第375页。
⑦ 蒲乐安：《川沙的织工和女巫》，《中国社会经济史研究》1996年第1期。

正如王先明所指出的，新政时期日趋清晰也日渐突出的绅民冲突凸显着中国社会结构的深层变动。后来的大革命时期乡村社会矛盾的爆发以"打倒土豪劣绅"为目标而展开，并非只是政党政治动员的结果。① 大革命时期打倒绅权的政治诉求适足证明，清末新政中"绅权的扩张"，② 以及因此而形成的绅民冲突，经过辛亥革命不仅没有消减反而更加严重。

梁启超所谓"兴绅权"，初旨是让士绅这一有产知识群体先知先觉，依靠他们实现变法维新，最后过渡到兴民权。绅权取代或部分取代皇权继续甚至加重对下层劳动民众权利的压迫，乃至成为专制皇权消失后首当其冲的社会问题，恐怕是他没有预想到的。毕竟梁启超早已认识到"必先使吾国中人人固有之权皆平等"，"凡一国之中，无论何人不许有特权"（《新民说》）。

五　从"天赋人权"到"人赋人权"

人权的闸门一经康、梁、严、谭等人打开，新思想的潮流便一发而不可收了。1903 年有人写道："自平等、自由、博爱、公益等名词出现于吾社会，老师耆旧既惊为创闻，引与为敌。"③ 正好也是在这一年，"权"、"权利"、"个人"以及"群"、"社会"、"义务"等概念在报纸杂志上的传布达到高峰，而且它们的使用量几乎同步增长。④ 数据库显示当时中国先进知识界虽然有要君宪还是要民主共和的原则分歧，有保皇与革命的激烈论争，对人权/民权的理解也各有差异，但在接受西方个人权利观念这一点上是共同的。

金观涛、刘青峰根据统计数据列表指出，从 20 世纪初到辛亥年，报刊

---

① 王先明：《士绅阶层与晚清"民变"——绅民冲突的历史趋向与时代成因》，《近代史研究》2008 年第 1 期。
② 由李国祁、张朋园两位领导的台北中研院近代史研究所"中国现代化的区域研究：1860—1916"项目，已经出版的 7 部专著分别论及各省士绅阶层要求扩大自身权益的问题。其中尤以李著明确提出并反复用到"绅权的扩张"这一概念。见李国祁《中国现代化的区域研究：闽浙台地区，1860—1916》，台北，中研院近代史研究所，1985，第 3 章第 3 节、第 6 章"结论"。
③ 转引自金观涛、刘青峰《观念史研究：中国现代重要政治术语的形成》，第 209 页。
④ 金观涛、刘青峰：《观念史研究：中国现代重要政治术语的形成》，第 116 页图 3.1、132 页图 3.3、197 页图 5.1。

文章中"权利"的用法大体有四种：第一种意为个人的自主性，即用"权利"一词直接表达"人人有自主之权"。第二种是说权利源自竞争、自强，"权利何自生？曰：生于强。……人人务自强以自保吾权，此实固其群善其群之不二法门也"（梁启超《新民说》），意即捍卫个人自主性有利于竞争，进而可以促进国家进化富强。第三种认为国权由私人之权利所团成，无个人自主则无国家独立自主，反过来，国若不强则人民权利自由无保障。第四种涉及权利与经济利益和道德品格。梁启超认为权力来自良知且与义务相连："权利思想之强弱，实为其人品格之所关……权利思想者，非徒我对于我应尽之义务而已。实亦一私人对于一公群应尽之义务也……"（《新民说》）孙中山则指出："因一切谋生利益，尽被资本家吸收，贫民虽有力量，却无权利去做。"①

第四种用法表明，"人人自主之权"是否实然拥有，受到道德品格和经济地位、社会义务等内在与外在因素的制约，不是"天赋人权"，而是"人赋人权"，②显示出人权与道德之间有密切联系，也暗示着必须铲除有碍人权实践的旧道德而树立与人权相适应的新道德。天赋人权和竞争性权利都难以解决现实中的经济政治权利不平等，从而预示着新一代与经济政治权利密切相关的人权观念的产生，也预示着在人权问题上强调自由竞争、"物竞天择"的社会达尔文主义将被革命主义和社会主义所取代。

六　新文化运动与人权

新思想的广泛传播成为政治革命的先声。辛亥革命推翻了清王朝并最终结束了延续两千年的皇权统治，在列强环伺下的中国建立起亚洲第一个民主共和政体，从而不仅成为近代中国发展变化的转折点，在整个中国历

---

① 金观涛、刘青峰：《观念史研究：中国现代重要政治术语的形成》，第124—130页表3.5。
② 据目前所知，最早认识到人权非天赋而是"人赋"或曰人权的社会性的中国人，当为何启、胡礼垣："自主之权从何而起？曰：此由人与人相接而然也。……人人有权，又人人不能违乎众……人人皆欲为利己益己之事，而必须有益于众人，否则亦须无损害于众人……故曰：人人自主之权，其权由众而成也。"《劝学篇书后》，《新政真诠——何启、胡礼垣集》，第416—417页。

史上也树起了一座厥功至伟的丰碑。辛亥革命如一场摧枯拉朽的龙卷风，不旋踵间将大清帝国腐朽破败的旧屋顶席卷而去。

然而，枯朽的还只是清王朝，旧制度的根基仍在。辛亥革命没有从根本上消灭压迫人权的专制特权——"去一满洲之专制，转生出无数强盗之专制……于是而民愈不聊生矣"，① 更没有触动维护专制特权的传统伦理道德。一度"率土归仁群生托命"（梁启超语）、曾经被誉为"合南北而一之，融五族而共进于共和之域"的"民国开幕英雄"袁世凯，② 却掉转头辱骂革命者"倡为无秩序之平等，无界说之自由……举吾国数千年之教泽扫地无余"，命令全国"尊崇至圣"，重演历代帝王祀孔丑剧。袁世凯身后的统治者也一再掀起尊孔复古的浪潮。一时间造成"孔教若不为国教，则中国必亡……苟不定孔教为国教，则吾民不得复为华民，吾国不得复为中国"（《孔教会陈焕章等上参众两院请定国教书》）之声势。

种种倒行逆施，使李大钊为尊孔祭天和帝制复辟之间的紧密联系而惊骇；钱玄同以洪宪纪元"如一个响霹雳震醒迷梦，始知国粹之万不可保存"；③ 陈独秀看到复辟与尊孔"相依为命"、孔教与共和"绝对两不相容"（《复辟与尊孔》）；梁启超也起而反击"提倡旧道德"："二十年前共指为甚恶者，二十年后忽能变为甚美，此宁非天下大可怪之事！"（《复古思潮平议》）新学老一辈一趟一趟落后甚至全然退伍，新一代先进知识分子痛感"所希望的件件都落空"，于是"鼓起勇气做全部解放的运动"（梁启超《五十年中国进化概论》）。

被梁启超称为中国进化历史新时期的"新文化运动"，正是在这样的背景下正式拉开帷幕的。比之严复、梁启超一代人，这一时期的"新文化运动"更响亮地喊出了争人权的口号，用以对抗儒家纲常和专制复辟。今天许多人谈及"五四新文化"，马上想到的是"德"、"赛"二先生，却常常

---

① 孙中山：《建国方略》，黄彦编《孙文选集》上册，广东人民出版社，2006，第2页。
② 李大钊：《〈支那分割之运命〉驳议》，《李大钊全集》第1卷，河北教育出版社，1999，第281—283页。以下引李大钊言论均出此四卷本全集，仅在行文中附上文章题目而不另注。
③ 《新青年》第5卷第6号，第627页"通信"，人民出版社，1954年影印本。本文所引陈独秀、易白沙、钱玄同、傅斯年诸文均出此，不另注。

忘记还有"和"（human rights）女士①、"费"（freedom）小姐②和"穆"（moral）姑娘③，后三位又常常难解难分，而且中间两位女士比前面两位先生还要先行来到中国。

关于人权，陈独秀说得最清楚。他在《青年杂志》第1卷第1号即提出："自人权平等之说兴，奴隶之名，非血气所忍受。世称近世欧洲历史为'解放历史'：破坏君权，求政治之解放也；否认教权，求宗教之解放也；均产说兴，求经济之解放也；女子参政运动，求男权之解放也。"科学与人权"若舟车之有两轮焉。……国人而欲脱蒙昧时代，羞为浅化之民也，则急起直追，当以科学与人权并重。"（《敬告青年》）《法兰西人与近世文明》一文更把人权置于近世文明之首位："近世文明之特征，最足以变古之道，而使人心社会划然一新者，厥有三事：一曰人权说，一曰生物进化论，一曰社会主义，是也。"在第1卷第4号《东西民族根本思想之差异》中说："举一切伦理，道德，政治，法律，社会之所向往，国家之所祈求，拥护个人之自由权利与幸福而已。思想言论之自由，谋个性之发展也。法律之前，个人平等也。个人之自由权利，载诸宪章，国法不得而剥夺之，所谓人权是也。人权者，成人以往，自非奴隶，悉享此权，无有差别。此纯粹个人主义之大精神也。"在《新青年》第2卷第4号《袁世凯复活》一文中进一步指出："法律上之平等人权，伦理上之独立人格，学术上之破除迷信，思想自由：此三者为欧美文明进化之根本原因……"

李大钊则主张"民彝"，推崇人民创造历史、改变自身生存状态的权利和意志，反对北洋政府所倡导的尊孔复古运动，认为孔子是被历代帝王神化了的圣人偶像，是束缚人们思想的"专制政治之灵魂"。他寄希望于青年，满怀激情地讴歌青春，"俾以青年纯洁之躬，饫尝青春之甘美，浃浴青春之恩泽，永续青春之生涯……"（《青春》）他笔下的"堂堂七尺之躯"，是昂头阔步面向未来充满青春活力敢于为发展燃烧自己的生命主体。他憧憬的理想社会是

---

① 参见夏勇《人权概念起源——权利的历史哲学》，中国社会科学出版社，2007，附录1"论和女士及其与德、赛先生之关系"。
② 参见杨念群《"五四"九十周年祭》，世界图书出版公司，2009，"引言"部分。
③ 参见鲁萍《"德先生"和"赛先生"之外的关怀——从"穆姑娘"的提出看新文化运动时期道德革命的走向》，《历史研究》2006年第1期。

"把政治上、经济上、社会上一切特权阶级,完全打破;……凡具有个性的,不论他是一个团体,是一个地域,是一个民族,是一个个人,都有他的自由的领域,不受外来的侵犯与干涉,其间全没有统治与服属的关系,只有自由联合的关系"(《平民主义》)。

吴虞着力评判儒家礼教,揭露孝悌为仁之本、天地君亲师为礼之本,不过是"教人不要犯上作乱,把中国弄成一个'制造顺民的大工厂'"《吴虞文录·说孝》。

鲁迅着力于国民性的改造和完善,认为要改变中国"其首在立人,人立而后凡事举;若其道术,乃必尊个性而张精神"。①他的《狂人日记》、《我之节烈观》等一系列小说、杂文,揭露了旧礼教"吃人"的本质,强调人的精神解放,彰显了人的主体性。

对于个人自由和个人解放包括婚恋自由、妇女解放,胡适、钱玄同、刘半农、周作人等也先后发表了大量的论述。在新文化的感召下,一代青年摆脱了旧道德旧伦理的桎梏,对思想自由、婚姻自由、男女平等的追求蔚成风气。

翻检《新青年》、《每周评论》、《新潮》、《晨报》、《时事新报》等新文化运动中的报刊,可以发现,自由以及与它对应的"专制"是最抢眼的字眼,或者叫"关键词"。如果对这两个概念做一逐月逐年的统计,应当很容易看出,其使用频率也是同步上升的。新文化人清楚地认识到:专制是自由、民主、人权的对立物;要自由,则必反专制。易白沙从"今之董仲舒"推动现代版的独尊儒术——欲以孔子一家学术代表古今中外文明——看到了"独夫专制"和"思想专制"(《孔子平议》)。李大钊发出的声音则更显悲壮而富于历史穿透力:"……神州鞠为茂草,昔称天府,今见陆沉。呜呼!是果孰之咎欤?余思之,且再思之,则君主专制之祸耳。盖民与君不两立,自由与专制不并存,是故君主生则国民死,专制活则自由亡……"(《民彝与政治》)

专制特权作为人权的对头,中西皆然。真正诊断出专制制度是旧中国的病因并予以疗救,经历了从立宪改良到共和革命一代又一代人的艰难探

---

① 鲁迅:《文化偏至论》,《鲁迅全集》第1卷,人民文学出版社,2005,第58页。

索甚至浴血奋斗，其结论既符合历史又贴近现实。从19世纪末开始，反专制反独裁一直是中国人权思想发展史的主题，即使在民族危急关头也不曾中断，只不过在新文化运动中成为时代的最强音。胡适后来总结式地指出，新文化运动"是一场自觉地反对传统文化中诸多观念、制度的运动，是一场自觉地把个人从传统力量的束缚中解放出来的运动。它是一场理性对传统，自由对权威，张扬生命和人的价值对压制生命和人的价值的运动"。①

要求实现普遍的即属于一切人的自由、平等、独立，是人权的基本内涵。正如恩格斯所说："一旦社会的经济进步，把摆脱封建桎梏和通过消除封建不平等来确立权利平等的要求提到日程上来，这种要求就必定迅速地获得更大的规模。……这种要求就很自然地获得了普遍的、超出个别国家范围的性质，而自由和平等也很自然地被宣布为人权。"② 联合国《世界人权宣言》也确认，人权是人人有资格享受的生命、尊严、法律所保障的自由、工作、休息、接受教育、不受歧视等基本权利。从《新青年》和其他新文化运动刊物发表的大量文字，可以确切无疑地看到：无论是李大钊对"青春"的歌颂，鲁迅对旧礼教的声讨，还是胡适等人对个人自由的呼求，在在透露出对人权的呼唤。尽管他们当时所持有的观念，基本上还是来自西方的、以抽象的人的本性为基础的"自然权利"，而不是具体的反映不同文化、不同社会和阶级利益差别的人权。

"五四"以前中国知识界所提倡的自由、人权，基本上没有超出欧洲启蒙思想家的抽象自由和"天赋人权"，而历史事实正如历史学家方纳所总结：在当年的英国，财产达不到标准可以享有公民自由但没有参政议政的权利；贵族绅士崇尚和提倡自由可以跟等级森严的社会制度以及奴隶贸易、殖民扩张并存。总之，"自由从来就是一个充满冲突的战场……自由的定义因而不断得以创造和再创造"。③ 自由如此，人权亦然。

新文化运动为造成新思潮而极力传播西学，是"先进的中国人，经过千辛万苦，向西方国家寻找真理"（毛泽东语）的过程。今天，回过头来

---

① 胡适著，欧阳哲生等编《中国的文艺复兴》，外语教学与研究出版社，2001，第181页。
② 《马克思恩格斯选集》第3卷，人民出版社，1995，第447页。
③ 〔美〕E.方纳：《美国自由的故事》，王希译，商务印书馆，2002，第11页。

看，新文化运动中确有对西方的个人主义、自由主义、人权思想囫囵吞枣的"拿来"甚至"全盘西化"、对中国传统文化则不加分析否定过多的倾向。梁启超在20世纪初还强调个人自由须服从团体自由，认为"野蛮时代个人之自由胜而团体之自由亡；文明时代团体之自由强，而个人之自由减"，反对"斤斤然主张一己之自由"（《新民说》）。胡适则直到1930年还坚持反对为求国家的自由而牺牲个人自由，极力主张"争你们个人的自由，便是为国家争自由！争你们自己的人格，便是为国家争人格！"① 陈独秀观察到中西文化对战争与和平的不同取向："儒者不尚力争，何况于战？老氏之教，不尚贤，使民不争，以甲兵为不祥之器；……若西洋诸民族，好战健斗，根诸天性，成为风俗。"但他一味激赏西人的好战健斗，赞扬其"纯粹个人主义之大精神"，批评"爱平和尚安息雍容文雅"之东洋民族"具如斯卑劣无耻之根性"（《东西民族根本思想之差异》），虽基于中华民族积贫积弱、落后挨打之现实，揆之历史，则失之偏误。对儒家传统孝道，陈独秀甚至发出过"父母有好色之心无得子之意"因而"万恶孝为首"等愤激之言。鲁迅当初也不隐瞒自己认为西方文化胜过中国文化的观点，主张不要读中国的古书，"与其崇拜孔丘关羽，还不如崇拜达尔文易卜生；与其牺牲于瘟将军五道神，还不如牺牲于Apollo"。②

由于新文化运动反传统、学西方的"过度"、"激进"，以及一战以后许多人对现代西方迷信的破灭，于是有"五四"以后对新文化运动的"反动"或称"东方文化的重新抬头"。③ 然而，经过五四新文化运动的洗礼，即使在东方文化派的学者中，"独立之精神、自由之思想"等反对专制、主张个人解放的理念也已经深入人心了。围绕"世界主义、民本主义、社会主义"是否为中国古代思想特色的争论，也适足反映了与现代人权密切相关的这三大"主义"已经在中国产生了深远影响。④

曾经有人提出，中国近现代知识分子由于不得不在各种危机中挣扎奋斗，他们的性情言论大都焦躁偏执。新文化运动无论是在学西方还是在对

---

① 洪治纲主编《胡适经典文存》，上海大学出版社，2004，第290—291页。
② 鲁迅：《热风随感录四十六》，《鲁迅全集》第1卷，第349页。
③ 参见伍启元《中国新文化运动概观》，黄山书社，2008，第172页。
④ 杨明斋：《评中西文化观》，黄山书社，2008，"卷二评《先秦政治思想史》"，第90—123页。

旧礼教的批判中，焦躁偏执、愤世嫉俗、全盘西化或对传统全盘否定确实都有表现。然而也不尽如此。林毓生曾经指出，五四时期"全盘性反传统主义"的崛起是传统中国持久稳定的普遍王权——君王既有主宰一切的世俗权力又行使着宗教和精神的权威——瓦解的后果之一。此前的大多数思想学派（包括儒法墨道各家在内）都把普遍王权视为当然。普遍王权使社会—政治和文化—道德秩序高度整合成为一体。正是这种普遍王权的崩溃导致文化—道德秩序的破坏，导致传统文化的任何部分都可能遭受攻击。然而，所谓"全盘反传统"其实并没有那么"全盘"，这首先就起因于"深植于一些中国文化倾向的某些态度深切地塑造了反传统主义者本身的观点。……这些文化特性以诸多隐微难察的方式影响了那些断然拒斥过去的人"。①

新文化运动的健儿们对东西方文化并不都是一概打倒或一概接受。如李大钊提出："孔子于其生存时代之社会，确足为其社会之中枢……故余之抨击孔子，非抨击孔子之本身，乃抨击孔子为历代君主雕塑之偶像的权威也；非抨击孔子，乃抨击专制政治之灵魂也。"（《自然的伦理观与孔子》）"宇宙的进化，全仗新旧两种思潮，互相蜕进，互相推演……我确信这两种思潮，都应该知道须和他反对的一方面并存同进，不可妄想灭尽反对的势力。"（《新旧思潮之激战》）易白沙一面抨击孔子尊君权、重做官、讲学不许问难，"三月无君则皇皇如也"，反对以孔子一家学术代表中国文明；一面也祝愿"神州国学规模愈宏"，认为"孔子自有可尊崇者在。……独夫民贼利用孔子，实大悖孔子之精神"（《孔子平议》）。就连曾经主张"一心一意西化"的胡适，也自称"吾于家庭之事则从东方人"并终身服膺之，死后还落了个"新文化中旧道德楷模"的名声。至于陈独秀，早在写作《法兰西人与近世文明》时就已经看到西欧近代文明的诸多问题，看到了社会主义革命的必要性，对资本主义私有制下的"竞争人权之说"和实际人权状况持明显的批评态度："近世文明之发生也，欧罗巴旧社会之制度，破坏无余。所存者私有财产制耳。此制随传之自古，自竞争人权之说兴，机械资本之用广，其害遂演而日深。政治之不平等，一变而为社会之不平等。君主贵族之压制，一变而为资本家之压制。此近世文明之缺点，无容讳言

---

① 林毓生：《中国意识的危机》，贵州人民出版社，1988，第3—4、18—25页。

者也。欲去此不平等与压制，继政治革命而谋社会革命者，社会主义是也。"这已经逼近了辩证唯物主义平等观、人权观的高度，即使拿到现实生活中的今天，用于捍卫普通民众的基本权利、抵制权贵资本的特权，仍然不失其价值。

陈独秀也谈到新文化与旧文化的批判继承关系，在《新文化运动是什么》中指出："新文化运动，是觉得旧的文化还有不足的地方……我们不满意于旧道德，是因为孝弟底范围太狭了。说什么爱有等差，施及亲始，未免太猾头了。就是达到他们人人亲其亲长其长的理想世界，那时社会的纷争恐怕更加利害；所以现代道德底理想，是要把家庭的孝弟扩充到全社会的友爱。"对于儒家思想中有可能生发出人权的因素，陈独秀也有认识，如他后来所说："五四"时提出"打倒孔家店"，是因为旧王朝把孔子当作神圣供奉以维护其统治。"但在学术上，孔、孟言论，有值得研究之处，如民贵君轻之说，有教无类之说，都值得探讨。"①

七　争个人自由与争全民族、国家的自由

迨至五四爱国运动爆发，民族危机加剧，国难当头，青年学生和先进知识分子的注意力急剧转向"外争国权"。对内也由争取"小我"即个人的自由、自主，转向关注"大我"的基本生存权利和社会政治权利，争群体的、民族的自由自主权利。"向西方学习"也从以奉行自由主义的英美为师逐步转向以十月革命后的苏俄为师。"国家兴亡，匹夫有责"，为群体利益而不惜牺牲个人利益甚至生命，权利重新而且更紧密地与责任、义务结合起来。

有人以"救亡压过启蒙"概括这一段历史，实则救亡与启蒙始终相互促进，外争国权与内争人权互为表里，争国权即争国人的集体人权。当初，国家危亡引发了以新学即西学为标识、以"开民智"为口号的新思想启蒙运动，新学健将梁启超早已认识到人权与国权的关系是"分"与"积"、个

---

① 转引自余英时《中国文化的重建》，中信出版社，2011，第75页。

别与全体的关系。到了"五四"前后，"启蒙"新文化已经造就了一代既有个人主体意识又有强烈爱国精神的新青年。

五四运动始于一场轰轰烈烈的学生爱国运动，但正如当时的学生领袖傅斯年所称："若说这五四运动单是爱国运动，我便不赞一词了：我对这五四运动所以重视的，为它的出发点是直接行动，是唤起公众责任心的运动。"（《随感录六七中国狗和中国人》，《新青年》第6卷第6号）《新青年》另一位撰稿人、时任教于北大史学系的朱希祖先生在《五四运动周年纪念感言》一文中也强调："五四运动以后，学生社会，大呈活气，渐渐波及工商社会。这种活动气象，就是将来民众自求幸福的萌芽，潜滋暗长，必波及于全国劳动的社会。"①

"启蒙"在中国一开始就与"救亡"紧密相关。"五四"以后启蒙也没有停止，只不过重心从青年士子个人重新转向社会，从关注个人觉醒转向唤起广大民众。例如，维持了五年（1919—1924）之久、成员曾多达140人的"平民教育社"，就是以"求人人都知道怎样才是真幸福，兼明白求幸福的法子"为宗旨，以"求得社会中各分子的真正平等和真正自由"为"平民教育的真精神"。② 五四时期持类似宗旨的社团还有许多。总之，称五四以后的新文化、新思想运动仍然有丰富的人权思想，应该是没有错的。只不过这时的"人权"超出了个人自由个性解放的范围，从个体的权利走向群体的权利，从要求个人在国内社会的自由、平等、尊严走向要求整个民族在国际社会的自由、平等、尊严。所谓"外争国权"、"保我主权"，争的和保的，正是全体国人的集体生存权、自主权。

可以认为，到1919年中，以个人解放、个人自由为主要诉求的新文化、新思想运动告一段落。尽管如此，十年以后又发生了胡适等人掀起的人权讨论，或被称为"人权运动"，抨击国民党限制自由，要求制定宪法确立法治，保障人权。讨论中罗隆基从洛克的理论概括出"革命的人权"，或简称"革命权"，认为"孟子所谓'闻诛一夫纣，未闻弑君也'这就是承认革命权的先例。孙中山先生四十年的工作，又是拿革命的人权来拥护自由平等

---

① 周文玖选编《朱希祖文存》，上海古籍出版社，2006，第10页。
② 张允侯等编《五四时期的社团》（三），三联书店，1979，第6、17页。

这些人权的近例"。他尖锐地批评"国民党天天拿民主民权来训导我们小百姓，同时又拿专制独裁来做政治上的榜样"。①"人权运动"以自由派同仁杂志《新月》和著作《人权论集》被查禁、罗隆基被抓捕、胡适无奈地表白自己只是"希望做点补偏救弊的工作"而告终。

在30年代中期围绕"民治与独裁"的论争中，蒋廷黻、丁文江等人认为当时的中国急需"专制"、"独裁"或"极权"。胡适等人则力主尽快实行宪政民主，奉劝"中心实力派"把无实力的人民当天子，保障人民的自由，培养民权的基础。论争中支持胡适、后来以《自由与人权》一书名世的张佛泉反对将民治高高挂起。他还强调义务和责任，主张像抛弃"神权说"一样抛弃"自然权利说"。论争期间，蒋介石发表答外国记者的谈话，口称中国"无独裁之必要"。②事实上，国民党政府也有诸多言及民权和人权保障的"约法"、"宪草"，但都是一纸具文而已。

在日益尖锐的民族矛盾和阶级斗争面前，要求个人自由的声音越来越微弱。然而，专制独裁统治并没有使中国人权的火种熄灭。在蒋记国民政府统辖不到的地方，以贫苦农民为主体通过土地革命和减租减息实践着集体生存权和其他社会政治权利。许多革命根据地制定了专用于人权保障的法律文件，如《陕甘宁边区保障人权财权条例》、《冀鲁豫边区保障人民权利暂行条例》、《晋西北保障人权条例》、《渤海区人权保障条例执行规则》。③在国民党政府治下，由鲁迅、郁达夫、田汉等著作界、新闻界、教育界、律师界同仁于1930年2月发起成立的"中国自由运动大同盟"，高举"感受不自由痛苦的人们团结起来共同奋斗"的旗帜，庄严宣告"自由是人类的第二生命，不自由，毋宁死"，指控当局"查禁书报，思想不能自由。检查新闻，言语不能自由。封闭学校，教育读书不能自由。一切群众组织，未经委派整理，便遭封禁，集会结社不能自由。至于一切政治运动与劳苦群众争求改进自己生活的罢工抗租的行动，更遭绝对禁止。甚至任

---

① 罗隆基：《论人权》，《新月》第2卷第5号，1929年7月；《我对党务上的"尽情批评"》，《新月》第2卷第8号，1929年10月。分别收入上海书店影印本《新月》第3、4册。
② 有关讨论参见智效民编《民主还是独裁——70年前一场关于现代化的论争》，广东人民出版社，2010，第12—15、27—30、84—86、238页。
③ 参见王广辉《中国人权立法的回顾与前瞻》，《中南财经政法大学研究生学报》2007年第5期。

意拘捕，偶语弃市，身体生命，全无保障。不自由之痛苦，真达于极点！"①1931年2月，同盟主席、共产党人龙大道被国民党政府杀害，自由大同盟被迫解散。1932年12月由宋庆龄领导成立的"中国民权保障同盟"，反对迫害、杀戮革命者和爱国人士，要求无条件释放一切政治犯，援助争取民主自由权利的斗争。然而仅仅半年以后，同盟总干事杨杏佛也遭特务暗杀。② 这些都已经不是在争个人自由、个体的人权，而是代表劳动大众群体争自由争人权争民权。

"五四"前后的严酷现实告诉人们，没有民族和国家的自主、独立，不铲除少数人剥削压迫多数人的社会制度，个人自由无法保障，普遍的人权无从谈起。从那时直到新中国成立，中国的人权问题转变为民族独立问题和被压迫阶级解放问题，对人权的要求转变为民族解放战争和反专制反独裁、争取实现新民主主义的国内革命战争。"五四"以后，科学、民主、平等、自由等新思想新观念日益深入人心，并从中萌发出学习和传播另一种新西学——马克思主义学说的运动，催生了即将到来的新民主主义革命，为在民族独立、人民解放的基础上实现使人人享有充分人权的目标准备了必要的社会政治条件。

八 "人权"在三个阶段的不同形态

中华民族有悠久的文化传统。但横向地看，传统文化从来是多元的，不能只奉某一家为正统，也不能只看到某一家学说的某个方面；纵向来看，我们不能割断历史，尤其应当不断地总结提炼鲜活的富有生命力的新文化因子，使之蔚成风气，发扬光大成为新的传统。新文化运动的历史地位首在于此。更重要的是，中华文化能历久弥新，不断吸收优秀的外来文化是一个重要原因，就此而言，"如同魏晋至隋唐完成对佛学的融合，佛学被中

---

① 黎照编注《鲁迅、梁实秋论战实录》，华龄出版社，1997，第224—225页。
② 参见朱正《关于中国民权保障同盟的几件事》，《鲁迅回忆录正误（增订本）》，人民文学出版社，2006，第176—202页。文章介绍了民权保障同盟的始末和共产国际背景——同盟由"牛兰夫妇救援委员会"扩大改建，在致力于营救共产国际工作人员的同时加上了营救其他政治犯的任务和维护一般人权的口号。

国文化消化、重构，成为中国文化的要素那样，这种基本模式在中国走向现代社会的第二次大规模融合外来文化时重现。……新文化运动作为启蒙的旗帜，引入重构现代性价值，对中国社会和文化的现代转型具有无可替代的重要性"。① 这个评价是中肯的。至于具体到"人权"方面这一消化和重构的过程，似有待做进一步深入的探讨。

如前所述，中国近代以前没有现代意义上的"权利"观念，更谈不上"人权"。新文化运动退潮以后，思想界的人权讨论也逐渐沉寂。在相当长时期里，人们对"人权"、"自由"乃至"现代化"等概念讳莫如深，使之成为思想禁区，或者是碰不得的他人专利。直到 20 世纪 90 年代，中国学界才开始重新集体关注人权问题。虽然有些滞后，但人权研究的兴起仍然应当被看作"文革"结束后思想解放运动的重要组成部分，是对"文革"的拨乱反正，是总结历史经验教训的内在需要，也是新文化运动对人权问题探讨的继续，是对"新文化"的传承和开新。

概括而言，人权观念在 19 世纪末进入中国以后，其被吸收消化、发展演变的过程大体经历了早期（19 世纪末 20 世纪初）、中期（20 世纪初到"五四"）和后期（"五四"以后）三个阶段，即从鼓吹"兴民权"实则"兴绅权"，到要求普遍的个人自由个人解放，再到争取民族自主权和劳动者群体的社会政治权利。三阶段前后相续，两两之间时间多有重叠。"人权"在三个阶段的不同形态分别有其相应的实践，跟中国现代化不同时期的历史任务息息相关，且对今天的人权理论与实践仍然有深刻影响。百年中国人权观念的嬗变，从一个角度反映了历史"断裂"与"连续性"的统一。

从梁启超及其同侪提倡与立宪君主制并行不悖的人权（民权），鼓吹"欲兴民权（人权）、宜先兴绅权"，到辛亥革命前后绅权的扩张，可以看作中国人权观念和实践的第一种形态。从戊戌变法、清末新政到辛亥革命，"兴民权"都没有超出限制或破坏专制皇权，同时又继续甚至加重压迫普通劳动民众的"兴绅权"范围；辛亥以后这一状况也仍然在延续。

多年来，在围绕清末新政和辛亥革命的讨论中不断听到"激进"与"保守"之争。但无论主张反思激进、"告别革命"还是继续摒弃改良、讴

---

① 金观涛、刘青峰：《观念史研究：中国现代重要政治术语的形成》，第 21—22 页。

歌革命，人们多关注于它们之间的"断裂"。实则"历史的连续性"也深埋于这一段历史之中。辛亥革命结束了帝制，因而不仅是近代中国也是两千年中国划时代的"拐点"，是有伟大历史意义的"断裂"。同时，辛亥革命也有承前启后的历史作用。把它放在19世纪出现"千年未有之变局"以来的中国现代化进程和历史任务中，这种作用会更加明显。其间的历史连续性用三次革命（太平天国起义、义和团运动、辛亥革命）次第发生，或者革命"不彻底"、"大妥协"，清帝下诏逊位国家政权最终"和平禅让"，或西方很多人至今难以理解的原帝国疆域和大一统格局基本未变（对比近代西班牙帝国、奥匈帝国、奥斯曼帝国和俄罗斯帝国的先后瓦解），都还不足以说明——毕竟是国家从主权在君转变为主权在民、"至高无上的统治权"（sovereignty）从此不再属于"奉天承运"实即祖宗荫庇血缘世袭的皇帝，原本"率土之滨莫非王臣"的"天下帝国"转变为现代世界民族国家体系中与人平起平坐的一员，国人从一姓之臣民变为国家公民。这些都是质的变化，是历史的飞跃，是突变，是断裂。

辛亥革命在中国现代化历史进程中的承前启后作用，一方面，在于它继承了过往的革命传统并开创了民主革命的时代，另一方面，也在于它继承了19世纪中叶以来中国人对走向现代国家的不懈追求，是立宪改革派事业的继续，后者又可以集中体现于"兴绅权"。从以绅民、士民之权限制皇权走向以绅权取代皇权，中国人权（民权）的第一种形态以看起来十分另类的、扭曲的形式即绅权的不断扩张，贯穿于从立宪派鼓吹和推动维新改革到清末新政，再到辛亥革命乃至辛亥以后的相当长时期这一曲折而连绵的历史过程。

新文化运动第二阶段继续张扬自由、人权，同时高举起民主、科学和"提倡新道德"的旗帜，两位"先生"与三位"女士"并肩携手，向帝制复辟势力和专制特权发起冲击。人权不仅不再包容皇权，而且将为维护一切专制特权而"吃人"的旧道德旧礼教旧价值送上了审判台。这一阶段的人权观念集中于个人解放、个人的自由等每个人应当被保护的免于受到侵害的权利，包括婚恋自由、个人的尊严、思想和言论自由等，形同今天人们所讲的"第一代人权"，比较注重从法律上政治上保障个人的各项权利，因而常常被视为最基本的人权。

这一阶段的人权观念，在辛亥革命后南京临时政府颁布的《中华民国临时约法》等一系列废除等级制度、保障人权的法令、条例中有集中体现，如宣布国民人人平等，享有民主参政权和人身、财产、居住、迁徙、信仰、言论、出版、集会、结社的自由，等等。然而，颁布法律条文不等于就能一一付诸实行。对孙中山早先提出并为同盟会定为革命纲领、旨在解决贫苦农民基本生存问题的"平均地权"，临时政府则不能接受。

孙中山有许多超出时人的人权观念。既有的研究谈及此时似更重视他的以实现政治革命为鹄的的"民权主义"，而较少提及他对民生问题的论述。① 实则孙中山的"民生主义"包含有丰富的人权思想，对通过社会革命改善大众社会经济状况的重要性和必要性有许多精彩论述，"平均地权"（以平均地权解决土地问题又是民生主义的关键）几个字只是其浓缩。1906年孙中山在东京《民报》创刊周年庆祝大会上的演说，除了前面引述的揭露一切谋生利益尽被资本家吸收，贫民虽有力量却无权利，他还纵论古今中外，一再讲到"中国数千年来都是君主专制政体，这种政体不是平等自由的国民所堪接受的"。"文明越发达，社会问题越着紧。""欧美各国善果被富人享尽，贫民反食恶果，总由少数人把持文明幸福，故成此不平等的世界。""欧美为甚不能解决社会问题？因为没有解决土地问题。""总之，我们革命的目的是为众生谋幸福。因……不愿少数富人专利，故要社会革命。"② 孙中山的革命理论或许有某种反资本主义的色彩，以至于被列宁称为中国式的民粹主义，认为"从学理上来说，这个理论是小资产阶级'社会主义者'反动分子的理论"。但是，它"丝毫没有忽视政治自由或容许中国专制制度与中国'社会改革'、中国立宪改革等等并存的思想"，因而是"向往自由和平等"的"真正伟大的人民的真正伟大的思想"。③

---

① 参见杜钢建《中国近百年人权思想》，第4章"孙中山的人权思想"。
② 孙中山：《在东京〈民报〉创刊周年庆祝大会的演说》（1906年12月2日），黄彦编《孙文选集》中册，第166、167、169、171页。
③ 列宁：《中国的民主主义和民粹主义》，《列宁选集》第2卷，人民出版社，1972，第424—426页。列宁认为孙中山同俄国民粹派一样想要避免走资本主义道路即防止资本主义，"基本思想和许多说法都完全相同"。《列宁选集》第2卷，第423页。

孙中山曾经跟他的同时代人一样信奉自然权利之说，同样将人权混同于民权，但把人权与革命紧密相连，认为"革命者乃神圣之事业、天赋之人权，而最美之名辞也！"他后来看到自然权利观的非历史性，明确提出，卢梭的天赋民权说"是不合理的……没有根据……和历史进化的道理相冲突"。① 无论如何，孙中山所主张的社会革命已经远远超出"天赋人权"而深刻触及人权的社会经济层面。只可惜这些思想在辛亥革命中无法付诸实践。这实与有切身利益的士绅力量的强大有关。武昌起义得到湖北立宪派的支持，各省立宪派士绅也纷纷响应。从武昌起义后陆续宣布独立的各省谘议局推选该省都督的作用和政府组成，可以看到士绅的强大影响。他们的力量在共和以后丝毫没有减弱，正如张朋园先生所论，辛亥革命以后社会与政治不能得到改革，中国不能及时走向现代化，立宪派士绅应负一部分罪责。② 辛亥革命不仅缺少革命的"底层动员"，而且不准农民自行起来革命。③ 基于此，称辛亥革命"实为扩张的绅权对王权的颠覆"是很有道理的。④

此外，不仅附和革命的原立宪派地主士绅出于自身利益而抵制平均地权，革命党中也有人不同意平均地权。跟立宪派一样，革命派也主要由作为四民之首的"士"所组成。同盟会成立即以留学生为主体。⑤ 当时有条件有能力负笈留洋的，大多出自士绅官僚之家，他们中许多人对于民众基本生存状况、生存权利的观念，仍然没有跳出旧式士大夫的思想藩篱——当初孙中山提出"平均地权"，就有人"反驳甚力"，⑥ 1905年同盟会成立，孙中山提出十六字誓约作为其纲领时，又有人要求去掉"平均地权"，经孙中山"剀切解释至一小时之久，众始无言"。⑦ 具体参与组织了武昌起义的共进会早在其成立时就以"平均人权"取代了"平均地权"的纲领。一字之差，

---

① 黄彦编《孙文选集》上册，第495页；中册，第216页。
② 张朋园：《立宪派与辛亥革命》，第194页。
③ 张鸣《辛亥：摇晃的中国》（广西师范大学出版社，2011）一书中"农民：不许革命"一节对此有生动的描写。
④ 金观涛、刘青峰：《观念史研究：中国现代重要政治术语的形成》，211页。
⑤ 同盟会成立时，89.6%的成员是留学生。参见周棉《留学生与中国同盟会的创建》，《清华大学学报》（哲学社会科学版）2008年第4期。
⑥ 朱和中：《欧洲同盟会纪实》，全国政协文史资料委员编《辛亥革命回忆录》第6集，文史资料出版社，1981。
⑦ 冯自由：《革命逸史》第2集，中华书局，1981，第132页。

反映了当时许多主张人权的人认识上的限度。这里的所谓"平均人权",甚至没有超出儒家传统的社会道德规范,更不涉及中国最多数人口农民劳动者下层的基本生存权。① 前述南京临时政府颁布的众多法令、条例,没有一项提到土地改革,而地权不均恰是当时最需解决的人权问题、民生问题。

这当然不等于说"第一代人权"不需要或者不重要。人权无论第一代还是第二代、第三代,都是全世界人民所需要和共同追求的理想,是同一个世界人们的"同一个梦想"(借用北京2008年奥运会的口号)。质言之,由于个人自由、个人尊严等第一代人权观念在"五四"前后的中国匆匆而来,匆匆而去,研究和实践第一代人权,探讨如何保障宪法规定的各项个人自由和权利,包括言论和出版自由以及集会、结社、游行、示威的权利,迄今仍然是人权理论研究和人权实践的重要课题。

然而,相比之下,孙中山"不愿少数富人专利"的人权思想、"五四"以后或新文化运动后期的人权观念,更贴近今天还在发展中的中国人所集体面对的生存状况。这种被近人称之为"第二代人权"的人权理念,注重为实现个人自由提供基本条件和保障的经济、社会和文化权利,包括安全权、工作权、失业后受救济的权利等基本的生存权以及受教育权、劳动者的团结权和劳动团体的交涉权、对国家管理和文化生活的参与权、弱势群体的特殊权利,等等。当年在内忧外患、今天在国家经济仍然欠发达的情况下,人民大众个体经济社会地位的确保和改善,离不开群体的努力奋斗和人民当家做主后国家的积极作为。个人的自主权从而扩大、演变为民族国家的自主权。发展中国家包括中国在这两代人权中更注重后者,其缘由和苦衷发达国家有时难以理解。

由于国家间社会经济水平的差别,两代人权畸轻畸重,常常演化成当今世界人权对话中容易造成误解甚至僵持的问题。因此,在人权问题上应

---

① 《剑桥中国晚清史》对此的述评是:(共进会放弃平均地权的主张)"这一改变,更多地想讨好地主,而不是为了吸引农民。许多共进会领袖出身地主家庭,他们对'人权'不像对哪怕是意义含糊的'地权'那样感到不舒服。此外,他们心目中的'人权'与同盟会知识分子理解的'人权'意义不同。例如,共进会江西分会采纳了儒家的准则:'平均人权指的是按照传统公认的社会规范确定的正确行为。'"〔美〕费正清、刘广京编《剑桥中国晚清史》下卷,中国社会科学出版社,1983,第581页。

当加强国际交流而不是对抗，更不能以人权的名义推行强权、霸权。与此同时，我们也应当像当年新文化运动的先驱们那样，敢于直面现实而鼓吹民主、人权，敢于揭露各种妨碍人权发展的问题，如严重的收入分配不公、社会保障不健全、贫富悬殊、教育不平等、农民工在城镇的"二等公民"地位、干部特权、贪污腐败、官商勾结以及家庭暴力、拐卖摧残妇女儿童，等等，对这些问题进行深入具体的研究，探寻解决的途径，维护宪法赋予人民的各项基本权利，推动对劳动保护、环境保护、妇女儿童保护等具体的人权保障立法和执法，以保护和不断提升、改善人权的事实反驳恶意的攻击。

值得注意的是，在知识分子群体历经磨难和"边缘化"重回历史的中心舞台、社会重新重视和尊重知识、思想界重新重视传统文化的今天，有一种看上去类似当初的"兴绅权"，实则要求从保障人权倒退回维护少数人特权的思潮。例如，有人反对民主、平等，认为民主以平等为终极价值，而平等导致平庸政治和经济上的不公道；平等还导致美德和知识的彻底衰亡，导致"人类历史上最优秀的一群人——中国的士大夫阶级"被彻底消灭，导致大众以大多数的名义实施着暴虐的文化专制，"'……士不悦学，人不知耻'的现象，是惟有在民主社会才能见到的奇观。这种令人难以为情的现象，平等教育观亦当重任其咎"。还有，民主和平等偏爱弱者，或者反过来，"愈是弱者、处于社会底层的人，心中愈多怨恨，便愈要求平等"。论者呼吁"回到孔子"，因为孔子看重"差等"，主张贵贱亲疏有别，更有"唯上智下愚不移"之说，与此相对的兼爱（或博爱）无差等的价值观念，"要求个人对家人与社会一般人均做同等对待，殊乖天伦"。论者还诉诸叔本华的"社交聚会"理论，认为有思想有美德的人在民主时代"注定了心灵永远绝望"。总之，"贤智庸愚，各安其位，各守其分，才能最大限度地实现社会正义，这才是儒家差等法的要旨所在"。①

近年来这类反对民主平等、贵强者贱弱者、主张士大夫精英政治和精英文化的声音不绝如缕，看上去像是重视知识、强调智识阶层的作用，很像辛亥革命前后的"兴绅权"，区别仅在于这里只讲到绅的一部分——无恒产而有恒心或者既无恒产又无恒心的"士"。这或许反映了中国历史上新一

---

① 参见徐晋如《用孔子来救民主之弊》，《社会科学论坛》2011年第6期。

轮"知识分子边缘化"过程已经结束。但是，以崇尚知识、提升道德的名义呼唤旧式士大夫重生，为解决现代社会的问题而开历史倒车、用贵贱智愚之别取代人权的普遍原则，结果只会是饮鸩止渴。

如果说当年梁启超等人倡导"兴绅权"是要求渐进地走向"兴民权（人权）"，兴绅权与倡导人权并行不悖，辛亥革命前后绅权的扩张也限制直至破坏了皇权，对自由、平等、民主、共和等新观念日益深入人心不无贡献，因而有历史进步意义；那么，百年以后的这类借鼓吹士大夫文化与政治反对民主与平等的主张，则是不折不扣的倒退，其否定普遍人权的意涵是不言自明的。跟上述在两代人权之间畸轻畸重相比，这种反民主反平等的主张，才是对人权的真正威胁。

我们今天当然可以比较轻松地探讨儒家文化中可以跟人权接榫的有益因素，谈论中国自古不缺少与人权相通的人道精神和大同精神（其实也不缺法治精神），对于新儒学思想家的"新外王"或者叫"政治上的现代化"理想，以及把他们对中国前途的希望完全寄托于儒家传统的复兴，也可以表示同情的理解，并基于此而继续反思百年来历次反传统运动的经验教训，但不能因此而倒退。我们当然应该讨论什么样的民主制度才能真正保障人权，批判地看待世界历史上既有的各种民主形式，但不能丢弃民主的旗帜，不能忘记人权从根本上说离不开民主。不能忘记两千年间儒家伦理维护以皇权为核心的"四权"专制，禁锢思想、压抑人性，希望以"王道"、"德治"换得专制秩序长治久安的历史事实，更不能用传统文化中维护专制特权的糟粕对抗自由、平等、民主等人权的普遍原则。不能只看到儒家主张"诛一夫"而忘记其还要迎新君，只看到"仁者爱人"而忘记了"贵贱不愆，所谓度也……贵贱无序，何以为国"，忘记了在"克己复礼为仁"、"非礼无以辨君臣上下长幼之位"的背后，要求天下人皆为王朝秩序等级社会之顺民的皇权专制主义本质。

  本文曾提交中国富布赖特学友会（筹）成立大会暨第一届年会（2011年，厦门），刊发于《世界教育信息》（教育部教育管理信息中心主办）2012年"中国富布莱特学者论文专刊"，收入本书时重新编辑分段并增写了小标题。

"联省共和"与荷兰的"黄金时代"

17世纪被称为荷兰的"黄金时代",其历史一直为学者所重视。① 延续一个世纪的经济奇迹造就了欧洲的"第一个现代经济体"。17世纪后期荷兰的国民收入比英伦三岛之和还高出30%—40%。而这时的荷兰人口不过200万,只有英国人口的2/5,国土面积更小得多。然而,即使以经济成长为中心,将17世纪荷兰的历史主要描绘成商业资本发展的历史,或者用任何单一因素或终极因素来解释其经济成就,都会有悖于史实。应当具体分析其背后的多重动因,例如,传统的贵族阶层不太强大,独立前相对普及的教育和独立后现代教育的发展,有利的自然地理条件和对它的积极开发利用,在造船业、交通、金融等领域的技术创新和制度创新,城乡之间的开放流动,职业选择的灵活性,宗教宽容政策造成的人才随移民大量流入,社会宽容和个人享有较多的自由空间,荷兰人长期保持的节俭习惯和勤劳不懈

---

① 以近年出版物为例:牛津现代早期欧洲史丛书之一《荷兰共和国:兴起、辉煌与衰落(1477—1806)》(Jonathan I. Israel, *The Dutch Republic: Its Rise, Greatness, and Fall 1477 - 1806*, Oxford: Clarendon Press, 1995, 1996, 1997, 1998, 1231p) 1995年问世后连年再版,书后附有一个多达45页的相关研究文献。1997年,《第一个现代经济体:1500—1815年荷兰经济的成就、挫折和延续》(J. de Vries & A. van der Woude, *The First Modern Economy*) 出版并引起热烈争论。在此前后,金德尔伯格的《世界经济霸权:1500—1990》(中文版:高祖贵译,商务印书馆,2003)和格林菲尔德的《资本主义精神:民族主义与经济增长》(中文版:上海世纪出版集团,2004),以及早些时候问世的沃勒斯坦《现代世界体系》(高等教育出版社,1998、2000)、布罗代尔的名著《15—18世纪的物质文明、经济和资本主义》(中文版:三联书店,1993)均设专章讨论17世纪荷兰。在国内,陈乐民先生与史傅德(F. E. Schrader)教授的对话录《启蒙精神 市民社会》一开场便谈到17世纪荷兰而且予以高度评价[陈乐民、史傅德:《启蒙精神 市民社会(一)》,《万象》2006年第5期]。

的生活态度,等等。在诸多动因当中,独立的荷兰国家的创制居于重要地位;其中最引人注意也是最有争议的,是独立战争中形成的"联省共和"体制的作用。发展的活力在多大程度上源于当时荷兰政治经济制度的分权性质,被认为是这一段历史的核心问题。①

一 革命、建国与战争

17 世纪荷兰的历史首先是构建荷兰民族国家的历史,舍此则"黄金时代"等等均无从谈起。

荷兰率先跨入近代世界,始于一场从西班牙帝国统治下寻求独立的"尼德兰革命"。荷兰的崛起和持续发展很长时段由一场抗击西班牙的断断续续的"八十年战争"(1568—1648)相伴随。16 世纪前的荷兰被封建领地分割得支离破碎。1441 年,勃艮第领主统治了大部分尼德兰。1477 年,最后一位勃艮第公爵"大胆查理"去世,半年后女儿玛丽嫁给哈布斯堡家族的继承人、神圣罗马帝国后来的皇帝马克西米利安(1493—1519)。1496 年,他们的儿子"美男子菲利普"娶西班牙公主让娜,嗣子即后来一身而任西班牙国王和德意志帝国皇帝的查理五世(1519—1555)。荷兰的命运由此而跟西班牙哈布斯堡王朝的统治连接在一起。

16 世纪的西班牙不仅是一个疯狂进行海外侵略扩张的殖民大帝国,也是一个在欧洲肆意掠夺其大面积领土的专制帝国。它的舰队在地中海和大西洋游弋,陆军横扫西欧。葡萄牙和意大利南部被其收入囊中,两个最繁荣的地区——意大利北部和尼德兰的城市经济受其破坏,法国、英国以及德意志的众多诸侯国反复遭其打击。即使在查理五世将神圣罗马帝国的皇位让给他的弟弟而让他的儿子菲利普二世(1556—1598)继承西班牙王位以后,这个庞大的哈布斯堡王朝的东西两个部分仍然关系密切,同声相应,同气相求。

面积和人口规模都很小的荷兰何以战胜一个正在四处扩张、八面威风的世界性大帝国?除了荷兰人自己积聚的力量,还因为貌似庞然大物的西

---

① 〔美〕金德尔伯格:《世界经济霸权:1500—1990》,第 143 页。

班牙骨子里却矛盾重重，十分脆弱：由君主联姻而合并的两个封建王国卡斯蒂尔和阿拉贡各自都保留了强大的地方贵族势力，除了拥有共同的宗教异端裁判所外，没有共同的政治、司法和行政机构，没有的共同的语言（"无敌舰队"发布命令需用六种语言），也缺少共同的民族感情；伊莎贝尔和她的王室对待美洲殖民地如同领主对采邑，跟南北美洲之间的贸易也都只属于卡斯蒂尔；维系新国家的只是对反摩尔人战争的共同回忆，刻板的竞相表现对天主教会的虔诚，以及继续扩展消灭异教徒的十字军运动——在内部打击已改宗天主教的摩尔人和犹太人，进攻非洲的摩尔人，向美洲、当然也要向欧洲扩张。驱赶和杀戮"假基督徒"使西班牙本土人口在整个17世纪不增反减，连续的扩张和战争推迟了西班牙经济政治统一、民族国家形成和结构改造的进程，也强化了帝国内部的分裂倾向，庞大的军队和战争支出使得巨量的美洲金银也难以阻止国家财政一再破产。强迫征收新消费税、没收公债红利、出卖领主裁判权等都不能满足需求。正是难以忍受的财政负担、税赋苛求，迫使尼德兰南部的天主教各省、市也要起来造反。

  16世纪初，在席卷欧洲中西部的宗教改革运动中，加尔文教在尼德兰城市经济发达的各地区迅速发展。加尔文教否定封建等级差别，其世俗禁欲主义的教义鼓舞了新兴工商业资产阶级的进取精神。信奉天主教的西班牙统治者对尼德兰不仅实行经济掠夺和政治独裁，而且残酷迫害新教徒。1566年，一些地方的加尔文教徒开始起来进行反抗。自发的"破坏圣像运动"从佛兰德尔和埃诺开始，最后波及北部各省，揭开了尼德兰革命的序幕。反抗斗争很快发展成为独立战争。革命中形成的新国家被称为"联省共和国"或者简称"联合省"，它的形成经过了以下三个阶段：

  第一，1575年6月，荷兰省与西兰省签订同盟条约，第一次创立了一个新教徒的政治、军事、财政联合体，被称为"荷兰共和国的基础"。同盟形成了一些统一的税收和行政机构，建立了以奥兰治亲王为首的军事指挥中心，确定其责任为在"维护新教、结束罗马教会的活动"的同时"保证所有人不因个人信仰和宗教活动而遭受任何调查、迫害或惩罚"。[①]

[①] Jonathan I. Israel, *The Dutch Republic: Its Rise, Greatness, and Fall 1477–1806*, Oxford: Clarendon Press, 1998, pp. 197–198.

第二，1579年1月23日，北尼德兰大部分地区的新教徒与南部一些新教城市建立"乌特列支同盟"。"乌特列支同盟"成为荷兰作为一个国家而出现的标志。

第三，1587年12月，接受荷兰总督称号的英王宠臣莱塞斯特伯爵被赶走，联省议会决定不再邀请外国君主统治。一个享有独立主权的荷兰共和国从此出现于欧洲版图。1609年，连连败绩的西班牙被迫媾和，签订"12年休战协定"。西班牙国王在协定中实际承认了联省共和国为独立的国家。到了签订结束"三十年战争"（1618—1648）的威斯特伐利亚和约之际，荷兰共和国的主权和独立已经完全确立。

荷兰能够战胜西班牙而获取独立，继而巩固其国际地位并迅速崛起为17世纪的欧洲强国，跟当时欧洲的国际格局变化密切相关。整个16世纪西班牙都在不停地打仗：跟奥斯曼土耳其人之间的战争断断续续一直打到1581年的停战协定，跟法国的战争从16世纪初一直打到1598年暂时放弃干涉法国的"维尔芬和约"，更不用说它还有另一个日渐强大的海上对手——英国。在西班牙帝国为称霸欧洲而四面树敌的情况下，荷兰人的独立战争得到英、法等国的支持，实际上成为一场连续百余年的国际反哈布斯堡王朝战争的重要阶段和组成部分，无怪乎1600年时的荷兰军队包括了43个英国连队、32个法国连队、20个苏格兰连队和9个德国连队，简直就是一支"多国部队"。荷兰跟西班牙的战争极大地消耗了西班牙的实力。有统计称西班牙用于对付荷兰人的战争费用大大超过它在其他任何战线的开支，1566—1654年，西班牙花费在对荷兰作战上的金钱（2.18亿金币）接近其从东南亚殖民地所获总数（1.21亿金币）的一倍。[①] 1588年，西班牙的海军主力被英国击溃，迅速重建的西—葡混合舰队虽然一时成功地阻止了英国的进攻，虽然西班牙在1588年以后的半个世纪里仍然是欧洲最令人生畏的军事强国，但是经过"三十年战争"，它终于焦头烂额、千疮百孔，威风再也抖不起来了。相比之下，荷兰的国力却在战争中不断成长壮大，终于取代西班牙并且赶在英国之前取得海上第一强国的地位。

与此同时，直到17世纪中叶，荷兰周边其他几个大国的日子也不好过。

---

① 〔美〕保罗·肯尼迪：《大国的兴衰》，梁于华等译，世界知识出版社，1990，第68、87页。

英国在反西班牙入侵的战争中获得一种强烈的民族精神,一种莎士比亚描述的对"另一个伊甸园、半个天堂"、"嵌在银色海洋中的"宝石的热爱。① 然而,如果以战胜西班牙"无敌舰队"的入侵为英国强盛甚至树立海上霸权之始,则似是而非。伊丽莎白一世从谨慎地保持英国独立,到派遣军队支援荷兰和法国对西班牙的战争,反映了英国国力的壮大,但也由此而背上了巨大的财政负担。16 世纪 80 年代,女王的开支成倍增加。1586 年和 1587 年维持在荷兰军队的拨款均相当于当年全国总开支一半,1587 年达到 17.5 万英镑。女王统治的最后四年用于对爱尔兰作战的花费年均超过 50 万英镑,向下议院提出的额外拨款总数达 200 万英镑。② 女王虽然如愿以偿,却给继任的斯图亚特王朝留下巨额债款,国王与国会为征税争吵不休,不久便引发革命和内战。国内矛盾冲突如此尖锐,哪里顾得上树立海上霸权? 英国在"三十年战争"和 17 世纪 40 年代的大部分时间里实际上没有在欧洲政治中发挥重要作用。等到颁布《航海条例》重新加入商业争夺,它所面对的已经是称强海上多年的荷兰了。

再看法国。在尼德兰革命和抗西战争之际,法国正深陷于长达 30 多年的惨烈内战"胡格诺战争"(1562—1594),其间屡遭西班牙军事干涉。这个时期的法国虽然与英、荷、德意志新教诸侯结盟反西,实则自顾不暇,1585 年,荷兰人是在首先盛情地向法王亨利三世请求"托管"而被拒绝之后,才转而求助于英王的。1596 年,为了继续对抗西班牙,法国跟英国一起承认了已经开始称霸海上的荷兰联省共和国。③ 1598 年,亨利四世以宗教宽容的《南特敕令》实现了国内统一,但法国距离欧洲强国的地位仍然遥远。保罗·肯尼迪形象地描绘道:"在 1648 年的'威斯特伐利亚和约'后 11 年的法—西战争中,双方都好像被打得头昏眼花的拳击手,互相扭抱在一起,接近筋疲力尽,无力打倒对方。双方都有国内反叛,普遍贫穷,厌恶战争,濒于财政崩溃的边缘。"④ 直到 17 世纪 60 年代,"太阳王"路易十四的法国才对荷兰形成真正的威胁,但也成就了荷兰人作为反法的奥格斯

---

① 〔美〕帕尔默、科尔顿:《近现代世界史》上册,孙福生等译,商务印书馆,1988,第 167 页。
② 〔美〕保罗·肯尼迪:《大国的兴衰》,第 80 页。
③ Jonathan I. Israel, *The Dutch Republic: Its Rise, Greatness, and Fall 1477 – 1806*, p. 201.
④ 〔美〕保罗·肯尼迪:《大国的兴衰》,第 77 页。

堡同盟盟主和反法联军统帅的地位。

至于北方大国瑞典，到17世纪初叶还是既贫且弱。1611年以后，通过推行政治和军事改革，并且主要靠尼德兰商人和其他一些外国人的投资与贷款，瑞典才迅速兴盛起来，但始终只能算是一个北欧区域性强国。在共同反对西班牙帝国的"三十年战争"中，瑞典人提供了一支号称15万人的精锐部队，表现出相当强的实力，但成就和重要性都很有限。17世纪后50年，影响和"操纵"波罗的海均势还要靠法国、荷兰、英国通过提供援助、进行外交干涉和派遣荷兰舰队等方式。在1656—1660年的"北方战争"中，荷兰就曾援助丹麦抗击瑞典并获胜。从经济上看，直到1700年前后，瑞典的对外贸易也只及荷兰或英国外贸额的一个零头。总之，17世纪荷兰的这一北方强邻也不足以对它造成任何威胁。

荷兰的独立是打出来的。17世纪荷兰的崛起也跟一系列战争一路相伴随。尼德兰革命和联省共和国的建立被视为"欧洲世界经济体发展的转折点"。① 荷兰以发达的商业、舰船制造和海上贸易立国，这就决定了它的崛起必然跟其他商业大国、首先是奉行垄断贸易的西班牙帝国发生冲突。荷兰首先夺取了波罗的海的控制权，当西班牙与丹麦密谋封闭松德海峡时，荷兰海军派出50艘军舰为荷兰商船护航。荷兰还用其强大的海上力量在美洲、西非劫掠西班牙、葡萄牙的商船，驱赶其商人，仅据1602—1615年的统计，十多年里荷兰人掳获西、葡船只就达545艘。在"三十年战争"期间，新建于1621年的荷兰西印度公司更是大打出手，派出成百上千的武装商人，协同荷兰舰队骚扰西班牙海军，抓获西班牙的商船，侵吞其巴西殖民地。荷兰把战争与竞争合二为一，不断扩大海外权益。除了大规模的海上贸易和殖民活动以外，联省还参与了一系列国际战争："三十年战争"、三次英荷战争以及荷—法关税战争。杜兰在《世界文明史》中写道："1555—1648年的将近100年时间里，尼德兰英勇抵抗了当时称霸世界的西班牙王国。从1648到1715年，是一段最伟大的荷兰共和国抵抗英国海军大举进犯的历史。在这两件战事上，这小小的国家均以最大的勇气保持了不败的纪录，使它在历史上占有极高的地位。在列强侵略的重担之下，它仍旧继续不断

---

① 〔美〕沃勒斯坦：《现代世界体系》第1卷，罗荣渠等译，高等教育出版社，1998，第225页。

地发展商业、科学和技术。……它民主制度下的各种机构，向包围在它四周强大的君主专制国家投掷了一些挑战的灵感。"① 杜兰的概括或有不当：三次海战英荷互有胜负，在商人寡头的共和体制下，有城市自治、地方分权、宗教宽容和经济自由，民主则还谈不上。但是，对于在革命和一系列战争中成为"17世纪标准的资本主义国家"（《马克思恩格斯选集》第2卷），拥有世界上最庞大的船队，在大西洋、太平洋、印度洋上享有独占贸易权的"黄金时代"的荷兰，杜兰的称颂大体没有离谱。

二 "联合省"的国家性质及其在17世纪荷兰崛起中的作用

在《15 至18 世纪的物质文明、经济和资本主义》专论17世纪荷兰的第3卷第3章中，布罗代尔提出并回答了一个尖锐的问题："联合省是个国家吗？"质疑联合省的国家性质者大有人在，例如说它只是"有一点像是国家的样子"，"群龙无首，各持己见"，"联合省联而不合"。布罗代尔也指出荷兰商人缺乏民族和国家观念，以赚钱为唯一的行动指南，为此而不惜向敌人发放军饷，提供武器、货品和服务。国家则装作看不见。"在用道德观念作判断的外国人看来，在这个'与众不同'的国家里，任何事情都可能发生。"② 最新的质疑来自美国学者格林菲尔德的获奖著作《资本主义精神——民族主义与经济增长》，书中论证荷兰共和国从未在共和国层次上建立一种自然的和不可分割的命运团体的前提，不具备整体竞争性，集体道德意识含糊不清。荷兰资本主义是主流学科范式的资本主义，是"良心缺损的个人主义"，其衰败正是"经济自由化的代价"。③

布罗代尔注意到阿姆斯特丹"城市统治"在17世纪荷兰的重要性。他

---

① 〔美〕威尔·杜兰：《世界文明史》第8卷上册，幼狮文化公司译，东方出版社，1999，第217页。
② 〔法〕费尔南·布罗代尔：《15至18世纪的物质文明、经济和资本主义》第3卷，施康强等译，三联书店，1993，第208、223页。
③ 〔美〕里亚·格林菲尔德：《资本主义精神——民族主义与经济增长》，张京生等译，上海人民出版社，2004，第124—125、129—133页。

提出："随着阿姆斯特丹的崛起，以对外扩张为使命的城市的时代终告结束。……（17 世纪荷兰的）这一经验界于经济霸权的两个连续阶段之间：一方是城市；另一方是现代国家和民族经济。"也就是说，荷兰共和国是从旧城市国家走向现代民族国家的过渡形态。布罗代尔从多个方面概括了它的特征：其一，高度活跃的城市经济。联省的七个省每个都是相当密集的城市网，每个城市均自己管理自己，各自征税，各自为政。掌权的城市资产阶级保卫自己的特权，也维护公民的权益，给个人创造一定的自由。其二，各城市的利益相互交织在一起，为了求得生存而需要共同行动，群策群力开展商业和工业活动；相互联系，各司其职，组成一个坚强有力的整体，一个"网络状和多层次的金字塔结构"。在这个结构中，阿姆斯特丹虽然居于塔顶的位置，但必须依靠其他城市的合作，联合省和尼德兰诸城市的协助，是阿姆斯特丹繁荣不可或缺的条件。各城市的合作导致了分工：莱顿、哈勒姆、代尔夫特工业繁荣，鹿特丹以造船业见长并在对法国和英国的贸易中占据着有利地位，首都海牙为政治中心，其作用与美国的华盛顿相同。其三，为避免宗教冲突和联省崩溃而实行的宗教宽容和信仰自由，使荷兰成为"五方杂处之地"，大批移民为荷兰经济奇迹做出了贡献。城市的迅速壮大成长使各国移民很快混合起来，把大批佛兰德人、瓦隆人、德意志人、葡萄牙人、犹太人和法国胡格诺教徒统统改造成为真正的"荷兰人"，一个尼德兰"民族"就此形成。其四，联合省把维护荷兰人的商业利益置于一切之上，在军事上致力于建立一支强大的舰队，从而保证它自身的安全。依靠其强大的军事力量，无论哪派掌权，联合省总是力图号令天下。其五，坚持各省权利的商人寡头共和派跟主张集权的奥伦治亲王派无论双方谁得胜，统治阶级的整体地位依旧。政权在特权阶级内部流动。政治制度支撑着特权阶级，特权阶级则推动政治制度的发展。布罗代尔的结论是：联省当然是一个国家。尽管它的内部充满纠纷，七个省区利害不同，各自认为享有主权，下面还有许多小不点儿的城市共和国，因而危机四伏，纷争不断，但政治对手同样坚定地把维护荷兰的利益置于一切之上，在涉及荷兰威望与强大问题上只有具体目的与手段的分歧。共和国"黄金时代"的对外政策表明，联合省是个强国。"三十年战争"的主角其实往往由荷扮演。直到17世纪80年代前后，它在欧洲的强势地位才开始明显衰落。①

按照通常的理解，"联合省是个国家吗"似不成问题。何谓国家？建构主义国家观的代表亚历山大·温特综合了韦伯的、多元的、马克思主义的国家理论，提出了国家的五个基本特征：制度—法律秩序、合法使用有组织的暴力的垄断权力、主权、社会、有疆界的领土。温特还提出了国家利益所包含的四种需求：生存、独立、经济财富、集体自尊。② 联合省有自己的领土和民众（社会）；有政府机构和一整套制度——联省议会、财政和税收制度等，对内形成了"社会的最高政治权威中心（内部主权）"；对外依靠其强大的经济和军事实力，在正在兴起的现代国际体系中向欧洲和整个世界宣示了共和国的"外部主权"，即"不存在任何凌驾于国家之上的外部权威"。③ 因此，应当说它具备国家的基本要素。领土、人民、主权以外，随着独立和建国，荷兰人的国家和民族认同也在逐渐形成。荷兰人共同的意识形态首先是跟独立与建国紧密联系的加尔文教。正如安德森所说：宗教改革是直接导致民族意识兴起的重要因素。"新教和印刷资本主义的结盟"造成的震撼"创造了欧洲第一个重要的、既非王朝也非城邦国家的荷兰共和国"。④ 沃勒斯坦引述巴勒克列夫的话"针对帝国衰落进行的新教的革命骚动，带有强烈的民族特征"并进一步论证，阿姆斯特丹接续正在瓦解的哈布斯堡帝国，为由强大的"国民经济"构成的世界经济稳步发展奠定了基础。他认为尼德兰革命是异常复杂的民族—社会革命。它的爆发关键在于大部分尼德兰贵族持一种"民族主义"反对派的观点。"正如刘易斯纳米尔爵士所说，'宗教是16世纪民族主义的代名词'。加尔文教对统一尼德兰北方起了作用。"⑤ 加尔文教设计了一个民主和共和的教会组织形式，强调神职官员都要实行民主选举、神权共和。尼德兰革命的发动者以加尔

---

① 〔法〕费尔南·布罗代尔：《15至18世纪的物质文明、经济和资本主义》第3卷，第186、191—218页。
② 〔美〕亚历山大·温特：《国际政治的社会理论》，秦亚青译，上海人民出版社，2000，第252—267页。
③ 〔美〕亚历山大·温特：《国际政治的社会理论》，第262—264页。
④ 〔美〕本尼迪克特·安德森：《想象的共同体》，吴叡人译，上海世纪出版集团，2003，第49页。
⑤ 〔美〕沃勒斯坦：《现代世界体系》第1卷，第228、238—241页。

文教为宗旨，以日内瓦神权共和国为蓝本创立了联省共和国。在专制集权化盛行、"朕即国家"、君权即主权的17世纪，"联省共和"的荷兰的确显得新鲜、独特、"另类"。然而，正是这样一种全新的国家政治架构，支撑了17世纪荷兰的崛起。

著名的"联合东印度公司"（VOC）就是联省共和的产物。正是实际执掌荷兰政权长达30年的联省议会大议长奥登巴恩韦尔特（Oldenbarnevelt，1588—1619在任）一手促成了一些名为"范维尔"（van Verre，意为"来自远方"）的从事远洋探险和贸易的小团体联为一体，在1602年组成了注册资本650万荷兰盾的"联合东印度公司"。在上缴联省议会一笔税金后，公司获得好望角和麦哲伦海峡的贸易独占权，以及招募军队、同当地君主缔结条约的权力。公司很快成为荷兰拥有雇员最多的巨大贸易实体，同时又是一个有很大独立性的政权机构。为了吸收资金，公司的股份金额分得很小，以便于众人购买。但公司常务领导委员会和董事会的"十七位老板"拥有绝大部分股票，从而对公司乃至联省的政策有极大的影响力，甚至变成殖民地的主宰。公司有一套严厉的规章，最高法则是追求效率。"联合东印度公司"为荷兰崛起立下汗马功劳，即使在12年的停战（1609—1621）期间，荷兰东印度公司也没有停止跟西班牙作战。公司雇用的航海家亨利·哈得逊先后发现了后来以他的名字命名的北美大河、海峡和海湾。公司先后战胜西班牙人、葡萄牙人与英国人，从他们手里夺得马六甲、马来群岛和中国台湾岛，在印度东西海岸、日本和台湾设立商行。1652年在南非建立航海基地即后来的开普殖民地。1672年英法联合入侵荷兰，法荷间的关税战也达到了高潮。法国人为抑制荷兰造船业而停止出口帆布。哈莱姆和恩克赫伊短期内生产出足够的亚麻帆布，满足了荷兰的需要，甚至取代法国占领了英国和西班牙的市场。这可视为一个早期"进口替代"成功的典型事例。在17世纪最后30年英荷激烈的贸易竞争中，荷兰人仍然主要依靠其"金融革命"，凭借其高储蓄率和低利率的阿姆斯特丹银行维持了经济优势。①

1588年荷兰取得事实上的独立，90年代起其经济即进入快速增长，商

---

① 〔美〕金德尔伯格：《世界经济霸权：1500—1990》，第148页。

业、航运和城市都急剧扩张，国家财力也随之增强。以此为条件，荷兰沿弗兰德尔、勃拉邦特、乌特列支到弗里斯兰建立了自己的防线，修筑城堡，跟西班牙军队的城堡对峙。荷兰军队数量亦大增，从2万人（1588年）扩大到3.2万人（1595年），1607年达5万人。军费则主要由人口最多、工商业实力最强、长期承担了联合省总财政60%左右的荷兰省负担。① 90年代的荷兰还领先当时的整个欧洲进行了军事改革，不仅加强了军队的战斗力，还解决了因大量军队驻扎在城市人口密集地区而产生的保护市民免遭骚扰问题，这些改革后来被各国广泛采用。乌特列支同盟设想了一个各省保留主权大部，同时有限让渡防卫和用于防卫的税收以及对外政策等部分权力的联合体。由此而形成的联省共和体制，从内部来看的确还只是一个各省的联盟。各省拥有自己五花八门、各不相同的立法机构和政府，实际上由当地的商人寡头集团直接管理。联省的执政和陆海军统帅由奥兰治亲王的继承者拿骚家族的后裔担任。但联省的最高权力机关是联省议会，由各省议会选出的代表组成。在联省议会里每省只有一票的权利并轮流担任议会主席，大议长则长期由最有影响的荷兰省议会议长担任。这意味着由最发达的省份左右国策，也意味着只有荷兰省充分享有主权，其他省则只有伏首听命的份。税收由联省议会决定总额，然后将份额分配到省，各省再分到更低的单位，直至城市和村庄。1590年后，联盟原则延伸到航海、殖民地扩张、对被征服地区的管理和宗教事务等领域。在经济方面，荷兰政府为国产货物制定标准并保证执行。所有商品须精确制造。购买者无须开箱验货，只要按照标准接收就行。这成为荷兰的国际国内贸易急速增长的原因。正如从1653年起出任荷兰省议长、在1672年被刺杀以前一直主导共和国命运的德·维特（Johan de Witt）指出的：联合省内部各部分之间存在紧密的经济联系，"通过公共事业、联合体和商业及其他事物上的协商机制……财产、海关和其他的互惠机制，它们（地方各省）彼此交织依赖，除非使用强大暴力，否则几乎不可能将它们分裂"。②

---

① Jonathan I. Israel, *The Dutch Republic: Its Rise, Greatness, and Fall 1477-1806*, pp. 241-263.
② 转引自〔美〕里亚·格林菲尔德《资本主义精神——民族主义与经济增长》，第117—118页。

格林菲尔德提出：跟"因需要而结盟"的美洲殖民地和后来的美利坚合众国不同，荷兰共和国从未在共和国层次上建立一种自然的和不可分割的命运团体的前提。① 然而我们看到，在晚于荷兰两个世纪但同样诞生于一场独立战争的美利坚合众国，其最初的邦联制度与荷兰共和国有很多相似之处：1778 年的《邦联条例》规定各邦（州）仍保留自己的主权、自由、独立、司法权和其他权利；邦联有一院制国会但不设总统，国会里每邦一票，重要决策需 3/4 多数同意，修改条款需一致同意。国会有权宣战、缔约、结盟、接受外交使节、制币、统一度量衡、处理与印第安人之间的事务、土地与水源事务等，但无征税权和关税权，因而邦联财政由各邦分担。邦联没有固定税收，用钱只能举债。1783 年签署的巴黎停战协定与和平协定确认十三块前殖民地是"自由、自主、独立的邦国"，亦即承认各邦拥有各自独立的主权。但协议并非由英国政府与各邦逐一单独签订，确认领土范围也是以集体的名义而非单个的名义。独立以后，十三邦先后立宪。各邦宪法风格不一。邦联制下的美国显然还只是各主权邦的联盟，但它仍然是"美国的第一个政府形式"。② 总体上看，美国建国的背景跟荷兰相似，都是经过战争，都是从当时的世界帝国统治下独立出来；建国之初权力都很分散。二者区别在于：荷兰起源于众多尼德兰北部市镇的聚合。这些市镇在 16 世纪初已经可以与意大利北部繁荣的城市相匹敌。荷兰人不仅有足够的经济实力反抗西班牙帝国，而且在进行战争的同时保持并增强了经济实力。美国源于十三块各不相属、性质也不尽相同的殖民地，独立后权力的分散造成无政府状态，经济上问题更严重，新生的国家面临经济停滞的危机。汉密尔顿和杰弗逊的分歧正是在建国和经济这两大问题上展开的。

　　至于如何回答"联合省是个国家吗"这样的问题，恐怕真的如布罗代尔所说，这首先取决于人们对国家作何解释。究竟何谓国家？何谓现代民族国家？从黑格尔到马克思，从包括马克斯·韦伯（他对国家所下的著名定义"国家是社会中掌握着合理使用暴力的垄断权力的那个机构"在西方几成经典）在内的德国历史学派（韦伯自称"我们这些德国历史经济学派

---

① 〔美〕里亚·格林菲尔德：《资本主义精神——民族主义与经济增长》，第 125 页。
② 〔美〕施密特等：《美国政府与政治》，梅然译，北京大学出版社，2005，第 229 页。

的嫡系传人"①）到自由派，观念有很大差别。伊格尔斯曾经指出：国家概念在德国历史思想中得到了最为极端的阐述，"他们的典范是经过启蒙的专制国家"。② 从这种观念出发看 17 世纪荷兰共和国，不可能认为它是一个国家。马克思曾论道："中央集权的国家及其遍布各地的机关——常备军、警察、官僚、僧侣和法官（这些机关是按照系统的和等级的分工原则建立的）是起源于君主专制时代，当时它充当了新兴资产阶级社会反对封建制度的有力武器。"③ 经历了绝对主义王权统治的英、法等国，情况基本如此。但是，能不能据此而认为所有新兴资产阶级国家都是中央集权的国家，或者说如果没有中央集权（起初是王权）就不能算是国家呢？从荷兰和美国初期的历史看，答案似乎是否定的。从这里，我们看到的是现代民族国家形成和发展的两种类型：一个是单一制的、集权型的，另一个则权力比较分散。二者产生的背景不同：一个是在封建制度和绝对君主制国家基础上经由革命产生的资产阶级国家，国土和人民基本上都是原来旧有的。另一个则是在反抗中世纪帝国或宗主国统治的独立运动中产生的全新国家，他们入不了绝对主义的国家系谱，缺少中央集权和专制主义政治传统，民族和国土都是在独立运动中和独立后逐渐确立的。其发展变化的逻辑可能跟前者正好相反，是先有分散的初级国家形式，以后随着经济政治的需要而走向逐渐加强中央政府的权力。荷兰和美国早期的历史均是如此。

正像格林菲尔德所说，荷兰的"政治建构恰恰与中央集权体制相反。"④ 沃勒斯坦甚至认为下面的说法更近于事理：荷兰共和国的国家机器"比欧洲任何君主制度都能取得更高程度的经济一体化。荷兰资产阶级将改革恰好进行到促进经济发展所需要的程度，而且避免了过分中央集权化"。⑤ 但这里恐有过誉之嫌。联合省的分权也带来许多负面问题，首先是缺乏政治凝聚力。18 世纪末有少数几个政治家设法使这个国家团结起来。一些改革者先后试图凭借联邦体制在各省的权力将联邦体制改革成比较集权化的体

---

① 〔德〕马克斯·韦伯：《民族国家与经济政策》，甘阳等译，三联书店，1997，第 96 页。
② 〔美〕伊格尔斯：《德国的历史观》，彭刚等译，译林出版社，2006，"导论"第 6 页。
③ 马克思：《法兰西内战》，人民出版社，1964，第 52 页。
④ 〔美〕里亚·格林菲尔德：《资本主义精神——民族主义与经济增长》，第 117 页。
⑤ 〔美〕沃勒斯坦：《现代世界体系》第 1 卷，第 242 页。

制，以便"将肥胖的老共和国的脂肪削减掉"。① 我们从上面的分析已经可以看到，17世纪荷兰没有、似乎也不可能形成集权制国家。而分权制正像一柄双刃剑，对荷兰的崛起和衰落都有直接的影响。17世纪荷兰带有强烈的商业国家特性，市场经济已经处在高级发展阶段，但是没有能成功地从商业和早熟的金融经济转向以现代生产和管理技术为标志的工业化，以至于崛起中断，海上第一强国的地位被工业立国的英国所取代，其间也充斥着主张王权与集权的"奥兰治派"与维护省权的共和派之间激烈的内斗，两位长期主政共和国、为17世纪荷兰的辉煌做出了巨大贡献的议长奥登巴恩维尔特和约翰·德·维特先后为此付出了生命，这是历史留给后人的教训。

  本文曾刊于《现代化研究》第4辑（南开大学世界现代化进程研究哲学社会科学创新基地主编，商务印书馆，2009）。

---

① 〔美〕金德尔伯格：《世界经济霸权：1500—1990》，第165页。

资本主义精神：从韦伯、桑巴特到托尼

——兼评格林菲尔德的《资本主义精神——民族主义与经济增长》

1902—1905年，桑巴特的《现代资本主义》和韦伯的《新教伦理与资本主义精神》先后问世，由此引发了关于资本主义精神动因的长期讨论。百年之后，围绕此问题的争论波澜再起。美国学者里亚·格林菲尔德的新著《资本主义精神——民族主义与经济增长》（以下简称《资本主义精神》）从重申韦伯命题开始，批评了桑巴特、托尼和众多经济学与经济史学家的有关观点。从多种专业刊物上的评论来看，该书诚如推荐者所称"充满挑战性"，因而"推动了一场有趣的辩论"。[①] 国内也已有学者著文谈到其"深刻启示"。[②] 本文试图梳理韦伯、桑巴特和托尼等人的有关思想，澄清一些加在他们头上的不实之词，并对格林菲尔德的一些观点提出批评，期以一得之见就教于方家并引起进一步的讨论。

一 在韦伯与桑巴特分歧的背后

格林菲尔德批评桑巴特对"资本主义精神"的定义造成了对韦伯论点

[①] 〔美〕里亚·格林菲尔德：《资本主义精神——民族主义与经济增长》（Liah Greenfeld, *The Spirit of Capitalism: Nationalism and Economic Growth*），哈佛大学出版社，2001、2003。该书被丹尼尔·贝尔、大卫·兰德斯等名家强力推荐（见该书封底），并获2002年欧洲史Donald Kagan最佳图书奖。

[②] 金勇兴：《读〈资本主义精神——民族主义与经济增长〉断想》，《当代世界与社会主义》2005年第5期。

的混乱认识。① 但她忽略了两人在世俗性、合理化等问题上的一致性，更不讲两人共同的对资本主义恶性发展和精神危机的深深忧虑。

韦伯在《新教伦理与资本主义精神》（以下简称《新教伦理》）等著作中反复论证：资本主义精神不能归结为靠赚钱以牟取私利的欲望，而应被理解为理性主义整体发展的一部分。加尔文教教义中的预定论和禁欲主义，清教徒的重现世、重善行和勤奋、节俭、诚信等良好的伦理道德，都是造就现代资本主义的精神动因。桑巴特对资本主义精神的理解不同于韦伯，他认为资本主义精神是由企业家的精神和市民的精神组成的统一体。其中，企业家靠勇武和不疲倦的精神、无限的努力、对权力的追求与营利的奋斗征服世界；市民的精神给予新时代的经济生活以秩序、精确的计算和冷静而确切的目的。桑巴特非常赞赏那种曾经隐藏在人道主义者心中、后来为强大的国家利益或经济利益所支持与促进的容忍思想，把它当作资本主义精神的重要内容，但不把它归因于新教。例如，17 世纪荷兰的崛起不是起因于新教，而是因为有宽容（容忍，忍耐）等其他的精神动因。②

韦伯的"新教伦理"当然带有宗教神学色彩，但又充满现世精神。这可以从两个方面说明。首先，韦伯看到了"预定论的衰败"。他所论述的四种禁欲主义新教形式中，除了加尔文教，虔信派、卫斯理宗和浸礼宗都有反预定论的倾向。他反复强调的是禁欲主义，并且称之为"清教世俗禁欲主义"。③ 正如特勒尔奇所指出的，韦伯的这种禁欲主义已经从严格的来世思维方式转向一种宗教与心理学意义上的经济—资本主义活动。④ 帕森斯则把韦伯的"世俗禁欲主义"进一步解释为"在世俗生活中实行的禁欲主义，与从世俗生活中摆脱出的修来世的禁欲主义相对"。⑤ 其次，韦伯的著述中出现最多的一组关键词是合理（rational，或译"理性的"、"合乎理性

---

① 〔美〕里亚·格林菲尔德：《资本主义精神——民族主义与经济增长》，张京生等译，上海人民出版社，2004，第 14～15 页。以下所引该书均来自此中译本。
② 〔德〕桑巴特：《现代资本主义》第 1 卷，李季译，商务印书馆，1958，第 297 页。
③ 〔德〕马克斯·韦伯：《新教伦理与资本主义精神》，于晓等译，三联书店，1987，第 216 页注 155、第 141 页。
④ 〔德〕哈特穆特·莱曼等编《韦伯的新教伦理：由来、根据和背景》，阎克文译，辽宁教育出版社，2001，第 8 页注 16。
⑤ 〔德〕马克斯·韦伯：《新教伦理与资本主义精神》，第 156 页英译者注。

的")、合理化（rationalization，或译"理性化"）以及合理主义（rationalism，或译"理性主义"）。在《新教伦理》中，韦伯反复谈到对非理性欲望的抑制或理性的缓解（rational tempering）、理性的企业活动。① 《世界经济通史》更近于言必称"合理"："只有在合理的国家中资本主义才能发达起来。它的基础是有专长的官吏阶级和合理的法律。""归根到底，产生资本主义的因素乃是合理的常设企业、合理的会计、合理的工艺和合理的法律。但也并非仅此而已。合理的精神、一般生活的合理化以及合理的经济道德都是必要的辅助因素。"② 他给他所推崇的资本主义加上一个"合理的"限定词，以区别于犹太教二元论之下的"流浪者的资本主义"、印度教对不同种姓从事营利活动采取不同态度等种种"不合理的资本主义"。看到这些，如果不了解韦伯强烈的宗教观念，读者会把他看作一个完全的世俗主义者。

在宗教与资本主义的关系问题上，桑巴特的表述前后不无矛盾。一方面，他一再申明资本主义及其精神的世俗性，强调资本主义是世俗的、为现世生活所用的东西，所以它将受到所有认为现世只是来世准备的人的憎恨和谴责。因此，桑巴特对新教持强烈批评态度，认为新教各教派，尤其是加尔文教，跟路德教一样阻碍资本主义发展，在加尔文教控制的地方，教会甚至明确敌视资本主义。③ 另一方面，他又提出犹太教对资本主义多有贡献，对资本主义有强大影响的那些清教观念在犹太教中发展得更完善、更早。清教跟犹太教在很多问题上观点一致。从而"清教就是犹太教（Puritanism is Judaism）"。④ 这样两种观点岂非自相矛盾？西格曼看到了这一矛盾。他认为产生矛盾的原因是桑巴特对资本主义的定义比较随意。他还引用雷蒙·阿隆在讨论历史探索中概念的决定性作用时提出的见解，指出桑巴特跟韦伯的主要区别，在于对资本主义的认识有差别，首先是对资本主

---

① 〔德〕马克斯·韦伯：《新教伦理与资本主义精神》，第8页。
② 〔德〕马克斯·维贝尔：《世界经济通史》，姚曾廙译，上海译文出版社，1981，第288、301—302页。
③ 桑巴特：《资本主义的精华》（Werner Sombart, *The Quintessence of Capitalism*），伦敦：费雪尔-昂文，1915，第251—252页。
④ 桑巴特：《犹太人与现代资本主义》（Werner Sombart, *The Jews and Modern Capitalism*），纽约：自由出版社，1951，第235—237页。

义本质的定义不同。①

在韦伯那里,现代资本主义的本质是"合乎理性"。他以世俗禁欲主义这一新教伦理来解释这种"合理的资本主义"。不过韦伯的论述前后也不尽一致。他认为路德不具有任何意义上的资本主义精神,但在他所阐扬的禁欲主义新教教派中,就包括"毕竟始终是路德教会的一支"的虔信派。韦伯的理论与史实之间更充满张力。他强调宗教改革的意义,否定天主教会,同时认为宗教宽容本身肯定与资本主义没有关系。② 实际上,天主教并不像被批评的那样与资本主义格格不入。天主教人文主义者(如托马斯·莫尔、伊拉斯谟等)所主张的宽容、自由意志,对资本主义的过去与现在均有重大影响。因此,韦伯以新教伦理为核心的"合理的资本主义"的确是一个缺乏经验事实基础的"理想类型"(ideal type),尽管逻辑严密,却是"非历史的"。对于这种"理想类型"的意义和缺陷,丹尼尔·贝尔曾有评论:"这种'非历史'的封闭模型可以用来作'虚拟演绎'研究,并标明研究对象的局限。这种'理想类型'的好处是便于勾画我称之为轴心原则和轴心结构的主要轮廓——以免历史变动模糊了我们对特定社会领域的观察。但理想类型因其静止性质无法展示事物的本源和未来发展。"③ 哈维·戈德曼具体地指出,韦伯依赖一种理想的禁欲主义领袖概念,把格莱斯顿首相视为现代领袖的理想类型,在许多方面忽视了英国政治的社会基础和复杂性;在他为德国向民主政治过渡的设计中,也因为过分依赖政治概念而忽视了为议会制政体扩大群众支持的问题。④ 这些都是中肯的批评。

桑巴特也十分看重资本主义的合理性。他把"经济合理主义"跟营利原则放在同等地位,把远大的计划、正确的手段和正确的计算当作实现营利目的所必需的"三种方法"。⑤ 韦伯对此曾予以评论:"许多学者,特别是桑巴特,在他们所做的往往是卓有成效和富于见识的考察中,力图将经济

---

① 〔美〕菲利普·西格曼:《〈奢侈与资本主义〉英译本导言》,〔德〕桑巴特:《奢侈与资本主义》,王燕平、侯小河译,上海人民出版社,2000,第238—241页。
② 〔德〕马克斯·韦伯:《新教伦理与资本主义精神》,第60、71页,第208页注110。
③ 〔美〕丹尼尔·贝尔:《资本主义文化矛盾》,赵一凡等译,三联书店,1989,第25页。
④ 〔德〕哈特穆特·莱曼等编《韦伯的新教伦理:由来、根据和背景》,第176页。
⑤ 〔德〕桑巴特:《现代资本主义》第1卷,第206页。

理性主义描述成现代经济生活整体上的显著特征。这一观点如果是指劳动生产力的扩大，那么毫无疑问是正确的。"① 不过，桑巴特对资本主义的认识的确跟韦伯有很大差别。桑巴特的思想尽管庞杂而且色彩多变，但他的资本主义概念基本没变。在《现代资本主义》中，资本主义被表述为"一种一定的经济制度，具有以下的特征：它是一种交通经济的组织，在此项组织中通常有两个不同的人口集团对峙着：即生产手段的所有人和无产的纯粹工人，前者具有指导权，为经济主体，后者则为经济客体，他们经过市场，互相结合，共同活动，此项组织并且受营利原则与经济的合理主义的支配"。② 1911 年出版的《犹太人与现代资本主义》基本重复了这个定义："资本主义用来称谓一种经济组织，其中必须有两个不同的社会集团的合作——生产手段的所有者同时从事经营和指导工作，巨量的工人除了他们的劳动力以外一无所有。合作是这样进行的：资本的代表是主体，在生产过程中决定怎样生产、生产多少，并承担所有风险。"③ 很明显，桑巴特的资本主义概念比较贴近现实。他反复强调的经济组织或制度，包括生产手段的占有关系、雇佣劳动制度、资本家为在市场上营利而组织生产活动，可以看作"对于马克思体系的轮廓，作了大体上成功的叙述"。④ 此外还应注意到，桑巴特在《现代资本主义》的后期版本中划分了"早期的"和"高级的"资本主义，大体上分别跟前工业化或商业资本主义和工业化或工业资本主义两个阶段相吻合。⑤ 应当说，这比韦伯区分"不合理的资本主义"与"合理的资本主义"，更符合逻辑与历史的统一性。

在财产追求和享乐的欲望与现代资本主义的关系问题上，桑巴特跟主张禁欲主义的韦伯意见相反。他的《奢侈与资本主义》尽情描述了 15—18

---

① 〔德〕马克斯·韦伯：《新教伦理与资本主义精神》，第 55 页。
② 〔德〕桑巴特：《现代资本主义》第 1 卷，第 205 页。
③ 〔德〕桑巴特：《犹太人与现代资本主义》，第 162 页。
④ 恩格斯：《〈资本论〉第三卷增补》，马克思：《资本论》第 3 卷，人民出版社，1975，第 1011 页。
⑤ 〔英〕菲利普·西格曼：《〈奢侈与资本主义〉英译本导言》，〔德〕桑巴特：《奢侈与资本主义》，第 254—255 页注 15。在 1916 年修订的《现代资本主义》第 2 版第 1 卷第 29 章"技术精神"和第 30 章"技术进步"中，作者已经总结了 16—17 世纪"早期资本主义时代"的主要工业部门——纺织业和晚近两个世纪中"全新的工业的创立"。〔德〕桑巴特：《现代资本主义》第 1 卷，第 315、330 页。

世纪西欧上流社会渴望财富与追求奢侈挥霍无度的风气，最后的结论是："奢侈……是它生出了资本主义。"① 或者可以说，韦伯与桑巴特看到的都是作为资本化身的个人，区别在于一个是禁欲的、勤劳的、对"天职"负有责任的个人，另一个是贪婪的、渴望财富的逐利者。怎样看待两人的分歧？丹尼尔·贝尔的回答是：资本主义本来有双重动因，两人却各讲一面。"假如说韦伯突出说明了其中的一面：禁欲苦行主义，它的另一面则是桑巴特长期遭到忽视的著作中阐述的中心命题：贪婪攫取性。……这两种冲动的交织混合形成了现代理性观念。"② 其实，韦伯所说的合理主义也包括个体资本家对利润的合理追求。他明确指出，富兰克林的名言像"时间就是金钱"、"金钱可生金钱"、"善付钱者是别人钱袋的主人"等所表达的思想，虽然在古代和中世纪会被认为是最卑劣的贪婪，现在也会被许多人反对，但"这些话代表的正是典型的资本主义精神"。因此，所谓"合理的资本主义"就是以理性化为特征的"一种个人主义的资本主义经济"。③ 而桑巴特所强调的个人财富与享乐欲望跟"合乎理性"也非必然冲突，追求私利也可以合乎理性。这也不是桑巴特的发现或发明，正如阿马蒂亚·森在批评当代经济学中的"自利理性观"时所说的："理性的自利解释有着非常悠久的历史，在好几个世纪里，它一直是主流经济学的核心特征。"④

韦伯言之谆谆，告诫人们仅凭有无赚钱的欲望不能区分资本主义与前资本主义。他希望人们能"靠持续的、理性的、资本主义方式的企业活动来追求利润并且是不断再生的利润"，以禁欲主义、勤劳节俭等新教伦理抑制或至少是缓解非理性欲望，或者说需要对经济利益的追求辅之以合理的精神与合理的道德。至于"抑制"或者"辅助"的结果如何，韦伯的答案却是十分悲观的——与世隔绝的经济人取代了匆匆穿过名利场去寻求上帝的天国的朝圣者；资产阶级商人觉得他们尽可以随心所欲地听从自己金钱利益的支配；资本主义精神的宗教基础甚至在富兰克林的时期已经腐朽死亡了。《新教伦理》的结尾部分听起来近乎绝望：

---

① 〔德〕桑巴特：《奢侈与资本主义》，第215页。
② 〔美〕丹尼尔·贝尔：《资本主义文化矛盾》，第27—29页。
③ 〔德〕马克斯·韦伯：《新教伦理与资本主义精神》，第35—39、55—56页。
④ 〔印〕阿马蒂亚·森：《伦理学与经济学》，王宇等译，商务印书馆，2000，第20页。

今天……大获全胜的资本主义，依赖于机器的基础，已不再需要这种精神的支持了。……在其获得最高发展的地方——美国，财富的追求已被剥除了其原有的宗教和伦理涵义……完全可以这样来评说这个文化的发展的最后阶段："专家没有灵魂，纵欲者没有心肝；这个废物幻想着它自己已达到了前所未有的文明程度。"①

同样的话也出现在《世界经济通史》的结尾："现代经济人道主义的宗教根柢已经枯凋；如今天命的观念在世界上已经成为残渣。……在以后飞速成长的经济社会中，那种紧张险恶局面的出现就在所难免了。"②

桑巴特亦有同感。他的《为什么美国没有社会主义》（1906）分析了资本主义的"黄金国度"——美国，认为"资本主义充分、纯粹的发展所需要的一切条件首先在这里得到了满足"，而"贪婪在任何别的地方都没有像在美国那样显而易见"。书的结尾处宣称：所有那些迄今为止阻碍了社会主义在美国发展的因素都将消失或将转向它们的反面。"其结果是，在下一代人那里，社会主义在美国很有可能出现最迅速的发展。"③ 这个预言或许比较随意，但它至少说明桑巴特对现代资本主义的未来没有信心。

在韦伯和桑巴特以后，人们对这些问题的认识应该说更深入了。例如克里尚·库马等人反复指出：对于隐藏在现代世界无休止的"合理化"活动后面的财富欲望等非理性激情，需要"真理、信任、承诺、克制、义务"这些以宗教信仰为基础的社会道德予以抑制。离开了这些道德基础，"工业主义（即资本主义）就将人和国家投入一个无限度扩张的历程，他们贪得无厌地掠夺有限之物，于是他们吞没了大陆和海洋，法律、道德和宗教，最后也吞没了他们自己的灵魂"。在很长一段时期内，资本主义依靠与市场

---

① 〔德〕马克斯·韦伯：《新教伦理与资本主义精神》，第142—143页，个别词句的译文据英文版稍作调整。
② 〔德〕马克斯·维贝尔：《世界经济通史》，第313—314页。
③ 〔德〕桑巴特：《为什么美国没有社会主义》，赖海榕译，社会科学文献出版社，2003，第1、5、214页。

无关的"传统宗教和传统道德积聚起来的资本"维持生命。① 在当代资本主义发展最典型、最纯粹的美国,我们听到了关于经济政治与文化发生了根本性矛盾冲突、"美国资本主义已经失去了它传统的合法性"的警告,和一波又一波"文化保守主义"的呼声。②

如此看来,韦伯关于新教伦理与资本主义精神的命题,虽然是个"非历史的"、"无法展示事物的本源和未来发展"的"理想模型",但又确有启发性、警示性意义。现代资本主义作为人类历史上的一种社会形态之所以能够产生、巩固并一路坎坷地走到今天,除了拥有实现财富欲望等"非理性激情"的"工具理性"(或"目的理性")以外,还依靠了对"无条件的固有价值的纯粹信仰"或曰"价值理性"。③ 今天,所有已经高度现代化的西方社会虽然已经高度世俗化,但教堂的钟声仍然长鸣。个中缘由,作为社会维护机制的整体需要恐怕比个体的精神寄托更重要。

有一种相当流行的观点,认为韦伯将现代化等同于理性化,高出桑巴特将现代等同于资本主义,因而更具普遍意义。但如前所述,韦伯的理性化(合理化)内容具体而明白无误,它是资本主义精神的核心。把现代化等同于理性化,跟桑巴特对现代的理解就其与资本主义的关系而言并没有什么本质上的区别。

韦伯是把资本主义精神看作现代资本主义兴起的终极动因,还是持某种多元动因论?这也是历来学者们长期聚讼的问题。格林菲尔德认定《新教伦理》是对"顽固的、臆想的科学唯物主义"、"结构主义立场"的挑战,④ 但是我们所看到的,包括韦伯对桑巴特的批评在内的讨论,主要还是究竟何谓资本主义精神的讨论,距离唯心论跟唯物论和"结构主义立场"的对垒反而较远一些。恩格斯评论桑巴特,说他曾经"对于马克思主义体

---

① 克里尚·库马:《现代社会的兴起》(Krishan Kumar, *The Rise of Modern Society*),牛津:布莱克维尔,1988,第40、43页,部分引文采用俞新天主编的《现代化理论研究》(华夏出版社,1989)第37页的译文。
② 〔美〕丹尼尔·贝尔:《资本主义文化矛盾》,第24、132页。贝尔和他在该书中反复引征的欧文·克里斯托,可以看作从自由主义转向主张重建美国传统合法性的文化保守主义的两个代表人物。
③ 〔德〕马克斯·韦伯:《经济与社会》上卷,商务印书馆,1997,第56页。
④ 〔美〕里亚·格林菲尔德:《资本主义精神——民族主义与经济增长》,第6页。

系的轮廓，做了大体上成功的叙述"。① 如果比较韦伯与桑巴特对唯物史观的态度，前者主张的"观念的起源及历史比那些持上层建筑说的理论家所想象的要复杂得多"，不比后者提出的"资本主义由欧洲精神的深处发生出来。产生新国家、新宗教和新技术的同一精神又产生了新经济"更有挑战性。② H. 莱曼和 G. 罗特等人注意到韦伯对新教与资本主义关系的论述的来源：强调宗教改革的作用是旧式欧洲思想传统的组成部分，韦伯正是继承和光大了这一传统，才有了《新教伦理》等一系列论著。他们还指出了韦伯提出新教伦理命题的背景：其一是德国新教与天主教的长期激烈冲突；其二是新教内部的争论；其三是日益高涨的民族主义思潮对现代社会变迁的宗教解释之冲击，"例如基佐、米什莱那样的法国自由主义者，不再把宗教改革称颂为现代性之源，而是到拉丁语——或许是法国文艺复兴——那里寻找现代性的源头"。③ 韦伯著作里确实有不少地方批评"唯物主义观点"、"片面的唯物论解释"。二战以后，随着韦伯的美国化和韦伯"合理性"命题的普遍化，韦伯本人成了一些人心目中的反马克思主义的"圣徒"。然而，韦伯也反复强调现代资本主义形式即"自由劳动之理性的资本主义组织方式"，其他众多结构性因素如现代簿记和资本会计制度、信用工具、股份公司等，也都是资本主义不可或缺的。④ 他还说过"小资产阶级阶层出自他们经济生活方式上的原因，可以理解比较强烈地倾向于理性的、伦理的宗教信仰，倘若具备这种宗教信仰产生的条件的话"。⑤ 也就是说，不仅新教伦理的产生需要一定条件，什么人比较容易接受新教，也跟其经济生活状况有关。如同马克思反对将他关于西欧资本主义起源的概述普遍化，韦伯也强调历史概念不是要以"抽象的普遍公式"来把握历史，"根本没有必要把资本主义精神理解成仅仅只是我们这里所说的那种东西"。他说他"只是试图阐明宗教力量……在无数不同的历史因素的复杂的相互影响

---

① 恩格斯：《〈资本论〉第三卷增补》，马克思：《资本论》第 3 卷，第 1011 页。
② 〔德〕马克斯·韦伯：《新教伦理与资本主义精神》，第 39 页；〔德〕桑巴特：《现代资本主义》第 1 卷，第 212 页。
③ 〔德〕哈特穆特·莱曼等编《韦伯的新教伦理：由来、根据和背景》，第 59 页。
④ 〔德〕马克斯·韦伯：《新教伦理与资本主义精神》，第 11—14 页；〔德〕马克斯·维贝尔：《世界经济通史》，第 234、236 页。
⑤ 〔德〕马克斯·韦伯：《经济与社会》上卷，林荣远译，商务印书馆，1997，第 543 页。

中所发挥的作用"。① 他还说自己"当然不是要以同样片面的精神解释来取代片面的唯物论对文化和历史的因果解释",并暗示需要将二者结合起来。② 所有这些,都是在讨论韦伯思想时应当予以关注的,格林菲尔德却视而不见。

二 托尼与格林菲尔德:谁离韦伯更远些?

格林菲尔德批评的另一个著名人物是英国经济史学家、社会学家兼社会活动家 R. H. 托尼(1880—1962)。前引《现代社会的兴起》一书中对工业主义(即资本主义)的尖锐批判就来自托尼。他初版于 1926 年的代表性著作《宗教与资本主义的兴起》曾被认为是"对韦伯学说作了最精致的书面辩护"。③ 两人有关资本主义起源的论点甚至被合称为"韦伯 - 托尼"学说。《宗教与资本主义的兴起》的正文和注释里都有对《新教伦理》的评述。因此,若说托尼没有利用韦伯的《新教伦理》而独立完成其研究,恐与事实不符。④ 在格林菲尔德看来,托尼著作的标题本身就反映出作者对韦伯的误解。她指责托尼"以全然不同的论点取代了韦伯的理论",把资本主义精神"等同于'缺乏良知的个人主义',因此认定资本主义就是对个人物质私利的利己主义追逐,无视道德顾忌和社会利益";批评托尼逆转了韦伯关于经济发展与宗教之间关系的命题:"对托尼来说,是经济学孕育催生了'新教伦理'……新教所被迫扮演的角色在于不干预经济学,让个人主义代替集体意识,而且由此'释放经济能量'或允许亚当·斯密的(被误解的)那只看不见的手信马由缰。"⑤ 很明显,格林菲尔德坚决反对将个人主义等同于资本主义精神或者资本主义文化,尤其不满托尼以"部分赞同韦伯命

---

① 〔德〕马克斯·韦伯:《新教伦理与资本主义精神》,第 33、67 页。
② "It is, of course, not my aim to substitute for a one-sided materialistic an equally one-sided spiritualistic causal interpretation of culture and history." 韦伯:《新教伦理与资本主义精神》(Max Weber, *The Protestant Ethic and the Spirit of Capitalism*),洛杉矶:罗克斯伯里出版公司,1998,第 183 页。三联书店中译本里这段话的译文与原意稍有出入。
③ 〔美〕菲利普·李·拉尔夫等:《世界文明史》,赵丰等译,商务印书馆,1998,第 931 页。
④ 厉以宁:《资本主义的起源》,商务印书馆,2003,第 22 页。
⑤ 〔美〕里亚·格林菲尔德:《资本主义精神——民族主义与经济增长》,第 22—24 页。

题"的名义批评资本主义。

其实托尼跟韦伯一样重视宗教与资本主义的关系。他在《宗教与资本主义的兴起》和《新教伦理与资本主义精神》英文版序言中反复指出:到17世纪中叶,天主教社会的保守主义跟加尔文教地区的发奋工作之间差别已经非常明显。如同1671年的一本小册子所写的,在经历了宗教改革的地方,人们的宗教热情越高,从事工商业活动的意愿和对闲散的厌恶也就越强烈。但在韦伯以前,没有人以他那样丰富的学识和哲学的眼光对新教与经济进步的联系予以考察。他总结了韦伯在《新教伦理》中阐述的观点,特别指出"韦伯的论文当然是迄今为止对宗教和社会理论的关系进行的最有成果的探讨之一,而且我要感谢它对我的启发,特别是这篇文章关于某些清教学者用'天职'这个词表达的思想运用在经济方面的讨论"。① 他还总结了《新教伦理》问世25年后韦伯命题的处境:"今天,把宗教信仰和社会制度作为共同心理取向的不同表达形式,已经不象韦伯在写《宗教社会学》详细论证它们时那样令人诧异。……韦伯关于加尔文主义至少在它的某一历史阶段与社会伦理问题上的一种态度相联系的论点,不会再引起争议。"② 这些言论也可以表明,托尼非常看重韦伯的成就。

托尼对宗教伦理道德在资本主义活动中的缺失有着跟韦伯同样的担忧,但思考的方向有所不同:韦伯认为"预定论"和禁欲主义对教徒个人保持诚实、勤奋、节俭等社会美德有意义。《新教伦理》中有许多关于"个人的道德品质"、"个人对天职负有责任"、"个别的启示"的论述,甚至认为"个人对天职负有责任""乃是资产阶级文化的社会伦理中最具代表性的东西,而且在某种意义上说,它是资产阶级文化的根本基础"。③ 托尼则担心预定论的这种关于个人得救和私人职责的伦理会导致一种个人主义的道德观,认为对他人不存在责任,重视个人品德而忽视社会问题的重要性;担忧个人主义会引导现代资本主义成为不受约束的社会,成为人人只关心自己红利的股份公司,而丧失公正、公平、正义和正当性。温特对托尼的这

---

① 〔英〕R. H. 托尼:《宗教与资本主义的兴起》,赵月瑟等译,上海译文出版社,2006,第127页,第208—209页注32。
② 〔德〕马克斯·韦伯:《新教伦理与资本主义精神》,第5页。
③ 〔德〕马克斯·韦伯:《新教伦理与资本主义精神》,第38、50页等处。

一思考方向有中肯的评价:"《宗教与资本主义的兴起》一书的写作,正是为反对这样一个观点,即社会对宗教思想的冷淡以及经济思想的个人主义,是现代生活的不可改变的特征。"① 《宗教与资本主义的兴起》"学报版导言"则在"承认托尼从事一种主要是韦伯式的事业"的同时,认为"托尼的著作对那些完全按照韦伯传统进行的研究增加了重要的视角"。② 托尼或许比韦伯更重视某种"集体意识形态"(这也是格林菲尔德所强调的)。就对个人主义或私利追求与资本主义兴起的关系、对"后期清教徒身上的个人主义"的关注而言,托尼在韦伯与桑巴特之间则可能更接近后者。他批评韦伯忽略了同宗教无关但有助于一种对待经济关系的个人主义态度的思想运动(文艺复兴的政治思想就是其中之一),因而其论证在很多方面是片面的过分的;他认为把宗教改革当作经济运动的结果虽然片面但可能同样有道理。无怪乎他会在《新教伦理与资本主义精神》英文版序言里特别指出:"把资本主义产生的原因和资本主义的特点作为中心论题的讨论开始于马克思划时代的工作,而最精心的、不朽的著作是桑巴特的《现代资本主义》。"③

托尼还明确提出:个人主义的发展,从社会伦理、公共道德转向私人道德和宗教冷淡主义,这些变化在英国内战之前已经发生。按照新的"政治算术学",社会不再是一个由共同目标产生的相互义务连接在一起的共同体,而变成了股东们又要保证自己的权利又只负有限责任的股份公司。④ 这也就难怪格林菲尔德要把他拉出来点名批评,这是因为在她看来,到1600年,一种集体意识形态——民族主义已经在英格兰取得统治地位。

格林菲尔德特别说明:"在我撰写《资本主义精神》的过程中,与我息息相关的精神是伟大的马克斯·韦伯的精神:本书所借用的标题明白地表现出我从他那儿得到的启发。"但统揽该书可以知道,格林菲尔德跟韦伯思想大相径庭。韦伯、桑巴特和托尼等人著作里或多或少表现出来的对现代

---

① 〔英〕温特:《托尼》,《新帕尔格雷夫经济学大辞典》,陈岱孙主编译,经济科学出版社,1992,第645页。
② 〔英〕R. H. 托尼:《宗教与资本主义的兴起》,第113、153页,"导言"第13—15页。
③ 〔德〕马克斯·韦伯:《新教伦理与资本主义精神》,第4页。前面转述的一些内容见第7—8页。
④ 〔英〕R. H. 托尼:《宗教与资本主义的兴起》,第112页。

资本主义的批判精神，到了她这里基本不见了，剩下的只有各国经济的持续增长——从英国的"奇迹"，到美国的"突飞猛进"；民族主义、发达国家和整个世界的未来都是一片光明。"这些强国的经济将会持续发展，世界财富总量也会随之增长。"①

究竟是什么力量引起和支撑资本主义经济的持续增长？格林菲尔德认为，当韦伯提出资本主义精神与新教伦理有关联时，他也同时暗示，该伦理体系可能拥有一个"功能对等物"。"这一暗示表明了《新教伦理》中的经验主义论点具有尝试性、临时性或假说性的特点……"至于这个功能对等物，格林菲尔德认为应当是"一个新的世俗集体意识形态（及由此而来的一种新的伦理标准体系）：民族主义"。② 这种新的世俗集体意识形态才是"资本主义精神的源头"，或者说"资本主义精神就是民族主义"。③ 但这里所说的民族主义，不是人们通常理解的概念。她坚决反对把民族主义视为经济进程某一阶段的产物，强烈批评流行的民族主义论说使用了"20世纪后50年占统治地位的所谓结构主义理论方法"。④ 格林菲尔德曾经定义"民族主义"，强调它是一种涉及民族特征（nationality）与民族身份认同（national identity）的特定视野或思维模式（a particular perspective or a style of thought），并区分出"个人主义—自由型"和"集体主义—威权型"两种民族主义。⑤ 这里所说的是"个人主义—公民型民族主义"，它"首先出现在英格兰，到1600年已经成为其占优势地位的社会观并有效地改变了社会意识。直到一个多世纪之后，相似的转变迹象才在别处被人们感知。……英格兰率先获得了一种新精神，而且作为惟一持有者达两个世纪左右……"⑥ 这就是说，英国和其他国家后来的命运在16世纪甚至更早的时候已经先定了。

---

① 〔美〕里亚·格林菲尔德：《资本主义精神——民族主义与经济增长》，"致谢"第4页，第641—642页。
② 〔美〕里亚·格林菲尔德：《资本主义精神——民族主义与经济增长》，第20、27页。
③ 〔美〕里亚·格林菲尔德：《资本主义精神：民族主义与经济增长》，第73页。
④ 〔美〕里亚·格林菲尔德：《资本主义精神——民族主义与经济增长》，第5—6页。
⑤ 〔美〕里亚·格林菲尔德：《民族主义——通往现代性的五条道路》（Liah Greenfeld, *Nationalism: Five Roads to Modernity*）哈佛大学出版社，1993、2003，第2—11页。
⑥ 〔美〕里亚·格林菲尔德：《资本主义精神——民族主义与经济增长》，第29页。

格林菲尔德赞扬《新教伦理》"确系一部深思熟虑之作……是迄今为止无与伦比的尝试"。①但她把这种民族主义说成《新教伦理》"暗示"的"功能替代物"看来有点谬托知己。不是说新教与民族主义和民族事业没有关系，如同沃勒斯坦所指出的，凡是新教没有与民族事业牢固连接在一起的地方，它就无法存在下去，法国的加尔文派就是例证。然而，"不是新教适应民族主义，相反，宗教就是16世纪民族主义的代名词"。②也不是说韦伯缺乏民族主义观念。相反，韦伯曾以"经济民族主义者"自许，提出过"经济政策的终极标准就是'国家理由'"（伊格尔斯把他在这里表述的思想概括为：某些从经济理性化角度来看有其合理性的行为，从国家角度看却是灾难性的③）。韦伯甚至认为民族有优劣之分，德意志民族比其他民族优越，因而应当对外扩张（尽管他又担心德国会因扩张过度而失败）。他还预言"民族利己主义"不会被抛弃，"全球经济共同体的扩展只不过是各民族之间相互斗争的另一种形式"。④然而，韦伯的新教伦理命题本身确是对世俗民族主义说的否定。《新教伦理》讲得很清楚："诉诸民族性格的观点一般地说不过是自认无知，而且这种观点在这里是站不住脚的。认为17世纪的英国人具有统一的民族性也只是歪曲历史。骑士党人和圆颅党人并非仅仅指控对方属于不同的党派，而是把另一方看作极不相同的人……""他们（按：指平等派）自信是盎格鲁－撒克逊人生而有之的权利的辩护人，反对征服者威廉及诺曼人的后裔。"⑤很明显，格林菲尔德的"民族主义"跟韦伯的"合理的资本主义"对撞，她所说的民族主义在韦伯的《新教伦理》面前完全"站不住脚"。

格林菲尔德论辩说："只有当经济成就、竞争力和繁荣被界定为正面的和重要的民族价值时，民族主义才能够积极地促进该环境中的经济增长。这反过来取决于特定民族主义的类型和特性。"这种特定的个人主义—公民

---

① 〔美〕里亚·格林菲尔德：《资本主义精神——民族主义与经济增长》，第14页。
② 〔美〕沃勒斯坦：《现代世界体系》第1卷，尤来寅等译，高等教育出版社，1998，第240页。
③ 〔美〕G. 伊格尔斯：《德国的历史观》，彭刚等译，译林出版社，2006，第218页。
④ 〔德〕马克斯·韦伯著，甘阳编选《民族国家与经济政策》，上海三联书店、香港牛津大学出版社，1997，第92—98页。
⑤ 〔德〕马克斯·韦伯：《新教伦理与资本主义精神》，第66页，第180页注29。

型民族主义"起源于 16 世纪早期的英国,后逐渐扩散,先传至英国在美国的殖民地,后又在 18 世纪进入法国和俄罗斯,在过去的两个世纪中,先后征服了欧洲和美洲的其他国家,澳大利亚和新西兰,亚洲大部和非洲部分地区"。这就是说,英国因为独有这种特定类型的民族主义而领先走向现代经济,其他地区只能接受它的扩散或者征服,或先或后地跟在英国的后面走。《资本主义精神》的"导言"部分特别指出:《新教伦理》"像所有韦伯的著述一样,其实是对形形色色的鼓吹决定论和线性发展论的理论的挑战"。① 但书中所论述的,恰是"鼓吹决定论和线性发展论的理论",而且是决定整个世界命运的单线发展论。

三 民族主义何以保证经济持续增长?

格林菲尔德所谓"这些强国的经济将会持续发展,世界财富总量也会随之增长"的论断,尽管非常乐观,含义却耐人寻味:这些"发展"和"增长"是否必须以世界贫富差距拉大、以牺牲弱国的利益为代价?相比之下,韦伯 100 多年前就提出了"民族利己主义"不会被抛弃,预言"全球经济共同体的扩展只不过是各民族之间相互斗争的另一种形式",甚至告诫众人"就和平和人类幸福的梦想而言,我们最好记住,在进入人类历史的未知将来的入口处写着:放弃一切希望!"② 诸如此类的论述,虽然色彩暗淡,含义却非常明确。格林菲尔德以民族主义这一"集体意识"替代韦伯新教伦理命题中的个体意识,反对桑巴特用个人贪欲、托尼用利己主义解释资本主义。但她以"英格兰民族主义"为资本主义兴起与持续发展的动因的论述,既不能解释资本主义的兴起,也不符合资本主义发展的历史。

格林菲尔德很欣赏对钱德勒《看得见的手》"论证中的循环性"的揭露,但她自己的论证方法适是循环性的,只不过圈子绕得大了点。她想要证明的是英国特定类型的民族主义能够促进持续的经济增长。证据何在?

---

① 〔美〕里亚·格林菲尔德:《资本主义精神——民族主义与经济增长》,本段所引分别见第 30、1—2、14 页。
② 〔德〕马克斯·韦伯:《民族国家与经济政策》,第 90 页。

她提出：英格兰的经济行为人"早在 16 世纪初就出现了一种新的敢于竞争、充满自信和富有民族主义意识的精神。对外贸易提供了这方面最引人注目的例子"。但她举出的例证要么是英王如何实行重商主义政策——从 1505 年亨利七世对外国商人课以重罚，1552 年撤销汉萨同盟的特许经营权，到伊丽莎白将全部汉萨同盟的商人逐出英国，要么是贵族建议国王吸引和鼓励人民为国家创造财富，或者提倡国家干预总体上的经济事务、批评"私人利益常常妨碍公众利益"。这里实在看不到"这个由如此理性、平等、自由的人士所组成的团体就是概念上的民族国家"、"民主是民族意识的固有特征：人人平等代表着它所昭示的社会组织的基本原则"、"个人主义—公民型民族主义所意味的则是个人化，或自由化的民主"。在一次次称赞英国的经济民族主义（实即重商主义）在商业领域的胜利后，结论突兀而至："当工业革命开始之际，英国经济已经有意识地定位于持续增长，并有能力保持持续增长。"① 对民族主义导致英国经济奇迹的论证到此大功告成，实际上，这是以工业革命和此后的经济成就论证英格兰民族主义先天有此正面价值（以经济成就为正面价值）。为什么 16 世纪初已有此精神的英国，其经济却长期落后于被认为缺少民族主义的荷兰？书中对此并没有回答。书中对英国民族主义代表人物的举证严重失实，将民族主义简化为经济民族主义，又以此作为终极单一原因解释几个经济大国的现代发展而无视其他国家的情况，对民族主义这一主题的内涵、民族主义与经济增长的因果关系都有不少前后矛盾的论述。对这些问题国外学者已有批评，本文不赘述。②

《资本主义精神》中真正的核心概念是"持续增长（发展）"。"就经济而论，正是这种发展的属性，及其可持续发展的事实，才使我们得以区分现代经济和其他经济。"英格兰民族主义被称为"支撑现代经济增长的伦理

---

① 〔美〕里亚·格林菲尔德：《资本主义精神——民族主义与经济增长》，本段所引分别见第 479 页注 1，第 2—3、74 页等处。
② 参见 E. 琼斯等人的有关评论（"Book Review" by Eric Jones, Peter Wardley, Carl Strikwerda, David I. Burrow），分别载于《经济学文献》（*Journal of Economic Literature*）第 40 卷第 4 期（2002），第 1273—1275 页；《企业与社会》（*Enterprise & Society*）第 3 卷第 4 期（12/2002），第 715—718 页；《美国历史评论》（*American historical Review*），第 108 卷第 1 期（2/2003）；http://www.nationalismproject.org/books/bookrevs/greenfeld.html.

动力（the ethical motive force behind the modern economy of growth）"、"定位于并保持持续增长"的动因、"经济活动一再趋向发展的决定因素"；伊丽莎白登基（1558年）标志着"英国经济长盛不衰的开端"。17世纪荷兰的经济成就虽然被称为"奇迹"，17—18世纪的荷兰人虽然保持了经济上的理性，但荷兰缺少民族主义，所以"没有选择现代化道路。他们没有迷恋于持续的增长"；弗莱斯和伍德"拒绝把持续发展作为现代性的定义中的要素"，才会错误地把17世纪荷兰看作"第一个现代经济体"。"荷兰资本主义就是托尼的资本主义领域和主流学科范式的资本主义……倘若它对现代经济源泉的理解是正确的，那么所有现代经济的历史将是荷兰经济史的重演。这些经济形态将不以发展为定位，因此将不能持续发展……"最后，提出"国家生命力周期"说的金德尔伯格认为一种领先经济在一定时候终将被另一个取代，① 据说这也是错误的，错就错在它没有区别相对经济活力（economic primacy）和绝对经济活力这两种性质完全不同的现象，而绝对的经济活力是不会发生绝对衰退、能够保持持续增长的。②

然而，现代资本主义发展至今，有哪些国家拥有这种绝对的经济活力或长盛不衰的持续增长呢？英、法、美等发达资本主义国家不是都经历过严重的经济萧条和衰退（包括绝对衰退），经过结构调整才得以恢复增长吗？为了证明民族主义是现代经济发展背后的伦理动力，格林菲尔德用很大篇幅论述德国和日本。结论是：在德国，民族主义尽管不同于英国或法国，但它同样势力不凡且鼓舞人心，至少是德国令人叹为观止的腾飞的动力之一。德国"民族主义就像那只魔杖，把灰姑娘的南瓜和老鼠转变成了一架富丽堂皇的四驾马车"。日本现代化迅猛异常且颇为成功的原因，在于日本民族主义同样非同凡响、迅猛异常且卓有成效的发端和传播。"日本民族主义从问世之日起就以经济为重心并首先发展成经济民族主义。"③ 民族主义对德、日实现追赶型的高速发展确实有十分重要的意义，然而，德日

---

① 〔美〕金德尔伯格：《世界经济霸权：1500—1990》，高祖贵译，商务印书馆，2003，第8页。
② 〔美〕里亚·格林菲尔德：《资本主义精神——民族主义与经济增长》，本段所引分别见第45、115、112、133、108—110页。
③ 〔美〕里亚·格林菲尔德：《资本主义精神——民族主义与经济增长》，第209、218、293、305—306、427页。

两国走上军国主义终至在世界大战中一败涂地,对此,德日民族主义不也应当负有责任吗?

我们或许可以把格林菲尔德以"民族主义与持续的经济增长"为标识的"资本主义精神"看作韦伯"新教伦理"之后的又一个超经验的"理想类型"。"新教伦理"的背后有一只上帝之手,《资本主义精神》则制造了另一种威力无比的神秘力量。它有各种名称,如"个人主义—公民型民族主义"、"英格兰的(也就是不列颠和美国的)民族主义"、"经济民族主义"(接纳国际经济竞争的民族主义)、"人的意志、动机"。只要有了它,经济增长就会"合乎逻辑"地持续下去。增长过程中的复杂条件只能使之减缓或者加速。作者一再申明,这种不同于新教伦理的资本主义精神是一种"集体意识形态"。但仔细观察,它跟韦伯命题中的个体意识、桑巴特的个人欲望或者托尼的利己主义常常只隔着一层窗户纸,当论及美国民族意识发展的本质时,作者也看到了"美国商人竞争的是个人能耐,而不代表他们的国家"。[①] 问题在于,在全球扩展的资本主义面前,既然个人主义和利己主义行不通,为什么"个人主义—公民型民族主义"就能畅行无阻呢?难道它不是一种放大了的个人主义,或者不会走向韦伯早就说过的"民族利己主义"?

《资本主义精神》一书不乏精彩之笔。在论到经济全球化并没有使民族主义消失时,作者评述了新世纪之交接连发生的两件事:"北约倾巢而出,凭借超高科技、10亿美元一架的战机、接连三个月的轰炸,旨在降伏小小的、仅仅靠民族主义排外热情和受到伤害的自豪感所支撑的南斯拉夫,迫使其从科索沃撤出4万人的军队;此时还需要更多的证据来说明民族主义的活力吗?当孤注一掷的印度和巴基斯坦试验核装置时,当面临西方富国的一片愕然和他们决心以经济制裁的威胁惩罚这两个崛起者时,两国贫困潦倒的平民却在街道上载歌载舞地迎接核试验的消息……此时还需要证明民族主义的活力吗?"[②] 这些应当看作是如实写史。然而,不知作者是否意识到,类似这样的事件和"民族主义活力",恰恰给作者所预见的民族主义和

[①] 〔美〕里亚·格林菲尔德:《资本主义精神——民族主义与经济增长》,第640页。
[②] 〔美〕里亚·格林菲尔德:《资本主义精神——民族主义与经济增长》,第638—639页。

经济增长的双重光明前景抹上了一层厚厚的阴影。它们似乎也暗示：现实世界中的民族主义——包括英美的民族主义，无论其来源还是现实形象，都跟作者的"理想类型"大有区别。

本文原刊于《世界历史》2007年第1期。

中国人眼里的阿塔图克和现代土耳其

中国和土耳其都有古老的文明，百多年来两国人民都为民族复兴进行了英勇的斗争，有许多共同的历史经验可供分享。早在清朝末年，发生在奥斯曼土耳其帝国的变革就引起维新派领袖康有为、梁启超等人的注意。此后则一直为中国有识之士所关注。第二次世界大战结束之际，土耳其民众和民族武装力量在穆斯塔法·凯末尔·阿塔图克的领导下，成功地捍卫了民族独立，创建了土耳其共和国。其间发生的一系列革命或改革，在中国激起了强烈反响。从那时起，尽管中、土两国在发展道路上遇到的问题和困难各异，两国关系也时远时近，但中国知识界始终注视着现代土耳其的兴起和发展。

笔者收集整理了百年来有关凯末尔和现代土耳其的中文文献，总数约有两百篇（部），包括专著、学术论文和各种介绍、评论文字，尝试重温这段历史。这些著作或文章的作者观点、立场并不一致，但绝大多数都对凯末尔，对土耳其民众和民族解放武装的勇气、智慧和巨大成就表达了由衷的赞赏。

一

中国知识界对土耳其比较密切的关注始于 1918 年下半年。有影响的《东方杂志》（1904 年创刊于上海并一直出版到 1948 年）从第 15 卷第 8 期（1918 年 8 月 15 日）到第 18 卷第 24 期（1921 年 12 月 25 日）刊发了一系列文章。所有这些文章都表达了对帝国主义侵略的愤慨和对遭受侵略的土耳其人民的同情。土耳其独立战争在1922年9月取得决定性胜利,使得中国的革命者和自由主义者都为之振奋。9月27日出版的共产主义者的周刊《向导》,发表了蔡和森的文章《祝土耳其国民党的胜利》。盛赞土耳其民众在"最伟大最有革命精神的基玛尔(按:即凯末尔)将军"统率下"给全世界被压迫民族以最好的模范和印象"。同期还有时任中共中央委员的高君宇的文章《土耳其国民军胜利的国际价值》,称之为"最近世界历史上的一件重大的事情……开被压迫民族世界的一个新局面"。此后又有多篇同类文字见于该刊。《东方杂志》的新闻评论栏目几乎对发生在土耳其及其近邻相关地方的所有大事件都有即时报道。对洛桑会议的进程,《东方杂志》更是给予特别的关注。对以维持土耳其独立与主权为基础的近东和平协议,有两篇文章论及,称之为"世界和平的先声"。[1] 从1923年到1947年,《东方杂志》几乎每一期都有关于现代土耳其和阿塔图克的文章,既有短小的评论,也有长篇大论。文章的内容丰富多彩,涉及改革、工业和现代化规划、新的经济成果、交通和税收法规、政府人事变动、妇女进步、关于两海峡的新协约,以及新生共和国的国防和外交政策。其中,有4篇文章专论凯末尔本人。其中两篇文章发表于他去世后不久,称颂他为新土耳其的"开国元勋"、"第一流的伟人",[2]"最卓越的政治家",并历数他担任土耳其首任总统期间所做的贡献。[3]

产生于20世纪初的中国"新史学"有一个特点,那就是对民族进步和现代化的自觉意识。"新史学"的第一部专著就是《新土耳其》。该书检视了土耳其从奥斯曼帝国转型为现代民族国家的全过程。它的作者叫柳克述,当时还是一位年轻学者。他相信他的著作可以唤起中国的民众来推动中国的现代化。这部著作里率先使用了"现代化"这一概念,可能借自早先土耳其民族主义思想家齐亚·戈卡尔普使用的同类概念。在西方著述中,同样的概念要到几十年后才开始流行。1935年,另一位学者赵镜元在上海——当时中

---

[1] 幼雄:《洛桑会议的成绩》,《东方杂志》1923年第20卷第12期。
[2] 镜如:《土耳其总统逝世》,《东方杂志》1938年第35卷第24期。
[3] 吴泽炎:《土耳其故总统凯末尔》,《东方杂志》1939年第36卷第3期。

国最发达的大都市——出版了《土耳其史》。

1935年,中国和土耳其正式建交。第二年,一份在北京(当时名北平)出版的名为《外交事务》的月刊,发行了"土耳其研究专号"。专号分6个栏目,分别分析介绍了土耳其的历史、地理、内政、外交、经济以及社会。这些文章有的出自学者之手,其他的则为中国派驻土耳其使领馆的官员所撰写,撰写人包括公使和参赞。专号的编者前言把土耳其浴火新生的意义跟苏联的兴起做比较,将土耳其称赞为中东和平的潜在守卫者、中东地区的领导国家、中国社会经济重建的好榜样。前言强调指出:中国和土耳其之间从来没有利益冲突,两国关系应当永远友好。①

中国共产党人对阿塔图克和现代土耳其的看法在这一时期前后有所变化。恽代英——1924—1927年大革命时期的著名共产党人——高度赞赏土耳其在洛桑和平会议上的成果。② 另一位中国共产党的早期领袖蔡和森,在早先的文章里曾经祝贺土耳其共和党人的胜利,在洛桑会议期间发表的两篇文章里,则批评土耳其"由反抗外国帝国主义的群众英勇奋斗得来的胜利,现在在洛桑会议中完全丧失无余了","重新得了一副奴隶的枷锁"。③这一判断显然并不准确。30—40年代共产党人关于阿塔图克和现代土耳其的主流观点,受到斯大林的影响。他在莫斯科中山大学给中国学生做报告,提出土耳其凯末尔主义者的反帝国主义革命"夭折了"。④ 毛泽东曾经高度评价凯末尔带领土耳其复兴,称之为"一切被压迫民族的南针"。⑤ 1940年,他在一个讲话中引用斯大林提出的标准,区分"殖民地半殖民地的任何英雄好汉们,要就是站在帝国主义战线方面,变为世界反革命力量的一部分,要就是站在反帝国主义战线方面,变为世界革命力量的一部分。二者必居其一,其他的道路是没有的"。而"基马尔的土耳其,最后也不能不投入英法帝国主义的怀抱,一天一天变成了半殖民地,变成了帝国主义反

---

① 《编者前言》,《外交事务》第8卷第4期"土耳其研究专号",1935年4月1日。
② 恽代英:《中国民族独立问题》,《恽代英文集》上卷,人民出版社,1984,第546—547页。
③ 和森:《洛桑会议与土耳其》,《向导》1922年第14、15期连载。
④ 斯大林:《和中山大学学生的谈话》(1927年),《斯大林全集》第9卷,人民出版社,1954,第217—241页。
⑤ 毛泽东:《中华苏维埃中央政府对回族人民的宣言》(1936年),《中共中央文件选集》第10卷,中央党校出版社,1985,第27—29页。

动世界的一部分"。① 1958 年,毛泽东对上述观点有所修正。在跟拉丁美洲新闻工作者的一次谈话中,他认为一些民族独立国家"既不站在帝国主义的一边,也不站在社会主义的一边,而站在中立的立场,不参加双方的集团,这是适合于它们现时的情况的"。②

二

毛泽东 1940 年提出的论断,成为 1949 年直到 70 年代末中国关于凯末尔和土耳其的主流观念。由于 1927 年大革命失败以后中国资产阶级主张凯末尔主义,新中国没有人继续研究凯末尔。正因为如此,1979 年 8 月,当两位来自北京大学的青年史学家提出"我们是否应当正确评价凯末尔主义的反帝、进步和革命性质"这一问题时,引起了激烈的争辩。

这两位历史学家此后发表了他们的文章。他们认为,土耳其人在洛桑会议上捍卫了自己国家的独立和主权。文章强调:土耳其人民选择的发展道路应当受到尊重,文章分析了凯末尔革命的意义及其巨大的国际影响,批评了斯大林关于凯末尔和土耳其的理论教条。③

这篇文章如同发出一个信号,研究和介绍阿塔图克与现代土耳其的各种论著、文章重新涌现,一些老一辈的中东研究专家,例如何敬希、杨兆钧、彭述智、朱克柔,纷纷出版专著或者发表论文。来自中国社会科学院和许多大学的学者也就此撰写了大量文章。1981 年被称为"阿塔图克年",联合国教科文组织举办了系列纪念活动。北京也召开了凯末尔诞辰一百周年纪念会。

1979 年以来中国人对阿塔图克和现代土耳其的研究,有以下几个值得关注的焦点:

1. 研究范式从"阶级斗争"转向"和平与发展"。

1979 年以前,阶级斗争或以社会主义为方向的革命一直被当作史学研

---

① 毛泽东:《新民主主义论》,《毛泽东选集》第 2 卷,人民出版社,1991,第 680—681 页。
② 《毛泽东选集》第 2 卷,第 710 页注 17。
③ 林被甸、梁志明:《正确评价亚非拉民族资产阶级在现代民族解放运动中的作用》,《世界史研究动态》1979 年第 10 期。

究的主要主题。许多重大的历史性事件被忽略，不少研究领域成为禁区。这种情况从1979年开始改变。中国知识界对国内现代化和整个世界的和平与发展观念一新。关于阿塔图克和现代土耳其的研究被拓展为一个宽阔的领域，涉及穆斯塔法·凯末尔·阿塔图克的思想和事业，二三十年代土耳其的全方位改革，凯末尔主义的"六项原则"，等等。

彭述智教授详细回顾了阿塔图克的成长过程：介绍分析青年凯末尔决定参军入伍的动因，他在学生时代和在青年土耳其运动中为恢复1876年宪法所做的贡献。他指出，凯末尔在第一次世界大战期间民族自卫立场坚定，主张中立政策以免陷入战争旋涡，表现出民族主义和反对帝国主义的意识。1918年，在决定土耳其生存还是灭亡的关键时刻，凯末尔不顾个人安危，脱离了腐朽的苏丹政府的控制而奔向安纳托利亚内地的土耳其民众。正是这种精神，使他成为土耳其的英雄和"阿塔图克"（土耳其之父）。[①]

"凯末尔改革"被视为土耳其历史的转折点。一系列的改革使土耳其走出落后状态，迎来了长时期持续的政治稳定和经济发展。正是阿塔图克依靠他掌控形势的娴熟技巧、对变革和继承好的传统二者关系的成功处理，用"六个箭头"即六项基本原则指引，领导了这些全面的改革。"六个箭头"中的"国家主义"（devletcilik）和"改革主义"（inkilapcilik）是从经济发展和改革进程中总结提取出来的，到30年代补充进凯末尔主义并且被强调，以突出土耳其从传统社会转向现代的路径不同于英国式的自由主义道路，也不同于法国式的革命道路。国家主义不仅意味着从1932年开始采用的经济政策，也意味着在市民社会和民间经济力量薄弱的情况下，需要一个官僚集权的、强有力的、自主能动的国家政权来推行所有的国家目标和保卫这个国家。改革主义则是对精心规划和推行的凯末尔改革的总结。凯末尔主义的成功，使得土耳其共和国被普遍认为是发展中社会可以效仿的榜样，也是联合国教科文组织在1981年召开会议，总结阿塔图克的成就和思想，以"促成对各成员国发展和现代化进程的研究"。[②]

---

① 彭树智：《东方民族主义思潮》，西北大学出版社，1992，第242—261页。
② 董正华：《土耳其现代化道路的基本特点——以凯末尔改革为重点》，罗荣渠主编《各国现代化比较研究》，陕西人民出版社，1993，第362页。

关于土耳其共和国早期如何处理传统与社会、经济以及文化发展的关系，土耳其外交政策和对外关系的变化，土耳其宪法和世纪政体的变化，等等，中国学者也都有研究。例如，有学者指出，第二次世界大战期间，土耳其奉行中立政策同时又有对盟国和世界和平有益的灵活变通，给第三世界国家提供了有价值的经验。[①]

2. 对中土关系史的研究

中国和土耳其的文化交流和友好往来由来已久。19 世纪，尽管分别沦为西方列强的半殖民地，两国仍然保持着联系。1912 年，著名的中国穆斯林王宽访问了伊斯坦布尔。他对青年土耳其运动印象深刻，所以刚回到中国，马上提出希望新生的中华民国跟土耳其建立外交和商贸关系。另一位穆斯林王静斋带着他的徒弟马洪道于 1922—1923 年访问了土耳其新首都安卡拉。他把徒弟留在土耳其，让他进入伊斯坦布尔大学学习了多年。[②]

中国学者还回顾了最近几十年里中土关系的新进展，例如土耳其友好使团 1966 年的访华，1971 年中土建交，1981—1982 年的中土文化交流，1982 年土耳其总统访华，以及 1984 年中国国家主席访问土耳其。[③]

简单概括一下：从 20 世纪初到 20 世纪末，中国的政治和知识精英一直把凯末尔和现代土耳其当作解释中国革命和现代化的参照系。有关文献对阿塔图克和现代土耳其的成就，以赞赏为主，但在不同时期论题有变化。这种变化反映了 20 世纪中国在探究一个突飞猛进的世界时认识和分析方式的变化。

本文写于 1998 年 9 月。

---

① 张润民：《第二次世界大战期间土耳其中立外交政策的特点和意义》，《西亚非洲》1986 年第 6 期。
② 杨兆钧：《中土文化交流的历史回顾》，周一良主编《中外文化交流史》，河南人民出版社，1987，第 526—544 页。
③ 张铁伟：《中国和土耳其友好关系小史》，《西亚非洲》1987 年第 6 期。

第二辑　聚焦现代化

现代化研究应当有所创新、有所超越

南开大学世界现代化进程研究创新基地的成立,是继复旦大学中外现代化研究中心等历史学科相关研究实体设立之后的又一件可喜可贺之事。它的成就和意义,或许过些年才能看得更清楚。当下大家所关心的,可能主要还是如何在新形势下深化我们的研究,特别是如何"创新"。我想就此谈两点个人的体会,不妥之处请大家批评。

一 历史学的现代化研究

二战以后主要产生于美国的现代化研究及其基本理论和概念框架,是由社会学家首先提出来的。但是现代化研究历来具有跨学科的特点,或者说是一个多学科共同涉足的领域。历史学的现代化研究跟社会学、政治学的相关研究有所不同,跟许多经济学家、自然科学家关于经济和科技发展的对策性研究更不一样,历史学研究现代化,侧重对现代化"进程"的研究,侧重对既往现代化的历史经验教训的总结。传统的中国学术强调文史不分家。文学和史学都是人文、"文化"("观乎人文以化成天下"的"文化")之学。历史学的现代化研究跟史学本身一样隶属于人文学科,所以除了需要求真、求实,还有其基本的价值体系、道德伦理标准,以及用科学标准来看可能是非经验的形而上的人文关怀。

历史学历来有自己的"家法",现代化研究当然不能例外,需要一种"战战兢兢、如履薄冰"般的高度自省态度,而不能"无知无畏",或者靠堆砌一些自己还没有搞清楚的概念术语来冒充学术研究。人们经常讲要有实事求是的科学精神。成功的史学都是实事求是的。当然，实事求是未必就是科学。像《汉书》所记河间献王"修学好古，实事求是"，宋代人为《金石录》写序称赞该书"别白抵牾，实事求是"，《官场现形记》里所说"上头的意思是要实事求是"等等，这些离科学恐怕都还远了点。进一步说，科学也不是判断学术的最高标准。实证主义特别是逻辑实证主义者最强调知识的科学性，认为"历史学的程序在原则上与自然科学的程序并没有什么不同。在两者的情况下，结论都是由诉之普遍真理而达到的……"[①] 但似乎没有人要求大家都回到孔德或者维特根斯坦去，也没有人说过历史学只能讲一般讲普遍性而不能讲个别讲特殊性。再进一步说，科学也并非就是生硬的、冷冰冰的、一锤子砸下去就永远正确永不可变的规律、定理之类。科学与"非科学"之间并非完全不可通约，对此科学史的研究已经讲得很清楚。

虽然历史学的现代化研究并没有离开作为人文学科的史学，但是，它更强调中国史学"因史明道"的传统，符合中国学术古已有之的经世致用、"耻为无用之学"的精神。现代化研究要不断地开拓新领域，也需要有人做一些理论和学术史的探讨，这些都需要有对史料爬罗剔抉的功夫，甚至需要尽可能地做一些田野工作、调查访问收集整理第一手资料。然而，比之注重材料挖掘与考据等朴学传统的史学研究，现代化研究的确需要更多地吸收和使用社会科学甚至自然科学的理论、概念和方法，也更多解释性和现实性色彩。它的兴起和发展跟以科学发展为动力的现代化实际进程紧密相连。

"现代化"曾是20世纪30年代中国的热门话题，但此后就在思想界长期销声匿迹了。现代化研究在20世纪80年代的中国大陆重新兴起，跟国家从接连不断的政治运动、社会动荡走上持续的改革开放、以经济建设为中心、实行全面的现代化战略有密切关系。更广阔的背景是席卷世界的新技术革命和新兴工业化浪潮，东亚"四小龙"和东盟各国的相继崛起。一个

[①] 参见〔英〕沃尔什《历史哲学导论》，何兆武、张文杰译，广西师范大学出版社，2001，第40页。

时期里，西方发达国家和亚非拉众多发展中国家均呈现出一派蓬勃的生产力大发展景象。从 80 年代中到 90 年代末，中国史学工作者在现代化研究领域做了两件重要的工作：一是拨乱反正，从以阶级斗争为纲中解放出来，开阔了史学的视野；系统地总结既往世界现代化进程中成功的经验和失败的教训，扩大了史学研究的范围；在理论上所注重的，是对生产力与生产关系以及二者相互关系的探讨，强调生产力进步对历史的推动作用。二是清理国内外既有的各种现代化理论和思潮。以罗荣渠先生为代表，现代化研究者在扬弃两种单线发展观的基础上，形成了有自己特色的研究思路和理论框架，被批评者称为"以一元多线论为基础的现代化范式"，当时承受了不少压力，今天已经比较广泛地被接受。

然而，我们不能不看到，新世纪之交以来的东亚和整个世界比之此前已经大大改变了。标志性的事件包括日本长达 10 年的经济停滞、1997 年突然爆发的东亚金融危机、2001 年的"9·11"恐怖袭击等。这些对中国、对东亚和世界其他各个地区的现代化进程都有巨大的影响。金融危机不只是经济问题，也不止于地区性局部性的问题。"9·11"及其后续事件更凸显了当今国际社会的结构性危机，揭开了历来被视为展示给人类光明前景的现代化、全球化的另一阴暗面。新自由主义的世界经济秩序，盛行多年的"发展主义"，华盛顿共识下的结构调整，以及实证主义、工具理性、普遍主义等源自西方地方性知识的现代性观念，越来越受到质疑。无论国际国内，要求公平、公正、和谐、人文、人性、文化与生活方式的自主与多样性、环境保护与可持续发展的呼声越来越高。在此新形势下，我们的现代化研究若仍然集中在对生产力、经济增长、工业化等"硬指标"的讨论上，显然不够了。一般地探讨现代社会发展的原理和总结既有发展与现代化的经验事实，在人文社会科学的快速发展变化面前，在社会学等学科具体而微的相关研究面前，也会显得苍白，失去曾经有过的前沿地位，甚至逐渐被"边缘化"。

当年老一辈史学家提出研究现代化问题，其要旨如果用最少的文字表示，不外乎"解放思想、实事求是"八个字。但能够达到这八个字的起码要求，当初也并非易事。今天我们已经具备各种条件，可以进一步开拓研究的领域，分门别类地进行深入细致实事求是的研究，而不是把"现代化"一词视为时尚，或者仅仅把它当成标签使用。

二 现代化研究应当有所超越

　　史学界多年来有不同理论范式之分，从学术发展的角度看，这是很正常的。一种范式相当于一个学派，其内部还会有不同观点。真的要繁荣历史学就应当允许"众说纷纭"。例如仅仅从革命史视野，难以理解传统与现代的关系、不同的工业化或城市化或乡村发展模式、人与环境关系的变化、近代侨乡的变化等等。历史学当然不能也不会只有"现代化范式"或"现代化研究"一家。因此尽管有人以坚持唯物史观的名义批评所谓"主张史学研究范式多元化的呼声甚嚣尘上"，尽管范式之说只是从科学史著作中借用来概括历史研究中不同取向的，这样的概括也并不完全合辙合榫，还有一点，大家对"范式"的理解也可能不一样，但我还是坚持认为：史学"范式"多样化是史学摆脱"危机"走向繁荣的表现。其实，"以一元多线论为基础的现代化范式"中的"一元"，讲的就是唯物史观。

　　另一方面，我以为应当对此类区分有所超脱、有所超越。历史学中的"范式"充其量也只是一个中层甚至微观层面的概念。如杨念群先生所论，"现代化"解释模式采取的一般是"中层理论"的策略。这些"中层理论"未必就有完全取代"革命"模式的范式转换效果。"革命"与"现代化"之间也许根本不是什么范式转换的关系，而是复杂的重叠关系。各自处理的对象和范围不同而已。[①] 我坚持认为我们的现代化研究绝无排他性，它并不排斥革命史。现代化已经有过多次世界性的大浪潮，也经历了多次全球性的危机，但迄今为止的现代化进程都是在一个个民族国家范围内进行的。现代化研究离不开这一个个国家的"建国"或者"国家重建"问题，也就离不开对革命与革命战争的研究。实际上，对从尼德兰革命、英国革命、法国革命、美国独立与建国一直到20世纪革命与民族解放斗争的研究，一

---

① 杨念群：《中层理论》，江西教育出版社，2001，198—199页。

直都是我们在做的事。在中国和其他众多发展中国家，以革命的手段取得民族独立、国家重建和人民的解放，是自主的现代化进程的第一步。研究现代化问题当然应当高度重视对革命的研究。这也是开拓现代化研究新领域的老一辈学者的希望。我以为，我们今天在新形势新条件下继续深入研究现代化问题，应当有更恢弘的视野，更宽广的胸怀。如果大家认为现代化是近现代世界史的一条基本主线，那么，一切对这段历史的实事求是的研究，不管采取什么方法、采用什么理论框架，政治史的、社会史或新社会史的、文化史、心态史的，都是我们所需要的。反之，如果无实事求是之意而多了哗众取宠之心，即使一篇文章或者一本书从头到尾写满"现代化"或者"革命"，也无济于事。

所以，我以为现代化研究者要多研究问题，少谈些"主义"。这是借用胡适的话。少谈不是不谈。但还没有搞清楚就不要随便谈。例如当年的"新权威主义"，近些年炒得比较热的"后现代主义"，乃至民族主义、自由主义等等，就有不少是概念还没有搞清楚，就盲目跟着喊或者跟着批。正像贝克所说："一切都'后'了。"随之而来的是事情开始变得暧昧不清，概念含混，"以至于一只猫都会逡巡不前而不敢冒险涉足其间"。① 即使是社会主义与资本主义，也像列宁当年说过的，"我们不得不承认我们对社会主义的整个看法根本改变了"。② "今天只能根据经验来谈论社会主义。"③ 当代世界最多的时候曾经有将近 80 个国家自称社会主义，仅在亚非拉民族独立国家中就有 40 多个。其实多数国家所实行的都是"混合经济制度"，不过比重不同而已。如果马克思和斯密活过来，恐怕他们都难以找到自己所主张的那个"主义"的现实形态。若是只看招牌，如果只要增长不顾公平，这样的"社会主义"不比罗斯福强调"免于匮乏"和"免于恐惧"的新自由主义高明，甚至会导致劣质的"权贵资本主义"。④ 若是看内容，基尼系

---

① 〔德〕乌尔里希·贝克：《风险社会》，何播闻等译，译林出版社，2004，"序言"第 1 页。
② 列宁：《论合作制》，《列宁选集》第 4 卷，第 687 页。
③ 《列宁全集》第 34 卷，人民出版社，1985，第 466 页。
④ 2005 年中国经济学奖"授奖理由"中，就将提出"警惕滑入'权贵资本主义'"作为获奖者"多方面的贡献"之一。参见《中国经济学奖刘国光、吴敬琏授奖理由及答辞》，《新华文摘》2005 年第 13 期。

数 0.2 跟 0.4 哪个更接近社会主义的原则？似乎也不需要争论。普遍贫穷不是社会主义，贫富悬殊也不是社会主义，官商勾结、等级特权当然更不属于社会主义。和谐的、普遍富裕的社会，建立在民主、自由、人权基础上的社会，才是我们的理想目标。我们今天也都已经认同邓小平所说的，社会主义也可以搞市场经济，资本主义也有计划。二者的道路选择和终极标的确有不同，但在推动发展现代大工业生产力这一点上是一致的。在这个问题上持僵化的教条主义的态度，硬说资本主义只能做到"近代化"，社会主义才能"现代化"，这样的区分既不符合发展中国家仍在竞相奋起追赶发达国家的事实，也不符合学理，对于现代化研究完全不可取。

其实我们在研究中所要处理的，多数是在不同背景下性质各不相同的问题，例如现代世界体系中各国在自由贸易与关税保护之间的决策变化，基本上不是什么"主义"之争，而是彼时彼地不同的国家或群体利益的博弈。用"主义"一言以蔽之，反而耽误了我们不断地发现和解决新问题。要回答的问题其实很多。例如像中国这样的发展中大国要不要实现现代化，推行什么样的现代化。最近有位我很尊敬的学者兼社会工作者很严肃地提出："现代化对中国人来说，它恐怕不是梦，也不是现实，它是一个伪科学，其伪化的，是西方人放在你面前的海市蜃楼。"[①] 这些当然是现代化研究者首先必须面对的重大问题。再如弗兰克等人提出的新的世界体系理论和整体史观，"加州学派"的中英近现代历史比较，孟席斯对郑和航海与美洲发现的新发现，包括荷兰、美国在内的一些国家独立与建国之初中央政府权力强弱（从分权到集权，还是从集权到分权）与其经济社会发展的关系，德、意、日等后起现代化国家的对外侵略扩张与早期西、葡、荷以及率先工业化的英、法等国对外侵略扩张的异同，以及现代化与战争的关系，同一个地区两个大国同时崛起是否必然导致战争？上述种种，涉及现代化研究所必须解决的比较历史研究的类型学标准与研究方法、现代世界体系的形成与演变、现代化带来的国际关系新变化、和平发展与战争的转换等，都是重要的"问题"。正是在现代化、全球化高涨的 20 世纪，发生了人类历史上前所未有的两次世界大战。入江昭在《20 世纪的战争与和平》中警

---

① 温铁军：《我们还需要乡村建设》，《开放时代》2005 年第 6 期。

告"战争是确定现代社会前途的一个重大事件。全世界正面临着灭亡的危险",而"和平不过是一段时期没有战争的状态"。① 最近又有中国学者提出"在20—30年代,中国的经济迅速崛起,但亚洲不可双雄并立,日本必然要跟中国发生战争,因为市场和资源是有限的"。② 吉登斯的《现代性的后果》一上来就讲:即使是社会学思想之父当中对现代世界最为悲观的韦伯,也没有预见到现代性更为黑暗的一面究竟有多严重。20世纪是战争的世纪。一亿以上的人在战争中被屠杀。军事冲突构成了现代性在本世纪的主要的"阴暗面"。他还认为极权的可能性就包含在现代性的制度特性之中,它的结果比传统的专制更为恐怖。③ 鲍曼的《现代性与大屠杀》更明确提出,纳粹对犹太人的种族灭绝行为跟现代性有密切关系。该书导论部分的第一个小标题,就是"作为现代性之验证的大屠杀"。④ 这些学者提出的问题都非常重要,需要我们通过深入的研究做出自己的解答。

提出"超越"或者叫"自省",是从先师罗荣渠先生的两段话生发出来的。一段是讲现代化进程的内在矛盾和现代发展必然带来的各种负效应,认为"这些负效应不是随着现代化的全球扩散而减弱,相反,而是日益增长。这是不论哪种类型的现代化都还不能解决的新问题"。所以,"现代化绝非人类进程的最高阶段,而是一个大飞跃的阶段,但这个阶段终将被超越"。⑤ 另一段是对现代性(modernity)的批评,讲到西方的单一现代性是对现代工业社会特征的一种理想型假设,其实质是西方理性主义,是韦伯式的"理想形式"。"对现代性的重新思索,必然导致对单线式的人类进步观的重新审视,从而也必然会引向对已被一脚踢开的前现代文明中的一切有价值的遗产的重新估价。"⑥ 两段话都很长,恕难在此全引。文中所表达的思想,我认为基本上已经转述出来了。

一直都有人把现代化看作历史的终结,误认为现代化的实现等同于人

---

① 〔日〕入江昭:《20世纪的战争与和平》,李静阁等译,世界知识出版社,2005,第7—11页。
② 温铁军:《我们还需要乡村建设》,《开放时代》2005年第6期。
③ 〔英〕安东尼·吉登斯:《现代性的后果》,田禾译,译林出版社,2000,第7—8页。
④ 〔英〕齐格蒙·鲍曼:《现代性与大屠杀》,杨渝东、史建华译,译林出版社,2002。
⑤ 罗荣渠:《现代化新论(增订本)》,商务印书馆,2004,第171—172页。
⑥ 罗荣渠:《现代化新论(增订本)》,第237—241页。

类最高理想社会的到来。主张资本主义终结历史者是如此，反对资本主义终结历史者也这样说。现代化"征服和索取"的基本内涵——包括以现代科学技术为武器向自然界征服和索取，以及一些地方和国家的发达以另一些地方的不发展或者病态发展为代价——决定了它只能是一个充满内在矛盾的历史阶段。这个阶段如果不被超越，全人类共同的美好家园、理想社会的建立是没有希望的。在这方面社会学家、历史学家都已有大量论述。中外学者对科学与人文、知识与智慧、传统与现代、"新轴心文明"和现代性多样性、"会通中西"文明对话与"改革儒学"的思考，也是可供我们在研究中吸收或借鉴的思想资源。简单地说，我觉得现代化研究不仅应当有对现代发展中断、挫折与失败的总结，也应当包括对"现代化"本身的批评和反思，甚至包括对世界范围内的反现代化思潮的整理和研究。只有"超越"现代化才能真正理解现代化。在现代化研究中这样一种"价值中立"的态度是可取的。

以上所说其实多是重复前人已经说了多少遍的大白话，本身没有什么"创新"，达不到基地和论坛的要求。这次论坛聚合了不少国内中青年知名学者。大家在一起交流切磋，一定能碰撞出不少新的思想火花来。建议"创新基地"今后多举办这样的论坛和更专门的研讨会，以供大家提交论文展开讨论，除此以外，还可以在互联网上搭建日常交流的平台，建立一个BBS式的或者类似博客的网站。有关的论文和课件也可以互相交流，以利于取长补短，共同提高。以尽可能少的人、财、物投入，换取尽可能多的信息量和思想成果。这也是一种现代化——学术交流和知识增长手段的现代化。

本文为在2006年南开大学"世界现代化进程研究高层论坛"上的发言，原刊于《南开学报》2006年第3期。

科学技术、生产力、现代化的本质特征与"未来景象"

"现代化"作为一个科学认识和研究的对象,无论其意指一个历史进程,还是指一种目标、愿景,在中国知识界都经历了从褒义到贬义,再到褒义的演变过程。在20世纪30年代《申报月刊》组织的讨论中,不同政治思想倾向的学者异口同声鼓吹现代化,这已为世人所共知。新中国成立以来,中国政府和中国人民始终不渝地将现代化作为自己的奋斗目标。从1954年到1975年,从第一届人大第一次会议到第四届人大第一次会议,每次《政府工作报告》都提出或重申要实现"四个现代化",并且对具体的实施步骤做了越来越详细的规划。① 然而与此同时,"现代化"作为一种理论研究的对象却一直被视为禁区。这种形势直到80年代中期才有所改变。二十多年后的今天,如果宣称国人已经普遍对"现代化"持积极的、赞扬的态度,应当不是妄说。

然而,现代化的本质特征究竟是什么,现代化——或曰当今世界发展——可以预见的未来前景如何,却仍然是一个众说纷纭、有待深入探讨的课题。把两个问题作为一个课题,是因为它们相互关联密切。简单地说即:前者决定后者,反过来,后者又能折射出前者。

现代化从来不是一个先验的从抽象思维中产生出来的理论概念,我们应当从历史经验的角度,从政治、经济、社会、文化等不同层面来考察其内容,探寻其本质。

---

① 《周恩来选集》,人民出版社,1984,第132—145、412、439、479页。

一

首先让我们来看一下前人对西欧现代化历史经验的总结。

有些人至今仍然将现代化看作虚幻的、未曾发生的历史，或者只看到它阳光明媚的一面。事实上，现代化的世界进程是一个既有空前的历史进步意义又充满内在矛盾、不可否认也没有人能够逆转的客观史实。正如伯曼所说："假如我们向前推进 100 年左右，试图确定 19 世纪现代性的主旋律和主音色，那么我们首先会注意到的便是那幅高度发达、明显可辨、生机勃勃、并由此产生出现代体验的新景象。在这幅景象中，出现了蒸汽机、自动化工厂、铁路、巨大的新工业区；出现了雨后春笋般的大批城市，常常伴随着可怕的非人待遇；……出现了日益强大的民族国家和资本的跨民族集聚；出现了各种大众群众运动……出现了一个不断扩展的包容一切的世界市场，既容许最为壮观的成长，也容许骇人的浪费和破坏，除了不容许坚固不变，它容许任何事物。"① 伯曼所描绘的"19 世纪现代性的主旋律"，反映了西方早期现代化的本质特征：一方面是工业化、城市化，是生产力的高度发展；另一方面是可怕的非人待遇和骇人的浪费与破坏。两个方面相辅相成，如同一枚硬币的两个面。

马克思在《资本论》第一卷德文版序言里有一段话引人深思：

>……如果德国读者看到**英国工农业工人所处的境况**而伪善地耸耸肩膀，或者**以德国的情况远不是那样坏而乐观地自我安慰**，那我就要大声地对他说，这正是阁下的事情！
>
>问题本身并不在于资本主义生产的自然规律所引起的社会对抗的发展程度的高低。问题在于这些规律本身，在于这些以铁的必然性发生作用并且正在实现的趋势。工业较发达的国家向工业较不发达的国家所显示的，只是后者未来的景象。

---

① 〔美〕马歇尔·伯曼：《一切坚固的东西都烟消云散了——现代性体验》，周宪等译，商务印书馆，2003，第 19—20 页。

撇开这点不说，在资本主义已经在我们那里完全确立的地方，例如在真正的工厂里，由于没有起抗衡作用的工厂法，**情况比英国要坏得多**。在其他一切方面，我们也同西欧所有其他国家一样，不仅苦于**资本主义生产的发展**，而且苦于资本主义生产的不发展。除了**现代的灾难**而外，压迫着我们的还有许多遗留下来的灾难……①

很明显，马克思在这里对已经实现工业化、现代化的英国社会状况持批判的态度。与此同时，马克思比较了"工业较发达的国家"（这里指英国）和"工业较不发达的国家"（不只是德国），尖锐地指出后者"不仅苦于资本主义生产的发展，而且苦于资本主义生产的不发展。除了现代的灾难而外，压迫着我们的还有许多遗留下来的灾难"。这里既有对发达社会（伯曼所描绘的"19世纪现代性"、"现代体验的新景象"）阴暗面的揭示，也有对现代化进程须同时遭受双重灾难的分析。结论很清楚：社会发展不会因为"现代的灾难"而止步不前，停留在"情况比英国要坏得多"的欠发达状态，但"工业较发达的国家"所展示的，绝非理想中的千禧年王国，对工业化和现代化的"未来景象"，既不能逃避，也不能一味美化。

进一步我们还应看到：迄今已经全面展开的世界性现代化进程，在造就空前未有的历史大变革的同时，也带来前所未有的全球性的矛盾和冲突。如同狄更斯在《双城记》开头所写："……这是希望的春天，也是绝望的冬天。……我们似乎立刻便要上天堂，但也可能很快便入地狱。"光明与阴影同时存在，人们必须居安思危。

现代化与"现代性"紧密相连不可分离，二者之间不存在谁代替谁的问题。现代化可以被简要地定义为"一种创造现代性状况的过程"，② 而构成现代社会本质特征或曰"现代化过程中所具有的社会生活和文化的特定形态"的"现代性"，③ 是一个充满矛盾的统一体。二战特别是冷战结束以后，现代化进一步向全世界扩展，形成全球化的大浪潮。冷战结束之际，

---

① 马克思：《资本论》第1卷，人民出版社，2004，"序言"。黑体为引者所加。
② 〔美〕德里克：《当代视野中的现代性批判》，《南京大学学报》2007年第6期。
③ 〔意〕艾伯特·马蒂内利：《全球现代性》，李国武译，商务印书馆，2010，第13页。

福山曾预言世界文明的终结——终结于西方现代资本主义文明，但更多的人看到的是新的比冷战更严酷的"文明冲突"，而且很快就被一系列全球性的恐怖袭击和战争所验证。这也正像伯曼所说："现代的环境和经验直接跨越了地理的和种族的、阶级的和国籍的、宗教的和意识形态的界限：在这个意义上，可以说现代性把全人类都统一到了一起。但这是含有悖论的统一，一个不统一的统一：它将我们所有的人都倒进了一个不断崩溃与更新、斗争与冲突、模棱两可与痛苦的大旋涡。所谓现代性，也就是成为一个世界的一部分，在这个世界中，用马克思的话来说，'一切坚固的东西都烟消云散了'。"①

充满矛盾和变动不居，可以称为迄今为止世界现代化的本质性特征。一方面是人类社会的巨大进步，另一方面，刚刚摆脱旧的折磨，马上又要体验新的痛苦。整个世界正在面临规模空前的风险和危机，包括各种经济、政治、社会风险与危机，能源危机，生态危机和生化灾难，核战争恐怖和灾难，全球化大趋势下新的失落和认同危机，等等。

正因为现代性充满矛盾、充满变数，人们才会对它众说纷纭，种种理论观念如"单一的现代性"、"欧洲现代性"（Euro-modernity）、"殖民现代性"（colonial modernity）、"晚期现代性"（late modernity）、"第二次现代性"（the second age of modernity）等，让人目不暇接。而"多元现代性"（multiple modernities）、"另类现代性"（alternative modernity）等，都指向那个把全人类都统一到了一起的"大旋涡"，说明今日已经将全世界绝大多数人口卷入的现代化进程，只能是一个构建"不统一的统一"、多元一体的全球社会的过程。简单地说，我们应该批判地看待"现代性"，认清现代化充满矛盾的本质性特征，如同批判地看待当今的全球化浪潮一样，既要看到其积极的正面的价值，又要认真对待、逐个解决它带来的严重问题。

二

既然现代化不能等同于西欧早期工业化，那么，非"西化"的现代化

---

① 〔美〕马歇尔·伯曼：《一切坚固的东西都烟消云散了》，第15页。

又有哪些能够反映其本质特征的内容呢？要想说清楚这个问题，首先要厘清现代化与生产力发展的关系。

有人认为现代化就是发展生产力，说得比较完整一点也不过是发展经济和改善民众福祉，也被理解为强国富民。下面的说法很有代表性："现代化是指什么？是指生产力。……生产力不包含生产关系的含意，不包含社会形态的含意。"所以，"就像不能说资本主义现代化一样，也不能说社会主义现代化。……说现代化物质文明，还马马虎虎，说现代化精神文明，就不太合适。……有资本主义社会的精神文明，有社会主义的精神文明。这些文明的内容和本质是不一样的。笼统说现代化精神文明，不知道你是说哪一种精神文明"。① 对现代化的这种认识，跟将现代化等同于工业化一样，是片面而有害的。

现代化意味着从传统的以农业为主的社会向现代工业化社会的大变革。在这场史无前例的变革中，现代大工业生产力的形成和发展是非常重要的。其中，技术革命和科学革命又起了领头作用。从而，科学技术被称为"第一生产力"。既有的三次世界现代化大浪潮，都是由科技革命和工业革命所带动的生产力大飞跃所造成的。其中，科学技术进步又是工业革命的动力。

现代科学技术不仅具有"生产力"方面的功能，而且具有"精神文化"方面的功能，包括促进现代人文主义的产生和发展。科学主义和人文主义代表了现代化进程中的两种思维模式，前者从自然的角度出发，把人看成自然秩序的一部分；后者则以人为中心，透过人的视角，从人的经验出发了解自身、认识自然。但这并不是说科学与人文互为歧路。科学注重求真，其成果当属"物质文明"；人文则重在求善、求美，当属"精神文明"。两个现代文明合在一起，才能说明现代化的本义。科学的第一个样本是哲学，哲学是"爱智"之学，自由之学。所以说，科学一开始就是关乎自由的学问。现代人文主义又在很大程度上受到科学革命、工业革命的影响。培根所确立的实验观察和归纳推理法、牛顿提出的运动三定律和万有引力定律，不但奠定了现代自然科学的方法论基础和理论框架，而且引发了观念形态

---

① 项观奇：《社会主义现代化的提法是错误的》，http://www.maoflag.net/? action-viewthread-tid-581459.html，2011年6月2日。

的革命；宗教神秘主义的面纱被理性之手撩开，人类从对自然的恐惧的阴影下走出来，重新审视自身的价值和能力，奠定了批判理性的人文主义基调。西欧许多最著名的启蒙思想家，如狄德罗、伏尔泰、孟德斯鸠、卢梭，其思想的人文主义光辉、对传统的批判锋芒，都直接来源于科技发展所带来的信心和乐观态度。

总之，对于工业化、科学技术和生产力大发展对现代化的意义和重要性，无论怎么估计都不会过高。从19世纪后期迄于今日，中国人所看到的跟西方国家的差距，首先是科学技术与生产力，实现"四个现代化"首先所要着手的也是提高科学技术与生产力。在今天发达国家主导跨国资本流动和全球自由贸易的背景下，中国要实现可持续性经济发展，只能诉诸不断的科技创新和提高生产力，以科技和工业的现代化带动社会和人的现代化，否则就会空背"高速增长"、"贸易顺差"之名，而坐跨国公司的廉价加工基地之实。

但是，不能把现代化的本质属性简单地规定为发展生产力。正如火车离开车头无法前行，先进生产力犹如现代化的火车头，但是它不能囊括现代化的道路、目标和现代化的列车所承载的内容。生产力和科学技术的发展虽然有着自身的内在逻辑，但离不开其承载者——人——所赖以存在的社会经济制度体系。没有一个良性的国内制度和国际社会秩序，生产力有可能停滞甚至倒退。这在前现代是如此，例如西欧古代的辉煌被中世纪的"黑暗"所取代，中国历史上一次次改朝换代造成生产力的大破坏；现代依然如此，军国主义的兴起和两次世界大战就是最好的例子。因此，即使为了发展生产力，也必须变革生产关系和上层建筑，使之互相适应，而这些都是现代化的内容。

对生产力发展在现代化中地位的认识，涉及对现代化意义的认识。就拿"第一生产力"——科学来说，历史与现实中，无论自然科学还是社会科学都会遇到这样一类尴尬：医学科学可以延长垂死病人的生命，却不能顾及病人的痛苦和愿望，不考虑该生命继续存在的意义；艺术科学探讨艺术品产生的条件，却不追问它是否跟人类的博爱精神对立。甚至还有更难堪的局面，例如物理学和化学的发展导致大规模杀伤性武器；基因技术导致各种危害性转基因食品甚至出现克隆人怪物的危险;经济发展理论在促进财富增长的同时,也导致巨大的贫富悬殊;人类运用先进科学技术征服自然,在带来生产力巨大发展的同时,也造成对自身生存环境的严重破坏。英国宇宙学家马丁·里在他即将出版的新书《最后的世纪》中预言,地球在未来200年内将面临十大迫在眉睫的灾难。这些灾难多数都与现代科学技术和工业化有关。① 所以,很难证明科学所描述、改造或创造的世界是否值得存在。

科学具有"唯一的"、理性的尊严,但人的价值选择却可能是多元的、相对性的。从科学中找不到人"应当如何生活"的答案,科学不提供人生指南。当然,不是说科学家都是没有人文关怀的科学主义者。相反,许多科学家都充满了人文精神,这可以爱因斯坦为代表。这位20世纪世界最伟大的科学家,却严厉批评"在战争时期应用科学给了人们相互毒害和相互残杀的手段。在和平时期,科学使我们生活匆忙和不安定。它没有使我们从必须完成的单调的劳动中得到多大程度的解放,反而使人成为机器的奴隶"。他告诫人们"关心人的本身,应当始终成为一切技术上奋斗的主要目标;关心怎样组织人的劳动和产品分配这样一些尚未解决的重大问题,用以保证我们科学思想的成果会造福于人类,而不致成为祸害"。他甚至明确提出"关于目标和价值的独立的基本定义,仍然是在科学所能及的范围之外"。② 因此,如果将现代化定义为以人为本的社会发展,科学技术和生产力就只是手段,他们必须很好地受到控制,才能"造福于人类而不致成为祸害"。

现代科学技术革命是在现代世界资本主义体系内强大的利润驱动和巨大的竞争压力下产生的。后者的发展趋势决定着科学技术的基本进程。扩张性、掠夺性是现代世界体系的基本特性,这一方面为现代科技的持续、快速发展提供了不竭的动力源,但另一方面,也将其功用引向一个又一个

---

① http://wenku.baidu.com/view/28e40bed102de2bd960588d7.html,2001年6月16日。所谓十大灾难,其中有六个(高能粒子碰撞可能产生黑洞、机器人接管世界、纳米机器人自我复制、生化病毒、地球温室效应、战争和核武器)跟现代科技和工业化有关。其余为超级火山爆发、地震引发世界经济危机、小行星碰撞和其他大自然的不可抗力。
② 许良英等编《走近爱因斯坦》,辽宁教育出版社,2005,第69—70、105、125页。

死胡同。除了不断制造新式武器用以毁灭性战争，环境、能源问题从资本主义早期就开始积累，到20世纪50年代，弊端逐渐显示出来，成为人类所面临的一大公害。从煤烟污染，工业"三废"污染，石油、化工、毒气污染，到农药污染、核污染和噪声污染，都使人类的生存环境遭到极大破坏，人的生命健康受到严重威胁。正是在此背景下，新一代科学哲学家提出了"进化认识论"、"科学历史主义"和"让科学回归人文"，关心科学产生的社会文化条件，强调科学研究是人的活动，指出科学与人文的分裂是知识体系分科化、专业化的结果，而知识的专科化又来自诉求效率与力量的技术理性。所谓"弘扬科学精神"，不应当是特别地张扬科学的优越性，而应当在科学与人文合一的层面上重新审视自由与理性。

因此，将科学与人文结合起来，将由科学技术引导的生产力发展与对人及其生存环境的关怀结合起来，将现代经济发展与现代文化思想建设、制度建设结合起来，才能说明现代化的本质。中国政府反复申明的"三步走"战略，以经济建设即发展生产力为中心，以不断的经济体制改革、政治体制改革和思想文化建设为动力，以和谐社会、共同富裕为目标，囊括了现代化的核心内容，也体现了现代化的本质。

如上所述，现代化大变革绝不仅仅是发展生产力，它还必须包括人的自由、解放和社会的发展，这就要求在发展生产力的同时对政治经济制度和思想文化进行全面的变革，由此而构成现代化的各个有机组成部分或"分进程"。这些分进程在不同国家和地区因不同的性质、不同的顺序排列而形成了现代化的不同道路、不同模式。所谓"西化"，也可以称作资本主义现代化，粗略地说，就是在资本主义框架下或者以资本主义为目标的现代化。非西方国家尤其是社会主义国家的现代化不能走西方资本主义国家当年掠夺性、扩张性现代化的老路，而需要另辟蹊径。这就要求在社会变革、思想文化的传承与创新、经济和政治制度创新、科学技术创新等方面做新的探索。所谓"现代精神文明"是针对传统文明而言的。但现代精神文明不等于资本主义精神文明。社会主义精神文明应当是一种比资本主义精神文明更高级的现代文明。建设社会主义精神文明，正是社会主义现代化这一具体而非抽象现代化进程的一项重要带有本质性的特征。

在中国，这种有自己特色的精神文明的结晶，就是人们正在探讨的、建立在华夏传统文化基础上的社会主义法治、民主与自由。法治是针对人治而言，民主的对立物是专制，自由的对立面是各种各样的特权压迫。当今世界没有哪个人敢于公开主张专制特权而公然反对民主自由。这些看起来都是具有普遍性价值的观念或制度，东西南北各个民族各个国家，"早发展"、"迟发展"各种现代化模式，概莫能外。然而仔细分辨，就能看出其中的差别。就拿"人权"来说，人权是社会现代化、政治现代化的题中应有之义。一个现代化的社会当然不可能没有人权，争取实现法治化、民主化等现代化目标，不可能不实践人权。现代西方各国的人权观念源于早期启蒙思想家关于人皆生而自由平等的自然权利假设，其人权实践则基于维护资本主义制度的起码需求。这种人权是狭隘的，其实践具有欺骗性，所以马克思批评它是"资产阶级所有权"、"本身就是特权"，① "平等地剥削劳动力，是资本的首要人权"。② 中国人的人权观念最早也是从西方舶来的自然权利概念。"五四"前后的新文化运动猛烈抨击君权、族权、夫权等传统特权，积极倡导个人自由、个人解放，为人权在中国扎根也为现代化在中国的扩展奠定了基础。但是，这不等于说中国的人权理念和实践就是照搬西方的。事实上，正如许多研究者所指出的，中国传统文化中也有许多跟现代人权接榫的因素，如人权所包含的人道精神、大同精神，在中国传统文化里都能找到而且相当丰富。缺少的主要是民主法治。现在，中国政府已经签署了联合国《世界人权宣言》和其他有关的国际公约，不仅关注重在保障个人自由的第一代人权，更关注着重于为个人自由与基本生存权利提供社会经济条件的第二代人权和包括发展权、环境权在内的第三代人权。中国学者也正在积极探讨符合最广大民众利益的人权理论和民主与法制体系。有了这些政治制度和社会文化建构做保障，加上可持续经济发展所造成的高度物质文明，假以时日，未来的中国将是一个国内社会和谐、人民安居乐业，国际上与所有平等待我之民族和平共处的高度民主自由平等与法治化的繁荣富强的理想国度。所有这些目标实现之日，也就是中国

---

① 《马克思恩格斯全集》第3卷，人民出版社，第57、229页。
② 马克思：《资本论》第1卷，人民出版社，2004，第324页。

现代化达成之时。"沿着这条社会主义现代化道路前进，中国必将会有一个更加光明的未来。"①

当前国际政治经济格局给了中国人以难得的历史性机遇，然而，来自国外和内部的各种困难、挑战也将继续与机遇相伴随。社会主义现代化将给中华民族带来美好前景，中国实现现代化也将预示全世界的美好前景。但前进的道路不会平坦，曲折和反复在所难免，我们必须尽力少走弯路。

三

世界现代化或曰当今世界的发展趋势和未来前景，是"世界体系"的扩展或曰"全球化"。这个"世界体系"由全球性的资本流动、生产与交换，具体体现于各种各样的跨国金融往来、跨国贸易和跨国生产，以及维护这些活动的国际机构、国际组织所构成。套用沃勒斯坦的概念，这是一个"世界政治经济体"（world-political-economy），也是一个充满矛盾斗争的统一体。迄今为止，这个世界政治经济体各个部分的规章制度，基本上是发达的"中心"国家制定的。几百年来，处于体系"边缘"的国家和地区针对"中心"国家的侵略压迫进行了不懈的反抗，以争得体系中平等的一席。他们的经验证明，只有苦苦力争，平等、和谐的世界秩序才有可能实现。居于体系"中心"的少数发达国家凭借其科学技术、工业和军事实力，以不平等交换为手段，力求维护其在世界经济、世界市场的霸主地位；与此同时，"中心"的"国家阶级"（state class）也不惜放低身段，以各种"跨国"形式，居高临下地与"边缘"的资本拥有者联合起来。相形之下，下层劳工的世界性流动与国际合作，以及"边缘"国家和地区之间的平等合作，则落在了后头。

迄今为止的世界现代化进程，其基本载体不是各殖民帝国和霸权相继支配下的"世界"，而是一个个独立的民族国家。早期资本主义现代化是如

---

① 温家宝：《未来中国的走向——在英国皇家学会的演讲》，2011 年 6 月 27 日，伦敦，http://news.ifeng.com/mainland/special/wenjiabaofangouzhousanguo/content-3/detail_2011_06/28/7289875_0.shtml.

此，正如布罗代尔所说，资本主义之成功端在它与国家互为一体，它本身即成为国家。迟发展现代化依然如此。在"中心"与"外围"地位仍然悬殊而全球化日益扩展的今天，迟发展国家要想实现现代化，尤其需要捍卫自己的独立、主权。因此，迄今为止世界体系中最重要的层级、最重要单位，仍然应当是"国家"，包括多民族国家和单一民族国家。地区—国家和世界体系的关系，是部分与整体的关系、特殊性与普遍性的关系，我们既不能只见树木不见森林，也不能无视不同民族、国家和地区历史的个性与特殊性，不能忽视世界各国现代化的多线性和多条道路。民族国家是现代世界体系中最活跃的因素，民族国家体系仍然是现代世界体系中最重要的次体系。如果不忽略500年来国家（以及国家集团）之间的战争、强国的霸权争夺与更替、西方国家的殖民扩张与东方各国的民族解放运动，不掩饰"中心"对"边缘"的侵略、控制，不抹杀殖民地的反抗斗争和胜利成果，就不能不重视"国家"。尤其是从"非西方"的角度看，一百多年来，民族国家的形成和巩固，是非欧洲、非西方各民族人民摆脱西方压迫剥削的利器，无论从"亚国家"还是从超国家的角度削弱之，都是非历史的。即使在全球化日益深入的今天，主权国家仍然是世界体系的基本结构、基本格局。消解了现代民族国家，也就消解了现代世界体系本身。全球化的大趋势对国家主权的确形成有力的冲击，但正如全球化本身，这种冲击既有正向的，也有逆向的。既有联合国、欧盟这样的超国家、跨国家、区域或全球性的新型组织结构对国家部分主权的取代或削弱，也有超级大国、霸权国家通过自身"外部主权"的扩张对周边和世界其他国家主权的威胁与削弱，还有达伦道夫所称的"强大的反向发展趋势"即追求比现有民族国家更小的空间，"它的主角不是加拿大，而是魁北克；不是英国而是苏格兰；不是意大利而是帕达尼"。[①] 苏联和南斯拉夫的解体、科索沃战争、非洲一些国家的冲突与分离运动等在在说明，这类反向运动常常造成巨大社会灾难。关注世界现代化的现状与前景的研究者，应当充分关注现代民族国家的发展演变；对针对它的正向、逆向运动，都应当给予足够的分析评

---

① 〔德〕乌·贝克·哈贝马斯等：《全球化与政治》，王学东等译，中央编译出版社，2000，212页。

价。同理，对现代世界体系里"中心"国家的现实和未来发展趋势，也应给予足够的关注。

原刊于《理论与现代化》2012年第1期，曾获第九届"中国现代化论坛"（北京，2011年8月）优秀论文奖。

以"一元多线论"为基础的"现代化范式"

一 什么是"以一元多线论为基础的现代化范式"?

"现代化"被广泛接受为一种史学"范式",大致缘起于美国学者德里克的专论《革命后的史学:中国近代史研究中的当代危机》。德里克所谓"范式危机",并不是一种"范式"取代另一种"范式",而是说"现代化范式"的出现,使"革命范式"支配中国近代史研究的局面为之改变,"历史研究丧失了中心"。① 德里克所举例证虽多出于美国当今汉学界,但所论"问题"已经触及中国大陆学者。严格地说,"现代化研究"是一个跨学科或称"科际整合"的领域,因而有关的"问题"不都属于历史学。然而,由于"现代化"客观上首先是一个历史范畴,史学界首先对其开展研究也是很自然的。

20世纪80年代以来中国大陆学者的现代化研究,扩大了历史研究的视野。就中国近现代史而言,从现代化研究的角度来看,从"改良"到革命,从东西文化、新旧文化的论战,以农立国还是以工立国的讨论,民主与独裁之争,到决定20世纪后半叶中国命运的历次大决战,一个半世纪以来激荡在思想政治舞台上的各种思潮、方案,以及与此相关的丰富多彩的社会

---

① 〔美〕德里克:《革命后的史学:中国近代史研究中的当代危机》,《中国社会科学辑刊》1995年春季卷。

经济变革、普通民众的日常生活变化,各种力量在各个社会层面的关系,都是围绕"中国的现代化"这一中心问题展开的。而先前以阶级斗争和政治革命为中心或"主题"的编史学却忽略甚至否定了许多这方面的内容。在理论上,现代化研究虽然与"革命范式"有剪不断的联系,但已经有其独立的品格,初步建立了自己的一套有特色的概念和论说系统,例如罗荣渠先生在《现代化新论——世界与中国的现代化进程》(以下简称《现代化新论》)中对"现代"和"现代化"的重新界定,现代化的全球性和世界现代化三次大浪潮说,中国近现代史作为世界现代化总趋势的一部分所展现的共性与个性特点如"四个趋势"(衰败化、半边缘化、革命化、现代化)、"三种矛盾"、"三次模式转换"说,"改革儒学"说,以及不同于西方学者的现代化类型学,等等。它的理论核心是"一元多线历史发展观",[①]因而被有的批评者恰如其分地称为"以'一元多线论'为基础的'现代化范式'"。[②] 此外,"现代化"研究者也不缺乏对现实进程的关怀,面对急剧的社会转型所带来的社会问题,一再发出"人文忧思的盛世危言"。其对社会主义发展战略的深层次思考,确已产生"振聋发聩,使人警觉"之效。[③]

"一元多线历史发展观"吸收20世纪人类知识发展的新成果,如世界体系理论,进而建构了系统的发展动力机制分析框架。它坚持以生产力而不是以生产关系或财产关系为标准衡量社会发展的程度,强调大工业生产力所引起的人类社会革命性变化。它的论述重点是世界现代化进程的"多线性"和造成现代化多模式、多路径的多因素互动作用,其中,多线发展与多因素互动相辅相成。它的一个突出特点是在对唯物史观的概述中既有原则性,又富于开放性,符合恩格斯晚年所表述的思想:"根据唯物史观,历史过程中的决定性因素归根到底是现实生活的生产和再生产。无论马克

---

① 详见罗荣渠《现代化新论——世界与中国的现代化进程》,北京大学出版社,1993,第3章、第4章(二);罗荣渠:《现代化新论续篇——东亚与中国的现代化进程》,北京大学出版社,1997,第54—57页。对历史发展单线论的批评(例如关于"亚细亚生产方式"的讨论)由来已久,但系统地探讨马克思以来的社会发展观、揭示单线论的症结所在、娴熟地运用东西方历史的丰富材料阐释"一元多线论"和多因素论并将其建构为一种史学范式的基础,则始于罗荣渠先生。
② 冯钢:《关于中国近代史研究的"现代化范式"》,《天津社会科学》2000年第5期。
③ 参见余敦康《我也介绍一篇文章》,《东方》1994年第6期。

思或我都从来没有肯定过比这更多的东西。……这里表现出这一切因素间的相互作用，而在这种相互作用中归根到底是经济运动作为必然的东西通过无穷无尽的偶然事件（即这样一些事物和事变，它们的内部联系是如此疏远或者是如此难于确定，以致我们可以认为这种联系并不存在，忘掉这种联系）向前发展。"① "一元多线历史发展观"迄今仍不是史学思想的主流，但它对整个思想理论界进一步正本清源、拨乱反正，确实起了推动作用。②

有批评者称"一元多线发展观""止步于抽象的生产力概念，没有进一步阐明生产力本身发展的原因和动力"，"忽略了人作为终极动因的作用"，所以"（现代化）新论"不"新"，是"生产力与生产关系相互决定的多元折中论"；"仍然停留在事实陈述或经验归纳的层次，尚未能进入因果关系链条的深层次分析，因而不能归为因果必然性规律，更不能说是普遍规律"。③批评者还称"新的历史发展观由此提出了覆盖整个历史时空的'三阶段'演进论，而且每一阶段的内涵都极为空泛，似乎这样就可以避免可能出现形态的多样性而被证伪"。④但只要看一下《现代化新论》第77—78页的两个图表，任何读者都能一目了然：所谓"三阶段"所指并非社会形态，而是对人类有史以来生产力发展的大体归纳，每个阶段内不同的社会（文化、文明）形态、发展道路（经济结构、政治制度）都是丰富多彩多种多样的。相反，对于某些历史单线论者抽象地谈"人的生产能力"，试图以空泛的"三阶段"或称"三大社会形态"说代替已经漏洞百出的五种生产方式系列，《现代化新论》恰恰持鲜明的批评态度。⑤此外，批评者称罗荣渠先生把现代化定义为从农业社会向工业社会的大转变"无异于说现代化

---

① 《恩格斯致约·布洛赫》，《马克思恩格斯选集》第 4 卷，人民出版社，1995，第 696 页。
② 罗荣渠《论一元多线历史发展观》一文在思想解放运动十周年纪念讨论会上获得普遍认同。关于罗荣渠现代化理论的建设性和开放性，牛可博士有很到位的评价。见牛可《历史对发展意味着什么?》，《现代化研究》第 1 辑，商务印书馆，2002。
③ 吴英：《关于现代化的含义、模式和规律——对〈现代化新论〉几个理论观点的评析》，《天津师范大学学报》2001 年第 5 期。
④ 吴英：《关于现代化的含义、模式和规律——对〈现代化新论〉几个理论观点的评析》，《天津师范大学学报》2001 年第 5 期。
⑤ 罗荣渠：《现代化新论——世界与中国的现代化进程》，79—80 页。

就是工业化","一系列难以回答的问题,都是由'现代化即工业化'的错误界定引起的";批评"把后发国家的现代化模式概括为'外源或外诱的现代化'……似乎西方国家充满善良愿望去帮助后发国家,而后者似乎依靠西方国家就有了实现现代化的便捷道路。这种错觉十分有害"。① 这些恐怕都是批评者自己的误解和错觉。实则《现代化新论》反复强调现代化是全方位的社会大变革,而不仅仅是工业化;对资本主义、殖民主义之"恶"的本性也是一贯持批判态度的。有心的读者可以看《现代化新论》第148页关于民主、民权、法治秩序、社会结构变化、普及现代教育等层面现代化进程的论述和第149页"经济发展—社会变革示意图",以及关于"半边缘化即半殖民地化"和"革命化"诸进程和形式的反复论述。所谓"外源或外诱",是说"后发国家"原来的历史进程被资本主义、殖民主义扩张打断。现代化的制度设计和观念形态都来自现代西方,而不是"后发国家"历史上自然发生的。这些思想和制度,如进化、理性、社会契约观念、工业主义、科学主义、市场经济、自由竞争等,本身更难以"善"、"恶"判断之。进化论是科学,从西方传入的社会进化和进步观念取代传统的循环史观是大势所趋。但进化论所揭示的"物竞天择、适者生存",也蕴含着听任社会内部和民族—国家之间弱肉强食的丛林法则。在一个相当长的时期,现代化的全球推进对强国和资本家是福音,对弱国和社会下层人民则带来"现代的灾难"。连李鸿章都知道:面临挟坚船利炮且"阴怀吞噬之计"而来的"数千年来未有之强敌",中国不能不求"变"求"自强",而"自强之道,在乎师其所能夺其所恃耳"!建立和维护资本主义世界体系的"核心"国家对"边缘"地区和国家哪有我们天真的批评者所说的什么"善良愿望",而且还能"充满"?

比之把"现代化"主要视为社会进化"目标"的西方诸现代化理论,"以'一元多线论'为基础的'现代化范式'"更多地把"现代化"看作一个有特定内涵的全球历史大变革"进程",看作一个并不具备终极目标价值而且道路模式选择多样的特定历史范畴,从而明确地使之成为史学研究的

---

① 吴英:《关于现代化的含义、模式和规律——对〈现代化新论〉几个理论观点的评析》,《天津师范大学学报》2001年第5期。着重号为引者所加。

对象，并由此初步形成了一个仅限于在中国和世界的现代化问题上有共同或至少相近的旨趣、信念、价值标准、理论背景和研究方法的"科学共同体"。这大体符合库恩提出"范式"一说时对它的界定。以"一元多线论"为基础的现代化与现代发展理论，不失为一种既有创新意义，又有应用价值的史学理论框架。在学界普遍感受到"史学危机"的情况下，现代化研究在史学殿堂的某些角落擦出了几片亮光，并渐渐引起越来越多的关注和参与，20年来已经有了可观的成果。以"现代化"为主题的世界和中国近现代史专著已经有上百部问世，以"现代化"为关键词的史学论文数量更几倍于此。论著的范围涉及对近代中国商会、教会和教会学校的研究，对晚清新政、改革措施、代表人物的研究，中国现代化的区域研究，中外现代化进程比较研究，对世界史上现代化的起源与动力、阻力与中断，殖民主义与现代化，现代化的不同道路不同模式等问题的研究，等等。[①] 跟20世纪60年代前后"革命范式"居统治地位时的史学研究相比，现代化研究20年来的成就并不逊色。其中，罗荣渠先生的代表作《现代化新论》以理论建设为主旨，但也不乏实证研究，其影响已经远远超出史学界，并且必将以其开创性和思想的深刻性载入当代学术和思想史册。

二 谁家的"现代化"？
——对西化式单线演进的现代化意识形态的反拨

20世纪80年代以来中国大陆学者的现代化研究，既是30年代前后知识界进行过的"中国现代化问题"讨论的继续，也是对战后西方现代化理论进行认真的学术批判和清理的结果。"现代化研究"从来就不限于某一派某一家。中、西两种现代化理论，基本的方法论和思想观点都大相径庭，

[①] 有关专著和论文的篇目从互联网上可以很容易地检索到。另，1998年以前的部分著述，参见林被甸、董正华《现代化研究在中国的兴起与发展》(《历史研究》1998年第5期)，1998年和1999年的部分著作和论文见《现代化研究》(北京大学世界现代化进程研究中心主编，商务印书馆)第1辑 (2002)、第2辑 (2003) 的"论著索引"。此外，据笔者所知，近年来世界史、中国近现代史各方向的学位论文选题越来越多地进入以前被"革命史"忽略的社会各领域，以"现代化"为主题词、关键词的也越来越多。

不能把它们混为一谈。

20世纪50—60年代盛行的现代化理论或发展理论，研究对象主要是非西方现代化中或发展中国家，但理论本身基本上是西方主流社会科学的派生物，而且除了个别人（如巴林顿·摩尔），几乎是清一色的自由派观点，并带有明显的西方中心主义倾向。英国史学家霍布斯鲍姆曾经批评西方现代化理论按照发达工业国家的模式，甚至按照20世纪中期美国的模式定义现代社会，"这些模式略去了大部分历史，以便专注于一个小小的、但人们公认很重要的历史阶段，甚至对这样一个小小的历史阶段，也大大简化了它的历史变迁的机制"。① 文明史的研究也告诉我们：世界各种文明的价值无高低贵贱之分，各大文明从来是相互影响而又平行（即多线）发展的。早在1943年，闻一多就已经发现："对近世文明影响最大最深的四个古老民族——中国、印度、以色列、希腊——都在差不多同时（按：指公元前1000年左右）猛抬头，迈开了大步。"② 雅斯贝斯在《历史的起源与目标》（1949）中提出的"轴心突破"概念，所指和闻一多所论基本相同。艾森斯塔特则把源于近代西方的"现代方案"定名为"第二个轴心时代"。③ 艾氏所谓"现代方案"，所据便是西方的"现代化理论"。但正如余英时先生所指出的，现代西方文明在近两三百年中宰制了世界，但它不可能统一全世界。"轴心突破"的几个大文化迄今仍然保存了它们的个性。④ 也就是说，"现代化"并不意味着人类文明最终会全盘"西化"或者"美国化"。

相比上述，以"一元多线论"为基础的"现代化范式"，突出了对西方"现代方案"——"现代化理论"之单线逐阶升进模式的清理和批评。具体说来，两种现代化论之间的差别可以归纳为以下几个方面：

（1）"现代化"是以西方为中心的单向"传播"过程，还是多因素作用下的多线性发展进程？西方学者将"现代化"经典性地定义为"西欧和

---

① 〔英〕埃里克·霍布斯鲍姆：《史学家》，马俊亚、郭英剑译，上海人民出版社，2002，第171页。
② 闻一多：《文学的历史动向》（1943年），转引自余英时《轴心突破和礼乐传统》，《二十一世纪》（香港）第58期，2000年4月号。
③ 〔以色列〕艾森斯塔特：《迈向二十一世纪的轴心》，《二十一世纪》（香港）第57期，2000年2月号。
④ 余英时：《轴心突破和礼乐传统》，《二十一世纪》（香港）第58期，2000年4月号。

北美产生的制度和价值观念从17世纪以后向欧洲其它地区的传播过程，18世纪至20世纪向世界其它地区的传播过程"。① 这种单线演进过程的具体化，可以罗斯托的"经济增长阶段论"为代表。他把世界各国的经济发展分为五个阶段，从传统社会开始，以"大众高消费"阶段结束。每个社会都在这一循序渐进的增长线上排队，或前或后，总能找到其位置。从而，"五阶段依次演进"被当作世界发展与现代化的普遍性法则，与马克思的"五种生产方式依次演进"公式相对立。

以"一元多线论"为基础的"现代化范式"则立足于对前殖民地半殖民地国家和地区自主发展道路的探讨，注重对现代化的不同道路、不同模式的比较研究；在现代化的目标和进程之间、传统与现代性和不同文化之间、世界现代化的共性与各国现代化进程的个性之间，侧重对具体历史进程的比较研究，对个性、特殊性的动态研究和对不同社会内在发展动因的研究；认为从历史发展多线性、多因素的观点来看，历史运动从来不是单向而是多方向的，起码是双向的。无论是在近现代欧美，还是在亚非拉，各种各样的抗拒跟"传播"和"学习"缠绕在一起。学习成为反抗殖民—帝国主义的途径。"传播"来的新思想成为民族觉醒和民族解放的武器。非西方文明各地区接受了民主、科学、理性、自由、平等、法治等现代理念，同时也使"现代性"反复被"重写"，演化出多种样式，而不是照单全收"西欧和北美产生的制度和价值观念"。

（2）对"现代化动力"的不同认识。受结构功能主义影响的现代化论片面强调科学革命、技术进步、知识增殖在现代社会变革中的作用，而忽略了制度和文化变迁的重要意义。布莱克也有一个"经典性"的现代化定义，强调的正是"知识激增"带来"功能变化"："如果必须给'现代化'一个定义，那么可以这样说，它是历史形成的各种体制对迅速变化的各种功能的一个适应过程，这些功能因科学革命以来人类控制环境的知识空前激增而处于迅速变化之中。"②

---

① 勒纳：《现代化》，《国际社会科学百科全书》第6卷，纽约，1965，第324页，转引自〔美〕西里尔·E. 布莱克《比较现代化》，杨豫、陈祖洲译，上海译文出版社，1996，第1页。
② 〔美〕布莱克：《现代化的动力——一个比较史的研究》，第7页，参见罗荣渠《现代化新论——世界与中国的现代化进程》，第97页。

以"一元多线论"为基础的"现代化范式"充分肯定科学技术是现代化的伟大推动力量，同时强调"历史的合力"，告诫人们要看到相同的科学技术条件在不同的社会经济关系中发挥着不同的作用。①

（3）对现代化目标的不同认识。从冷战知识分子的现代化论到后冷战时期的"历史终结论"，一致认为人类社会进化的历史最后将终结于"现代世界"。对此，伊格尔斯提出了比较温和的批评："现代化理论把现代世界看作是'历史的终结'，是一个福祉历程的产物，——这一点一般说来是过分乐观了。"② 相比之下，罗荣渠先生的批判则要尖锐得多：

>……现代化绝非人类进程的最高阶段，而是一个大飞跃的阶段，但这个阶段终将被超越。如果以为只要按现行的即使不很高的增长率稳定增长，再过几个世纪全人类就将进入极乐世界或至福千年（millennium），那就是被西方流行过的想入非非的现代化理论自我催眠了。自由派理论忽视或掩饰了现代发展带来的各种负效应，因此是非历史的假想。③

罗先生在别的地方也表述过"以现代工业生产方式为标志的整个历史时代只是人类社会发展的一个阶段"的思想。④ 笔者相信，对现代化"终极目标"论的这一批评，将会随时间演进而愈显其锋芒。

（4）理论基础不同。以新进化论为基础、以结构功能分析为工具的西方现代化理论，注重分析横向结构的静态模型，而不关心社会变迁的具体过程是怎样的。帕森斯是新进化论的代表、结构功能主义的大师，也是西方现代化研究的理论奠基者，他的将"传统"与"现代性"对举的五对"模式变项"（pattern variables），就是这种静态的结构分析的典型。但帕森斯并不认为这里有什么缺陷。他强调："对结构的分析应该超过对社会进化

---

① 罗荣渠：《现代化新论——世界与中国的现代化进程》，第97—98页。
② 〔美〕格奥尔格·伊格尔斯：《二十世纪的历史学：从科学的现代性到后现代的挑战》，何兆武译，辽宁教育出版社，2003，第19页。
③ 罗荣渠：《现代化新论——世界与中国的现代化进程》，第160页。着重号为引者所加。
④ 罗荣渠：《现代化新论——世界与中国的现代化进程》，第93页。

过程和社会变迁的分析。人们不需要因构造进化理论而去分析社会变迁的主要过程。事实上，这些都已经在生物学中得到了阐述，而生物学对结构和形态的研究包括解剖学在内都是进化论的基础。"① 意思是说，包括现代化在内的社会进化是无须论证的天然法则。在这种结构功能主义的现代化研究中，"传统"和"现代性"都是超历史的概念。"发展指数"可以做跨时空的比较。一项规划既然可以用于孟加拉国，对厄瓜多尔也就一定适用。典型的研究方法就是"做模型"（modeling）。案例研究（case study）的目的，就是揭示适合任何其他国家的一般原则。

以"一元多线论"为基础的"现代化范式"批评这种非历史的理论框架对抗突变论和革命转变论，认为从理论结构上说，它是按西方社会发展的模式构筑而成的现代世界的发展图式，一种主观的构想，经不起实践的检验。"把传统社会描绘成'静止的'、'没有变化的'社会，这是按近代西方社会的急剧变动的标准看问题，事实上传统社会绝非静止不变的社会。""殖民地社会可能是既非'传统'、又非'现代'，而是两者的混合杂交体。这是两分法的框架难以容纳的。又如，对工业社会的'同一性'也被夸大了。"②

综上可知，两种"现代化"理论界限鲜明。然而时至今日，仍有不少人将现代化研究当作"舶来品"，只知道将"传统"与"现代"截然两分的西方"现代化理论"，却无视一个世纪以来特别是近20年来中国学者辛勤探索的成果。由此而引起的种种虚妄悖谬，仍需要不断予以澄清。

三 要"一般历史哲学"还是要具体的历史研究？
——对另一种历史单线演进意识形态信条的冲击

长期以来，中国史学界受苏联史学体系影响，为"五种生产方式序列"的公式所指引。在一种单线决定论的思维方式支配下，世界各地区、各民族的历史成为整齐划一的五种生产方式有次序的一个产生一个、一个接替

---

① 转引自〔美〕胡格韦尔特《发展社会学》，白桦、丁一凡编译，四川人民出版社，1987，第65—66页。
② 罗荣渠：《现代化新论——世界与中国的现代化进程》，第38页。

一个的演进过程。由于过分强调生产关系、阶级关系的变革,"接替"或称"过渡"只能通过阶级斗争甚至暴力革命而没有其他的实现途径,所以阶级斗争就成了贯穿此单线演进的人类文明史的唯一主线。遵守不遵守"五种生产方式"演进的公式、讲不讲阶级斗争,成了衡量史学论著是否符合政治正确性的第一标准。很多人误认为"五种生产方式"单线演进的公式是马克思列宁主义关于社会经济形态发展的基本规律,却忘了正是列宁在谈到马克思有关社会经济形态的思想时首先指出的"两件事实":"马克思只说到一个'社会经济形态',即资本主义社会经济形态,换句话说,他研究的只是这个形态而不是别的形态的发展规律,这是第一。第二、我们还得指出马克思用以得出其结论的方法,这种方法……就是'精细研究有关事实'。"① 尽管质疑的声音越来越强烈,但不可否认,以"五种生产方式序列"为代表的单线发展观在中国学术界和思想界迄今居于支配地位。② 曾经有一些西方学者(小阿瑟·施莱辛格、西里尔·布莱克、罗斯托等)把马克思的发展思想理解为一种简单化的单向度的观点,"认为它完全是建立在一个线性的和决定论的经济增长概念之上的"。③

新时期现代化研究率先在史学界兴起,是对 50 年代以来中国政府曾经反复动员、今天正处于热潮中的现代化实践的回应,是史学界积极解放思想"拨乱反正"的成果,也是解放了思想的史学家"精细研究有关事实"的结果。当其起步之时,不要说提出与主导公式相背离的史学理论框架,即使是在对外国历史上的某一具体事件进行分析时"不讲阶级斗争",观点"与苏联学者论述不一样",④ 也是极需要勇气和智慧的。"一元多线论"对

---

① 《列宁选集》第 1 卷,人民出版社,1960,第 4—5 页。
② 参见孟彦弘《中国从农业文明向工业文明的过渡》;李根蟠、张剑平:《社会经济形态理论与古史分期讨论——李根蟠先生访谈录》,两文均刊于《史学理论研究》2002 年第 4 期。"社会形态与历史规律再认识笔谈"诸文和《中国社会形态及相关理论问题学术研讨会述评》,《历史研究》2000 年第 2 期。
③ 〔美〕塞缪尔·亨廷顿等著,罗荣渠主编《现代化:理论与历史经验的再探讨》,上海译文出版社,1993,第 5—6 页。
④ 刘北成:《"热月政变"学案——刘宗绪先生访谈录》,刘宗绪:《人的理性与法的精神——史学研究与历史教育论稿·附录》,中国社会科学出版社,2003。在北京大学历史系,直到 80 年代末,仍有人在大会上发言批判罗荣渠教授的现代化研究特别是一元多线论"反马克思主义"。至于批判的效果,自然是"海尔谆谆,听我藐藐"。

五种生产方式单线演进公式的否定,是现代化研究的基础和出发点。这是因为"这种单线的、甚至是直线式的斯大林图式,给俄国、中国、东欧以及其他一些新兴的发展中国家在本世纪中的变革与发展都带来了不同程度的影响。僵化的理论终止的地方正是真正实证的科学开始的地方"。①

有人以"经济决定论"和单线论概括马克思的唯物史观,并以此批评一元多线历史观和多因素互动说。批评者提出,由原始社会向文明社会的转变究竟是一种还是几种途径,这些问题充其量也只不过是关于历史知识的理论,而不是"历史哲学理论"。"哲学视野下的这种宏观的历史进程表明:历史的发展是单线的,而不是多线的","至于马克思对西欧资本主义起源的特殊性的概述,马克思讲得很清楚,'归根结底这里所说的是把一种私有制形式变为另一种私有制形式',就是说,马克思在这里是从所有制的角度来研究生产关系的。而如前所述,在所有制意义上的生产关系是生产关系的微观结构,它并不能把握社会发展过程的本质,因此不能成为一种历史观,即不能成为'历史哲学理论'"。②

把一切问题放到具体的历史环境条件下进行具体分析,是马克思历史观的灵魂。那种只讲"宏观"、"本质"、"普遍性"的"一般历史哲学",或许可以用来思考抽象的"一般历史存在物",但没有对具体历史问题的解释功能。所以马克思尖锐地指出:"极为相似的事情,但在不同的历史环境中出现,就引起了完全不同的结果。如果把这些发展过程的每一种形式都分别加以研究,然后再把它们加以比较,我们就会很容易地找到理解这种现象的钥匙;但是,使用一般历史哲学理论这一把万能钥匙,那是永远达不到这种目的的。这种历史哲学理论的最大长处就在于它是超历史的。"③遵循那种高踞的"一般历史哲学理论",当今仍然处于现代化进程中的世界各个社会已经被"本质"地统一于蒸汽机和商品经济;它们之间如果有差别,也只是"生产关系的微观结构"的不同。既然不管什么社会,只要使用的工具相同,经济形式也必然相同,从而也就决定性地同在历史发展单

---

① 罗荣渠:《现代化新论续篇——东亚与中国的现代化进程》,第53页。
② 顾乃忠:《历史决定论与中国现代化》,江苏人民出版社,1997,第18—20页。
③ 《马克思恩格斯全集》第19卷,人民出版社,1963,第131页。着重号为引者所加。

线的同一线段上,那么,19世纪美洲自由农场与债役制奴隶制庄园的区别,美国发展道路与普鲁士道路的区别,统统都只是"历史知识"而变得不重要;关于不同国家、不同地区现代化途径的个案研究和比较研究,包括注重探讨具体历史过程的多样性、复杂性、特殊性的史学本身,也统统变得卑微而失去意义。只要知道生产工具先进还是落后,我们的历史哲学家就大功告成了。将这种"一般发展道路的历史哲学理论"连同"经济决定论"一起强加于马克思,这种做法正如霍布斯鲍姆所批评的:"人们会经常张冠李戴,去称道连马克思本人都不承认是属于自己的一些成就。历史唯物主义习惯上被人们描述成'经济决定论'。除了坚决不承认这个定义外,马克思当然否认他是第一个强调历史发展中经济基础重要性的学者……"① 抓住马克思的只言片语,做这种"六经注我"式的论辩,最后将马克思所倡导的唯物史观从诸如"关于西欧资本主义起源的历史概述"中抽离出来,这正是马克思所批评的米海洛夫斯基的做法。我们的研究需要的是能够指导分析和解决具体问题的理论,而不是这种"一般发展道路的历史哲学理论"。而这种超历史的"一般历史哲学"在历史研究实践面前的苍白无能,从反面告诉人们多线发展观的意义:它给我们提供了一个可供操作的分析工具、思维方式、理论框架,有助于分析和解释世界现代化进程中的各种矛盾差异、不同的发展道路和模式。

鲁迅先生讲过"外国用火药制造子弹御敌,中国却用它做爆竹敬神;外国用罗盘航海,中国却用它看风水"(《伪自由书·电的利弊》)。这正好印证了"极为相似的事变发生在不同的历史环境中就引起了完全不同的结果"。18世纪末以前,纵有四大发明、社会流动、科层(官僚)制度、商品经济和使用雇佣劳动的手工工场②、曾经领先世界的对外贸易等类似西方资本主义与"现代性"的东西,中国历史却并没有因而也不能被要求自发

---

① 〔英〕埃里克·霍布斯鲍姆:《史学家:历史神话的终结者》,第165页。
② 从"长袖善舞、多钱善贾"的先秦,到"以贫求富,农不如工,工不如商"、"富商大贾周流天下"(《史记·货殖列传》)的西汉,从士大夫激辩究竟是官贾"与人主争利"(王安石)还是"吾商则何罪,君子耻为邻"(范仲淹)甚而要求"驱民归商"(苏轼)的宋代,到"白银资本"从美洲和西欧源源不断流入的明清"盛世",中国城镇和手工业、商业的发达可谓源远流长。

地走向资本主义和现代化。强调"传统"社会缺少"现代性"与努力从"传统"社会寻找"现代性",结论看似对立,方法其实相通,都是以西欧历史为模板剪裁中国史。西方的到来打断了中国社会的自然演化进程,将它纳入现代世界体系,使之成为体系的边缘或半边缘。中国的"现代化叙事"应当从此开始。此前中国社会的诸多"现代性"或者叫"资本主义萌芽",都是现代学者以西式进化、发展的眼光,比附现代西方社会的特征硬给找出来的,其理论基础是五种生产方式或五种社会形态论。其思维逻辑一如李伯重先生所批评的,是认定"中国传统社会内部必然也存在一种同西方一样的历史发展动力——资本主义,而且这种动力终究会在中国引起与西方相同的历史发展过程"。其"基本出发点是世界各民族的历史发展都必然遵循一条共同的道路"。①

罗荣渠先生曾指出:五种生产方式序列亦即单线发展论的症结是认为每种社会经济形态只有一种生产方式,每种生产力在历史过程中只同一种生产关系相结合,而生产关系适应于生产力水平又是一次性完成的,等等。②"一元多线历史发展观"抛弃这种机械的解释,为探索人的实践活动所创造的社会形态的多种可能性打开了大门。对世界各国历史的研究已经证明,"手推磨"所产生的并不都是封建主的社会。马克思本人就主张对"封建主义"概念的应用要有限制。③"蒸汽磨"所产生的也不一定是工业资本家的社会。在现代世界体系内,西方资本主义的发展先后与东欧的"再版农奴制"和美洲的奴隶制共生共存。20世纪后半叶,在许多实行"混合经济体制"的发展中国家,资本主义与各种社会主义以及前资本主义的社会经济制度曾经长期共存。即使到了全球资本主义时代,世界上仍有各种不同的社会经济形态,它们都是由多种动因造成的。这些都是"五种

---

① 李伯重:《资本主义萌芽研究与现代中国史学》,《历史研究》2000年第2期。
② 罗荣渠:《现代化新论——世界与中国的现代化进程》,第61页。
③ 《马克思古代社会史笔记》,人民出版社,1996,第68页:"根据印度的法律,统治权不得在诸子中分配;这样一来,欧洲封建主义的一个主要源泉便被堵塞了。"第78页:"由于在印度有'采邑制'、'公职承包制'(后者根本不是封建主义的,罗马就是证明)和荫庇制,所以柯瓦列夫斯基就认为这是西欧意义上的封建主义。别的不说,柯瓦列夫斯基忘记了农奴制,这种制度并不存在于印度,而且它是一个基本因素。"(着重号均为原文所有)另见第78页等处的有关论述。

生产方式"的公式所不能容纳的。"一元多线历史发展观"则提供了比较有力的理论解释框架。

四 是着眼于"解决分歧"还是应"和而不同"？
——推进史学研究、史学范式的多样化

有人质疑"现代化"作为史学概念的可操作性。其实，"现代"、"现代化"如同"希腊化"、"中世纪"、"大革命"等概念一样，可以而且已经被命名。就中国的语境而言，中国知识界在20世纪30年代已经提出"中国现代化问题"；从1954年起，中国政府更反复申明以"现代化"为目标，并在80年代以后使之成为动员广泛、声势浩大的国家任务、全民运动，使之成为场面和规模均史无前例、具有特定的时间和空间含义的"历史事件"。对于以"现代化"载入人类史册的这样一个"长时段"结构性大变革，史学家不必重新命名之，也大可不必担心将来的人们会发生时代概念的混淆。

对中国近现代史研究采用"现代化范式"，有两种比较具体而实质的批评：

第一种意见根本反对以"现代化"作为更主要的视角来建构近代史研究"新范式"的理论框架，认为"将百年中国史说成是'一场现代化史'只能是一种主观的臆想和假设"；[①] 批评"以现代化（或称近代化）理论来重写中国近代史……这于理不通，于史不符"。[②] 2000年的一份权威性《历史学咨询报告》甚至判定：在中国近代史研究中突出"近代化"历史要求的"新"看法"受到了应有的批评，但是并不等于这种看法真正得到了纠正"。[③]

另一种意见持与上述相反的立场，批评"以'一元多线论'为基础的'现代化范式'"企图"以'革命化进程'来抑制'边缘化'和'衰败化'"，认为"通过革命化来建立一个强大政府"并不能抵御现代西方文明

[①] 吴剑杰：《关于近代史研究"新范式"的若干思考》，《近代史研究》2001年第2期。《近代史研究》2003年第1期长文《2001年中国近代史研究概况》对该文有较详细的引述。
[②] 龚书铎等：《历史的回答——中国近代史研究中的几个原则问题争论》，北京师范大学出版社，2001，第35—37页。
[③] 对这份咨询报告，北京大学历史学系部分教师曾经提交过一个修改意见，但没有任何回应。

的冲击,"抵御'帝国主义的'资本主义的最好办法就是发展资本主义并加入到世界资本积累的进程中去"。批评者虽然承认对历史的理解"可以有不同的角度和视野",但又使用"未必真正弄清"、"未必正确"一类判词评价"现代化范式",还提出"如果我们不了解资本主义过程的实质,那么,要想用'现代化范式'或别的范式来说清楚1840年以来中国近代历史上所发生的一切,自然会是困难重重"。①

围绕"现代化范式"展开的讨论,确实涉及对世界和中国近现代历史本身的理解,也涉及对史学和史学理论发展趋向的理解。如同罗荣渠先生所说:"长期以来,革命史一直是中国近现代史研究的中心和主题。所有一切其他研究如经济史、社会史、文化史、国际关系史都是围绕这个中心进行的。革命史是中国近现代史研究的唯一'范式',即唯一的解释模式。"② 罗先生提倡现代化研究的初衷,就是要冲破这一"唯一解释模式"的藩篱,在革命范式之外建构一个新范式,一个并不排斥革命的新的综合分析框架。③

在人文和社会科学领域,"范式危机"或研究主题多样化并不限于史学界。那么,究竟应该怎么看待史学研究"范式"的不同?回答这个问题应当从史学的学科性质和功能说起。历史学作为"人文"学科似乎已经没有异议。史学的基本形式是记述,它产生于人对自身经历的记忆本能。记述就是"讲故事"。"所谓故事,既是一部由真实事件组成的历史,又是一种创作。"④ 每一个成功的编史者都是一个既在记录又在"创作"故事的人(当然不能是"撒谎者")。同样等级的故事能手,讲述同一个历史过程,例如大家熟知的美国内战史、抗日战争史等,会因观察和记忆的差别而讲出不一样的故事,起伏跌宕、粗细文野、主要人物甚至"主线"和"主题"可能各不相同,但只要能使听众获得深刻的印象,便都有其成功之处。历史研究者不仅需要辨证史料的真伪,对于即使可靠的材料和说法,也不能不保持一种对自我"眼光及精神"的警觉。所有的历史著述,包括正史的

---

① 冯钢:《关于中国近代史研究的"现代化范式"》,《天津社会科学》2000年第5期。
② 罗荣渠:《走向现代化的中国道路》,《中国社会科学辑刊》(香港)1996年冬季卷,后收入罗荣渠《现代化新论续篇——东亚与中国的现代化进程》,第99页。
③ 罗荣渠:《现代化新论续篇——东亚与中国的现代化进程》,第100页。
④ 〔美〕埃里克·方纳:《美国自由的故事》,王希译,商务印书馆,2002,第18页。

记载,都不可能"包罗万象",相反,极有可能是"残余片段"。上升到史学认识论上,前述"现代化范式"的批评者所要求的"说清楚历史上所发生的一切",其实是任谁都不可能做到的。决定需要的是"你一言,我一语"的共同回忆。在这一点上我们可以说,中国历代"正史"的主要问题不在于"为帝王写家谱",而在于每朝每代都只有一家之谱。"讲故事的人"本来就太少,再经几番坑、焚、毁禁,太多的百家百姓的故事湮没了。"革命范式"的问题也不在其书写革命的历史,而是自定为唯一的解释模式,将其他历史诠释、史学论著统统排斥在"正统"之外,"以革命的名义"把它们打入另册。

史学中的认识过程和一般认识过程一样,离不了归纳(概括、综合)与演绎推理。"史学多样化"的正当性在这两种认识过程中都能找到根据:由于被归纳的事物(材料)链的不可穷尽性,归纳推理过程中对材料的选择偏向,会影响推理结果的可靠性;即使"毫无定见"并且极勤奋的史学家,倾其力也只能达到链的某一点,也许到此为止百分之百地符合通则(规律、原理、定律,等等)而"例外"就从下一个开始,此其一;其二,演绎以归纳为基础,归纳既然并不完全可靠,演绎的结果更不用说了。

实际上,史学研究和其他研究一样允许"假设"。一般地指责"将百年中国史说成是'一场现代化史'只能是一种主观的臆想和假设"(按:"臆"即"主观的",假设当然是主观行为)其实是没有意义的。将百年中国史说成是一场经历了"四个趋势"、"三次模式转换"的现代化史,与将它说成是一场以"一条红线、三大高潮"为主题的革命史一样,都有假设的成分在内。假设当然就要冒风险,很可能已经偏离真实历史的中轴而自己并无知觉。当然,任何假设都不能逃脱同代或后代史学家的追问和时间的检验。但是,只要你不满足于对一时一事的记录,而是要研究探索历史事件的内在关系和相互联系,你就离不开"假设"。

至于强调具体的研究从史实而不是从概念出发,我想不会有人反对。然而,一旦落实到"什么是历史事实"这一史学家聚讼多年的老问题,疑义马上就出来了。"在19世纪30年代,当朗克很正当地抗议把历史当作说教时,他说历史学家的任务只在于'如实地说明历史(Wie es eigentlich gewesen)'。……这句咒文也像大多数咒文一样，编制出来就在于使他们自己释去一肩重负，不再进行独立思考。"① 在批评了朗克和实证主义者"首先确定事实，然后从这些事实之中得出结论"的历史观、经验主义者预先假定主体和客体之间完全分离的认识论以后，爱德华·卡尔问道："什么是历史事实？这是我们必须较仔细地加以研讨的一个重要问题。"卡尔的观点很明确："历史学家当然是要选择的。相信历史事实的硬核客观地、独立地存在于历史学家的解释之外，这是一种可笑的谬论，然而这也是一种不易根除的谬论。"对"历史事实"问题巴勒克拉夫甚至认为："我们所读的历史，虽然是以事实为根据的，但严格说起来一点也不合乎事实，只不过是一系列已经接受下来的判断而已。"② 正是出于同样的疑虑，顾颉刚提出了中国古史"层累地造成"的理论。这些论述其实只是说破了一个简单的现象：历史学家所接触到的"史料"，并不是当时发生的"事件"本身，而是一些时人或后人的记述；即使身临其境，他也只能获得部分的片段的"史实"。历史学家当然能够而且应该对众多的史料做出分析辨证，但他在选择和分析史料时，又要受到本身既有历史观和研究方法的支配。即使是编年史，其史料的收集、筛选、"剪裁"，也必会受作者主观信念的强烈影响。这就使得"历史事实"有了双重的可疑之处。所以，一个"符合历史实际的结论"并不能终结对层次繁复、丰富多彩的历史过程的解说。客观到纯净程度的研究，"不先存任何定见"的研究，除了微观的考证，在既有的史学论著中恐怕是很难找到的。至于从概念到概念的"历史研究"，其实是自有渊源、行时已久，并且一度在中国史学中居于统治地位。不要说"历来"，只看今天的史学界，"从原则到结论"地建构研究框架、"先入为主"地用外来概念套中国历史的倾向，稍有不同意见则大兴问罪之师的现象，仍然严重存在。历史和现实的教训都告诉我们，对待不同的史学观点、史学"范式"不妨宽容一些。即使是对"异端邪说"，也应实施"言者无罪"，而不能颟顸地堵塞言路。约翰·密尔有一段话说得很有道理："由于禁止一切不归结于正统结论的探讨，败坏最甚的还不是异端者的心灵。最

---

① 〔英〕E. 卡尔：《什么是历史？》，陈恒译，商务印书馆，2007，第3页。
② 所引卡尔和巴勒克拉夫均见〔英〕E. 卡尔《什么是历史？》，第5—10页。

大的损害乃在于那些并非异端者的人,由于害怕异端之称,他们的整个精神发展被限制了,他们的理性被弄得佝偻了。……请问谁能计算这世界受到何等的损失?"① 学术为天下之公器,学术研究本当"和而不同",既然"出现分歧是正常的","学术问题毕竟是认识问题",那就不必着眼于"解决"。让不同"范式"、"学派"长期共存,岂不更符合"平等讨论和争鸣"的原则?

五 加深对"历史科学"的认识,呼唤宽容、开放的史学研究②

以"一元多线论"为基础的"现代化范式"所坚守的历史唯物主义,是历史学与科学结合的产物。20世纪初以来的中国史学主流是不断的科学化。20年代的北京大学史学系确定以社会学、政治学、经济学等社会科学为史学基本知识,列为必修课,目的就是要把"文学的史学",改为"科学的史学"。然而迄今为止,史学仍然在科学与艺术—人文学之间游走,原因正在于她的"超科学"品格:她与其他科学学科一样,面对"问题",运用系统的方法,探求共同的趋势、规律、定理;然而她要处理的问题是已经逝去、无法重复实验的人类活动,其层次、结构、动因都比其他自然和社会现象繁复得多,提取材料和研究探讨的困难程度大得多,不合规律的"异例"也多得多。20世纪80年代史学界热烈讨论过如何引进自然科学的新理论、新方法,但收效甚微,根源就在史学研究对象的特殊性。尽管如此,高居艺术—人文殿堂的历史学家仍在孜孜不倦地俯身向科学靠拢。社会学中的"结构功能主义"、"世界体系理论"等,已经对历史学产生了巨大影响。社会学、经济学、政治学和同属人文学科的哲学、文学(文化批评)的理论、方法对历史学的影响、渗透,一些史学分支——如现代化研究——吸收社会科学理论和方法的跨学科研究取向,都是显而易见的。从

---

① 〔英〕约翰·密尔:《论自由》,陈崇华译,商务印书馆,1959,第35页。
② 本节关于"开放史学"的一些想法曾在笔谈稿《多种"范式"并存有益于史学的繁荣》(《史学理论研究》2003年第3期)当中表述过,但限于篇幅,言犹未尽,因而在此申论。

史学理论发展的角度说，可供历史学家借鉴、运用的结构功能主义、系统分析等理论方法，也是新的史学研究"范式"。

然而，科学观察的方法、角度也是多样的，从而科学结论、科学定理的适用范围也是有限的。库恩所提出的"范式"概念，就有"一种新的观察方式"的含义。"科学家由一个新范式指引，去采用新工具，注意新领域。"他以光学和电学研究的历史说明"通向一种坚实的研究共识的路程是极其艰难的"。作为一种"范式"的科学理论"不需要，而且事实上也决不可能解释它所面临的所有事实"。① 从而，科学研究的"范式"不是唯一的，有多少流派就会有多少种研究范式。任何严密的科学定理、定律都会有遗漏和漏洞，都有解释不了的"异例"，因而需要"科学革命"，需要不断探索新的理论范式。人类受思想意志支配的实践活动要比自然现象复杂得多，过去的每年、每日都有成千上万的事发生，从而对历史的发掘、研究永远都是不能穷尽的。史学史告诉我们：每一代的历史学家，都是在依据所能掌握的有限材料去分析历史、书写历史，都是在自身所处时代与古人对话。

人文学科的研究"范式"，恐怕只能是一种大致的框架，一个从科学史研究"拿来"借用的概念术语。它的适用性应当有一定限度。史学研究范式的多样化，跟库恩所强调的"范式"转换造成"革命之前科学家世界中的鸭子到革命之后就成了兔子"有重大差别。首倡"范式危机"说的德里克也认为，要将范式概念运用于史学，需要对其做出修正。"在史学领域说有通行的或时髦的解释是可以的，但却不能认为有一种唯一或主导范式在引导着历史研究。……引导史学研究之范式的多样并存，正构成了使从不同观点理解历史成为可能的那种'民主的'开放性的根据。"② 就当前中国史学中的两个主要"范式"而言，革命史的研究虽年头已久，但还有很多领域待开拓，一些禁区有待打破。"危机"是有的，但那是僵化思想的危机，从"原则"到结论的"我注六经、六经注我"式研究方法的危机。现代化研究是后来者，很多时候还显得稚嫩，也会带有弊病。事实上，它已

---

① 〔美〕托马斯·库恩：《科学革命的结构》，金吾伦、胡新和译，北京大学出版社，2003，第101、14、16页。
② 〔美〕德里克：《革命后的史学：中国近代史研究中的当代危机》，《中国社会科学辑刊》1995年春季卷。

经面临"现代化"概念泛滥（或滥用）的危机。"现代化"不是一个理想的概念，容易产生歧义，或许有一天人们能找到更好的概念取代它。但它所要处理的历史问题亦即"现代化范式"所指涉的历史现象是实实在在的，而不是"臆想"出来的。

这样说并不是不要开展学术批评。人人皆知对任何历史事件都应了解其来龙去脉（不一定是"前因后果"），否则难以充分理解之。对一种思潮、"范式"当然也应如此。今日学者多赞成陈寅恪所言"对于古人之学说，应具了解之同情，方可下笔"。我以为在批评今人之学说时亦应持此种"了解之同情"态度。盖今人著书立说，亦"皆有所为而发。故其所处之环境，所受之背景，非完全明了，则其学说不易评论"。[①] 古人去今已远，"其时代之真相，极难推知"，了解不够或有借口。了解今人则要容易得多。只需简单回顾一下就可知道，"思想解放"20多年来，中国史学的发展一波三折，科学主义、实证主义、历史主义等史学思潮此伏彼起，各擅胜场。与此同时，史学论著的选题在"广泛"和"深入"两个向度上都已经有惊人的进展。史学研究的领域愈广，对历史具象的了解愈多，理论概括和对史学方法的思考也会愈趋于多样化，新的史学"范式"将会不断涌现。若不了解此环境此趋势，不明了一种新说"有所为而发"的背景，下笔针砭，往往失却"同情"。对史学界的新论点、新范式、新概念，与其求全责备，莫若仔细考察一番，看它是否有几分道理，或者干脆让时间来自然选择。毕竟史学是甘于寂寞者才肯落座的冷板凳，有所成就也大半速朽（如东汉史曾有十数家，范晔《后汉书》传世而诸家废）。概言之，在围绕史学趋势、史学方法和史学研究"范式"的讨论中，需要一种宽容的、开放的心态，以及科学的、实事求是的态度。

> 本文摘自《从历史发展多线性到史学范式多样化——论"以一元多线论为基础的现代化范式"兼答有关批评》，原刊于《史学月刊》2004年第5期。

---

① 陈寅恪：《金明馆丛稿二编》，三联书店，2001，第279页。

东亚"奇迹"之后的再思考

——《透视东亚"奇迹"》(合著) 代前言

东亚或称"太平洋亚洲"(Pacific Asia),泛指欧亚大陆太平洋沿岸地带,包括东南亚和东北亚两大部分。古代东亚受汉字文化影响、以华夏文明为中心的广大地区,曾经在人类发展史上长期居于领先地位。正如不久前出版了《再回东方:亚洲时代的全球经济》一书的 A. G. 弗兰克所概括:"在 1400—1800 年间的全球经济和它的地区与部门间劳动分工中,亚洲人——特别是中国人——一直处于优势。……直到 1800 年,亚洲的'世界市场'不仅存在已久,规模相当之大,而且富有活力和竞争能力,持续不断并以相当快的速度扩展了自己。"[①] 18 世纪西欧发生工业革命以后,东亚迅速落伍并很快被侵略被征服,在 19 世纪后期和 20 世纪上半叶大面积地沦为西方新兴列强的殖民地、半殖民地。到 20 世纪 50 年代初,贫困落后已逾百年的东亚,被普遍认为是世界上最没有希望而且各种政治军事对抗最激烈、最具危险性的地区:这里人口密度极高而自然资源贫乏;刚刚遭受过大战的严重破坏,朝鲜半岛和印支半岛又重起战火;台湾海峡两岸军事对峙;东南亚国家普遍面临殖民主义者撤退后国家权力重建的种种棘手问题……当时的韩国就是东亚的一个缩影,在许多人看来,这里"最不可能成功","除非发生一系列的经济奇迹",否则"毫无前途"。[②]

[①] Angre Gunder Frank, "ReOrient: Global Economy in the Asian Age," *IIAS Newsletter*, No. 17, Dec. 1998, p. 3.

[②] 〔美〕乔恩·沃伦诺夫:《人为的奇迹——南朝鲜的经济振兴》,罗龙、郁庆晨译,华夏出版社,1988,第 1—2 页。

然而,"奇迹"真的出现了。仅仅经过一代人的时间,东亚又开始令世界刮目相看:日本从战败后的废墟上跃起,重新成为经济大国;新加坡、韩国和中国台湾、香港地区迅速进入"新兴工业化经济体"(NIEs)行列,被誉为"四小龙"或东亚"四虎";新加坡以外的其他东盟国家也高速走向工业化和现代发展。到了80年代,包括中国大陆在内的东亚广大地区的经济增长速度,都远远超出西方早期工业化时代的增长速度。东亚成为当代世界发展最快、经济最有活力的地区。

东亚高速发展在国际学术界各学科领域都激起了极大的兴趣。人们似乎看到了这个地区正在到来的美好前景。世界银行的权威经济学家推出了《东亚奇迹:经济增长与公共政策》一书。其他各种美好词句、美好预言如"汉江奇迹"、"台湾奇迹"等也纷至沓来。有人回顾这时的盛况:"目睹这样的巨变是惊心动魄的。短短三十年内,亚洲做到了欧美花了差不多一个世纪才达到的经济腾飞。……新的有关'亚洲价值'的学说创立了,它解说着东方的崛起,西方行将衰败。人们寻找着各种最显见的答案,而且通常这样的答案总是很快就被找到。一时间,亚洲的市场和经济似乎只会上升。"① 一时之间,世人争说"四小龙",全球劲吹东亚风。东亚人自己也被一阵紧似一阵的赞誉之风吹得熏熏然。"东亚即将成为世界经济中心"、"二十一世纪是亚洲的世纪"一类宏论出现了;从日本到马来西亚到中国,接二连三的"说'不'"也都来了。无论如何,在历经百余年的屈辱和痛苦之后,东亚人终于又一次有资格在世界上高声说话了。

然而,东亚的发展变化似乎又一次应验了"好景不长"这一俗语。1997年下半年,一场由国际投机资本恶性炒作引发的金融危机从泰国发端,很快波及菲律宾、印度尼西亚等东南亚国家,并蔓延到中国香港、台湾地区和东北亚的韩国,造成汇率和股市狂跌,物价大涨,一时间人心惶惶,社会不稳,甚至政局动荡……危机似乎从天而降,东亚经济"奇迹"似乎在一个晚上被消解殆尽。许多预言过东亚经济乃至东亚文明、"东亚新文化"即将领先世界的人,也好像一下子被打懵,陷入一种"失语"状态。

其实,早在东亚经济正红火时,就有发出种种警告、往众人兴头上泼

---

① 〔英〕卡拉姆·亨德森:《亚洲在衰落?》,朱宝宪等译,机械工业出版社,1998,第X页。

冷水的。例如，日本经济史学家中村哲在1991年已经指出：60—70年代包括"四小龙"在内的新兴工业化经济体的高速发展和工业化进程，对当时发达国家的高速经济增长、跨国公司的发展，进而对发达国家的过剩资本，都有很大的依赖性、从属性。① 按时下国际学术界的分野，中村哲的理论视角和研究方法似可列入比较激进的世界体系方法或者依附论学派。还有更为激进的观点，如美国"席勒学会"创建人林顿·拉鲁什及其同仁提出：世界金融市场正在新一轮动荡之中。依靠西方主要货币进行贸易的发展中国家，会比发达国家损失更惨重。拉鲁什警告说："我认为在全球性金融资本崩溃危机中谁也不能幸免于难……"②

也有一些学者直接对东亚发展中的具体问题提出了质疑。例如，美国社会学家弗里德里克·戴约1994年完成的一份研究报告，以泰国为例指出，东亚这些充满活力的经济在全球竞争紧迫的背景下面临一种可称为"三明治陷阱"的情况：下面有来自劳动力费用更低的国家日益强劲的竞争压力，上面，更先进的工业化国家仍继续通过政治的和经济的措施来保证其抢先占有高附加值产品市场。东亚国家如不及时采取措施，很难继续保持高速增长的势头。③ 以一篇专文《亚洲奇迹的神话》挑战"东亚热"的保罗·克鲁格曼也对东亚增长的前景并不看好。他宣称：东亚经济的成长没有提供出比西方传统自由市场经济更为先进的发展模式，所谓东亚"四虎"其实都是"纸虎"。④

今天回头来看，中村哲的预警和拉鲁什的"危言"都没有引起足够的重视。对戴约的研究报告也只有少量的评点。克鲁格曼的文章却引发了一场如何评价东亚发展的激烈论辩。虽然反对克鲁格曼者大有人在，但在许多人看来，危机似乎已经证明克鲁格曼的判词：东亚原本就没有什么"奇迹"可言。至于产生危机的原因，在许多人眼里也正像克鲁格曼所暗示的，

---

① 〔日〕中村哲：《近代东亚经济的发展和世界市场》，吕永和、陈成译，商务印书馆，1994，第32—36页。
② 〔美〕林顿·拉鲁什、温铁军：《国际金融资本体系的总体性危机与中国改革》，《战略与管理》1994年第6期。
③ 罗荣渠主编《东亚现代化：新模式与新经验》，第88—109页。
④ Paul Krugman, "The Myth of Asian Miracle," *Foreign Affairs*, Nov./Dec., 1994.

在于东亚没有照走西方经济发展的道路,没有采用西方传统的经济发展模式。

东亚发生了这样大的危机,更多的新问题或许还要假以时日才会陆续表露出来。但是,迄今为止,并没有人公然否认当代东亚已经发生并且还在发生着巨大变化。即使是克鲁格曼,也认为东亚经济的高速发展是一种很不寻常的、令人赞赏的成就。① 反过来说,如果东亚发展真的毫无成就,东亚经济高速增长的"奇迹"不值得研究探讨,那也就不会有如此长时间的热烈讨论了。

本书所要探讨的问题,也正是最近这场讨论留给我们的问题。这些问题是:究竟应当如何看待持续了30年左右的东亚高速发展?当代东亚巨变是怎么发生的?它对世界和平与发展,对全球性现代化进程有哪些启示性意义?

关于东亚"奇迹"的评价,本书作者持如下态度:东亚持续近30年的高速经济增长和由此带动的社会变革,是当代落后国家和地区追赶型工业化、现代化的典型,它的成就和影响都是巨大的、难以消解的。同时也应看到,东亚后来爆发出的问题其实早已存在,只不过这些问题大多与成就并存于一体,形同一枚硬币的两个面,因而问题长期被成就所掩盖罢了。

首先,东亚的成就和问题都与市场(首先是世界市场)密切相关。在战后新技术革命和世界性经济高涨带动下,东亚国家和地区的经济发展战略先后从"进口替代"走向"出口导向",积极引进外资和先进的生产技术、生产设备,极力开拓国际市场,这才会有持续近三分之一个世纪的高速增长。但这样一来势必与世界市场绑在一起,而世界市场进而整个现代资本主义世界体系从来是处于周期性波动之中的,有景气、繁荣,自然也有萧条和危机。从亚当·斯密开始,古典经济学家历来强调自由贸易、自由市场的积极作用。但是"自由的市场"这一双面的雅努斯并不只是天宫之门的开启者、温和宽厚的造物主、从过去走向未来的演变和发展之神,他也手执警杖,负责关闭天宫的大门,回收阳光,让黑夜降临人间;他还

---

① 胡舒立:《东亚:真老虎还是纸老虎?——访〈亚洲奇迹之谜〉作者克鲁格曼》,《战略与管理》1995年第3期。

能开启战端，在和平维护者背后，另有一副无限扩张的帝国主义者嘴脸。说得极端一点，不受管制的"市场自由"、"贸易自由"之类，其实只与处于高水位的那一部分经济体互相宠爱；发展水平较低的经济体如若毫无防护地统合于其中，则难逃洪水没顶之灾。对此，纵向的历时性研究似可帮助我们看得更清楚一些，中村哲和拉鲁什的考察结论可为证明。提倡对历史作"长时段"研究的年鉴学派大师布罗代尔说得更明白，他把认为"不听任何人指挥的市场是整个经济的动力装置"，从而经济发展的历史可以归纳为"市场通过自己的调节、征服全部经济并使之合理化"之类的思想观念，统称为某些"经济学家的简单化理论"，并指出："历史学家却不能这样看。对他们来说，市场不是一个单纯自生自长的现象，更不是经济活动的总和，甚至不是经济活动演变的一个特定阶段。"接着他还提出：

> 所谓在市场中没有任何"外来成分"，"惟有需求、成本和价格在起作用，而三者是互相协调的产物"，这样的市场纯粹由精神所虚构。[①]

这恐怕是迄今为止来自西方语境的历史学家对自由主义市场学说的最深刻、最有力的批评。

现在人们已经看得很清楚，1997年首先在东亚爆发的金融危机其实是世界性的。这场危机在冲击东亚经济的同时，也在同样剧烈的程度上冲击了一直提倡"所有经济都只能走一条路"的自由主义经济学说。现在某些新古典主义者大可将学术兴趣由寻找东亚成功的奥秘转向探究灾难的根源，也不妨将当前的经济困境主要归咎于当地政府过度和不理性的干预，但他们不应忘记，仅仅一两年前，作为话语的主导者和政策、秩序的规范者，他们还在为东亚经济的自由化导向高唱赞歌。把赞扬变成事后诸葛亮式的指摘，并不能掩盖其困境。

其次，东亚发展的成就是市场、社会和"国家"（state）交互作用的产物。其中，"国家"无论在世界市场和本地社会之间，还是在本地社会内部

---

① 〔法〕布罗代尔：《15至18世纪的物质文明、经济和资本主义》第2卷，顾良译，三联书店，1993，第230—231页。

的传统因素与现代发展之间，都起了重要的中介或桥梁性作用。而被西哲名之为"利维坦"的"国家"从来是一只以自由为牺牲的怪兽，更不用说东亚转型时期传统专制色彩浓重的官僚威权主义"国家"或"开发—独裁型"政权了。东亚传统的社会和政治经济结构是一种"家—国"结构：国以家为基础，家放大演化而成"国"。西方资本主义到来后，打破了东亚社会的自然演进过程。其后，在民族主义、国家主义激励下的民族解放运动，一方面为独立后的政治经济发展创造了必需的初始条件，另一方面必然大面积地承袭传统的政治经济制度。因此，在我们研究东亚从传统农业社会向现代工业社会转型，以及完成转型后社会经济发展的相当一个时期内国家与社会、国家与市场的关系时，仍然要考虑到国际大环境，即当代资本主义的继续扩展以及以周期性波动为常态的世界经济体系、世界市场的影响；同时还要考察传统因素的影响。可以肯定的是，二者均各有正负两方面的作用，并非一个全是积极的、推动性的，另一个则只是阻力、只有惰性。

为了说明东亚发展的成就、成因和高速成长过程中潜伏或者已经暴露的问题，我们以中国台湾、韩国、新加坡、马来西亚等"新兴工业化经济体"为个案，选取了传统制度的继承和改造、政府政策的作用、以"亚洲价值观"为标识的东亚型官方意识形态、战后世界经济政治环境特别是美国的影响四个角度，力图对东亚"奇迹"背后的内部外部诸因素，做一番认真的再思考、再探索。读者不难看出，本书四个部分相互间有密切的联系，但又各自独立成篇。各部分的主要内容大体如下：

第一部分以东亚"四小龙"中的韩国和中国台湾地区家庭小农制度的演变为个案，透视战后东亚在以美国为首的现代资本主义世界体系的决定性影响，和当地被称为"官僚威权主义工业化政权"的政治结构强力支配下，传统社会经济制度的改造及其与高速工业化进程的关系。作者希望把在当代东亚仍然居于显著地位的小农制度，当作一种社会规范和行为约束形式、一种综合的比较复杂的历史文化现象来看待，充分认识继承和改造传统因素（包括传统制度因素）对发展与现代化的积极意义。同时本部分着重指出：从几十年间小农制度的维护和运行可以看到，台湾地区和韩国经济转型时期的政治经济结构是一种过渡性的一元结构：政治上是威权主义的强力高压控制；经济上是强干预，即通过政府或者准政府行为，多方位地限制甚至替代市场。新型的现代家庭农业制度为"公平的增长"（尽管只是相对意义上的）奠定了基础，同时也以农业部门被榨取、农民利益的牺牲为代价，为高速工业化做出了贡献。

第二部分以新加坡工业化进程为个案，探讨国家与市场、政治与经济的关系。作者提出：新加坡能够迅速实现工业化，不是自由市场作用的结果，而是具有发展取向的国家的创造物。新加坡由国家指导的工业化证明，把新加坡发展归结为与台湾地区和韩国的强政府干预相反的自由放任模式，实是误解。在东亚包括新加坡的发展过程中，"发展型国家"（developmental state）的战略性产业政策具有中心地位。与此同时，作者也指出了国家作用的局限性。这种局限性的含义除了一般意义上所理解的以外，还应包括：世界市场、外国资本是处于当地政府控制之外的。作为城市国家的新加坡，其经济高度依赖外部因素，因而她的经济发展目标的实现，在很大程度上需要有本国政权不可控制的外部因素的有利配合才能够达到。

第三部分考察冷战结束后东西方论辩的一个重要话题——"亚洲价值观"的形成和实践，指出了在东南亚一些发展中国家（主要是马来西亚和新加坡）被大而化之为"亚洲价值观"的一套官方主流意识形态，是出于国家建设与社会重组、为国民设立精神家园和自我认同感，以及维护既有统治集团的权威和利益等现实需要，从威权主义、集体主义、民本主义和对家庭的重视等根深蒂固的传统价值观念中，创造性地提炼出来的。对于这种"亚洲价值观"的"价值"，作者既有一定程度的肯定，也分析了它的消极层面。它对国家建设与经济发展的有利作用包括稳固国内秩序，调和社会矛盾，消除精神文化危机和"泛西方化"的消极影响，增强民族自信心和归属感，引导民众集中精力发展经济，等等。它的问题则包括鼓励人民的"虚假需求"并为此而放弃社会批判意识，从而导致庸俗的生活态度；在认识论层面上，"亚洲价值观"在强调西方对东方理解偏差的同时，有可能误导东方对西方的认识。把它作为与西方自由资本主义对立的东方意识形态，不利于解决国际矛盾冲突，也不利于东亚自身的发展。

第四部分以中国台湾为个案，集中考察在战后东亚发展中极为重要的外部动因——美国因素。本部分于贯穿全书的对东亚发展中外部因素或世界体系作用的分析,具有概括性、总结性意义。当代东亚巨变实为当代新技术革命所带动的世界经济发展的组成部分,受发达国家经济结构调整和资本国际转移影响至大。战后台湾所取得的发展成就,与冷战的特定环境下美国的援助,以及美国通过政治依附和经援对台湾所施加的政策和制度影响有密切的关系。战后台湾发展可以被视为一个典型的"联系性发展"的案例。这种联系性发展成功的条件和动力不仅存在于欠发达国家和地区内部,也深深地植根于它与外部因素、与世界体系的联系之中。在台湾,依附与发展的统一,正是在当时特有的条件下实现的。这一命题实际上暗示了:资本主义世界经济体系内在弊病的周期性发作、世界市场的衰败,将带来发展中国家和地区经济的停滞与衰败。1997年爆发的金融危机,根本症结就在这里。

本文收录于董正华、赵自勇、庄礼伟、牛可著《透视东亚"奇迹"》,学林出版社,1999。

从多层次研究的角度重新审视东亚现代化模式

——《世界现代化历程（东亚卷）》代前言

将近两个世纪里，东亚各国期盼通过现代发展而自立于世界民族之林，冀与西方发达国家平起平坐，其间经历了反复的模式选择。从学西欧、学德国、学苏俄、学美国，到不知道该再学哪一个；从部分的西方化到全盘西化，又从全盘西化回归民族化，从群起"激进"、竭力鼓吹跟传统"彻底决裂"回到集体"保守"、大张旗鼓地弘扬"优秀传统"。一幕幕历史活剧，情节起伏跌宕，悲喜交加；一代代引领风气的人物，无论成功失败，其经历都可圈可点，可歌可泣。从19世纪后期到21世纪初，已经跨越两个世纪的东亚变革，在东亚历史上史无前例；东亚的重新崛起，也引起了近代以来的世界格局前所未有的巨大变化。世界历史在东亚舞台上展现的这一宏大场景，无论是悲剧还是喜剧，都值得大书特书一笔，都是值得史家坚持不懈做一些认真深入的探讨工作的。粗略地检索一下有关的中外文献就可知道，多年来这个园地已经积聚了不少辛勤的耕耘者，而且已经有了可观的成果。

然而，正如东亚的现代化仍在展开，对东亚现代化的研究也远远没有结束。就以二战以后的东亚发展论，虽有让世人赞叹的成就甚至"奇迹"，但问题也多多，前面仍有重峦叠嶂，一些领域前景仍未明朗，还有一些地方、一些领域恐怕仍然停留在"过去"。与此相似，东亚现代化研究的许多领域仍有待开发。如果要在挖掘材料和扎扎实实做好实证研究的基础上，检视既有的东亚历史叙述方式和史学理论，重新建构东亚历史的基本框架，则可能需要几代人的努力。笔者愚见，依靠眼下现有的资料，我们也可以变换视野，将多层次、多维多极——宏观的世界和区域格局变化的制约或影响、中观的民族与区域历史文化传统和国家发展战略策略，特别是在我们自己以前的研究中或多或少被忽视的基层社会组织、社会运动和社会发展——的观察研究结合在一起，重新审视东亚现代化模式。本书对这种多层或分层的研究做了一些尝试。也许并不成功，但还是愿意拿出来，就教于关注东亚发展的同人和广大读者。以下是对本书基本内容的几点归纳和一些粗浅的编后体会。

一 如何看待"东亚现代化模式"？

首先是如何看发展与现代化的不同"模式"？我们知道，任何社会的现代化都离不开科学技术的发展和应用，离不开现代教育、现代文化知识的普及。如果死抱住以农为本和封建、专制的社会政治制度，没有工业化、城市化、世俗化、民主化、法治化，也就免谈"现代化"。这是所有发展与现代化进程的共性。但是任何现代化进程的内外环境、主体和客观条件都不尽相同，方向各异的内外动因在各个社会力道不一，它们之间相互的作用、矛盾冲突，最后必会塑造出不同的发展速度、发展轨迹甚至发展形态，这又使得各个社会的现代化都有其个性。现代化的模式正是这种共性与个性的统一。由于有个性，才有不同的模式；又因为有共性，才可以并列在一起，可以相互比较，可以称之为"现代化模式"。简言之，在"模式"问题上我们持一种看似折中的意见，既不赞成否定个性，不许讲"模式"、道路或"特色"，也不赞成只讲个性、特殊性，将模式、道路、特色僵化、绝对化。此外，模式应当只是个中性的概念，称为一种模式，只是便于做类型学的研究，便于历史比较，总结经验教训和归纳一些带有共同趋势的现象，便于讨论问题，而无关乎褒贬，有积极的可以肯定的价值，也会有消极的应予批判的内容；既不能只看到成就、"奇迹"就一味叫好，也不能一看到问题、发生一两次动荡或危机就一棒子打死。还有，一种模式本身也是不断变化、不断弃旧图新的，但所弃之旧不一定不好，所图之新也不一定就好。东亚现代化的前景总该是光明的，而前进的道路则总是曲折的。

有没有一个"东亚现代化模式"？攻之者说无，以保罗·克鲁格曼的观点最有代表性。他认为：东亚奇迹是虚构的神话，或者只是暂时的现象，因而东亚模式无从谈起。① 辩之者说有，说有者又在经济、政治或文化模式之间各有侧重。例如，马来西亚前总理马哈蒂尔认为："尽管我们之间存在着显著的差异，但我们所有九个国家和地区（指马来西亚、新加坡、泰国、印度尼西亚、韩国、日本，以及中国大陆和台湾地区、香港地区——引者注）的经济都有着大体相同的地方。我们确实只代表着一种经济发展模式。"② 美国学者彼德·伯格主编了《探索东亚发展模式》一书。伯格不认为东亚"模式"只是一种"文化模式"，也不赞成只把它概括为"经济模式"。针对解释东亚发展的"制度论"和"文化论"，他提出"正确的答案应该就在此两个假设之间"。③ 当然，在经济、文化之外，还有政治体制、社会形态等问题，均与模式有关涉。

有没有一个"东亚现代化模式"，取决于东亚有没有其区别于其他地区发展的共性特点。20 世纪 80—90 年代，国际学界关于东亚发展的研究成果颇丰，围绕东亚模式也有热烈的讨论。塞缪尔·亨廷顿曾提出拉丁美洲的官僚威权主义、中东"原教旨主义"的兴起和东亚高速经济增长构成当代三大特色。到目前为止，国内外学术界对此问题的回答一般是肯定的。但仅从经济增长角度观察得出的结论有很大片面性。西方一些学者所谈的"东亚"限于资本主义世界体系中的国家与地区，其答案更是带有明显的西方话语霸权色彩。日本学者小林多加士从罗荣渠《现代化新论——世界与中国的现代化进程》中得出"东亚正出现一种超越国家界限的全新的现代化模式"。④ 从地区史研究的角度考虑，应当对这样一个"全新的现代化模

---

① Paul Krugman, "The Myth of Asian Miracle," *Foreign Affairs*, Nov./Dec. 1994. 另见本书第一章《"东化"与"西化"关系新识》和该文注释里所引文献，以及陈峰君《东亚模式的争议与我见》，《教学与研究》2001 年第 2 期。
② 〔马来西亚〕马哈蒂尔：《马来西亚总理马哈蒂尔演讲集》，世界知识出版社，1999，第 20 页。
③ 罗荣渠主编《现代化：理论与历史经验的再探讨》，上海译文出版社，1998，第 429 页。
④ 〔日〕小林多加士：《东亚：转型现代化的新范式》，罗荣渠主编《东亚现代化：新模式与新经验》，北京大学出版社，1997，第 32—40 页。

式"做一番全新的探讨。

迄今为止,有关东亚现代化的著述多数持两者甚至三者、四者之间或者之上的综合性模式说,认为东亚尽管地域辽阔,各国、各地区历史、环境、发展的内外条件各不相同,但其发展和现代化进程总还有一些区域性的共同特征,比如许多共有的传统文化、价值符号,百余年来共同的历史遭遇,相近的重视家庭、家族和团队、集体关系的经济—社会结构,强国家大政府、对经济和社会强干预的政治模式,跟经济增长经济转型相伴随的相对社会平等,人力资本优势和劳动力密集型初级产业结构,高积累和高投资率,外向型发展战略,等等。① 所谓"东亚现代化模式"就应是上述共性与个性的统一体,不过,这里的共性是区域的共同特性,相对于世界现代化总体进程的共性却又是个性。西谚云"没有例外则没有规律",模式如同规律,内部也会有例外,并不完全一律。如同我们经常讲"欧化"、"西方化",并不等于有一个发展质地均一的欧洲或者西方等着人们从而化之。发达国家当年的发展道路乃至今天的政治经济社会文化均各有特色。在"东亚模式"概念之内,当然还会有"四小龙模式"、"东盟模式"、日本模式、新加坡模式、中国模式,以至于"深圳模式"、"温州模式",等等。"模式"如何界定,"东亚模式"究竟是单数(East Asian Model)还是复数(East Asian Models),端赖研究的范围和考察的角度。

二 东亚现代化的文化背景和国际环境

本书作者同意国内外学界流行的一种观点,即认为传统东亚文化的主流,是以汉字和儒学为象征、以朝贡贸易体系为纽带的华夏文明或称"中华文明"。它的特点包括历史悠久、范围广大、曾经长期领先前现代世界、

---

① 有关的论著仅笔者参与编写的就有罗荣渠主编《东亚现代化:新模式与新经验》;梁志明主编《东亚的历史巨变与重新崛起》(香港社会科学出版社,2004);董正华、赵自勇、庄礼伟、牛可:《透视东亚"奇迹"》(学林出版社,1999)以及董正华等编写的《世界文明史》下卷(北京大学出版社,2004)中的多个章节。关于东亚现代化模式的著作和主要论文详见本书附录。

世俗性、内陆型的农业经济与社会、社会政治组织的构造是由家而国，等等。① 东亚朝贡贸易网曾经涵盖了广袤的东亚大陆和海上区域，包括中国、朝鲜半岛、日本、琉球、中南半岛上的安南、占城（今越南）、真腊（柬埔寨）、暹罗（泰国）、今日马来半岛的满剌加、印度尼西亚的爪哇、菲律宾的苏禄国，甚至远及锡兰（今斯里兰卡）。在西方殖民者到来之前曾经空前繁荣，加上地区间贸易和不断扩大的移民浪潮，形成一种内外共同发展的现象。② 历史上的朝鲜、日本、越南都曾"各自认为自身是保持中华正统的国家"。③ 20世纪80—90年代主要由新加坡和马来西亚提倡、建立在东亚"奇迹"基础上的"亚洲价值观"，其基本内容无论是在华人为主体的新加坡还是在华人仅占1/4、马来人居多且以伊斯兰教为国教的马来西亚，都打有儒家文化的印记。儒家思想甚至被认为是"亚洲价值观"的核心。以儒学为代表、兼容和吸收其他而形成的"东亚文化"，成为连接东亚广大地区和人民共同心理的强有力纽带。它是东亚区域文明和区域一体性的重要象征，也是我们在研究东亚现代化的时候必须考虑的区域性共同文化背景。环顾全球各个角落，无论发达国家还是发展中国家，传统的影响均无时无处不在而且生动鲜明。近现代世界历史一再证明，"现代化"不是割裂或抛弃传统，而是传统在新形势新条件下的再生和延续。东亚探索复兴之路需要自己的优秀传统文化支撑，而东亚传统文化离不开以儒学为标志的中华文明。正是东亚独特历史传统与具有普遍意义的"现代性"有机结合，构成了"东亚现代化模式"。

东亚的中国、日本、朝鲜等主要国家现代化的起步阶段，都没有也不可能离开传统文化。无论是"中学为体、西学为用"、"东洋道德、西洋艺术"，还是"和魂洋才"、"东道西器"，都不仅是对传统文化的"保守"，也是传统文化自身革故鼎新的开端。一个多世纪以来东亚许多国家都曾一

---

① 参见〔美〕费正清、赖肖尔、克雷格《东亚文明：传统与变革》（黎鸣等译，天津人民出版社，1992），〔日〕滨下武志《近代中国的国际契机》（朱荫贵等译，中国社会科学出版社，1999）, 梁志明主编《东亚的历史巨变与重新崛起》（香港社会科学出版社，2004）等书中的有关章节。
② 〔美〕费正清、赖肖尔、克雷格：《东亚文明：传统与变革》，第61页。
③ 参见〔日〕滨下武志《近代中国的国际契机》，第40页。

而再再而三地激烈反传统，想要"彻底"抛弃传统，但都没有成功。这里的历史经验，值得我们反复思考，认真总结记取。本书第一部分的前四章均为这方面的探索。

作为"外发"后起型现代化的典型，东亚现代化进程不仅涉及传统与现代的关系，国际背景、国际格局变化的影响也是必须考虑的因素。19 世纪中叶至 20 世纪初的东亚面对殖民帝国主义列强的坚船利炮，形成"数千年未有之大变局"，不得不变且不断求变，无论是办夷务求自强、维新改良，还是革命，都是在反洋人的同时学洋人——学了西洋学东洋，学了欧美学苏俄，但直到第二次世界大战结束，结果似乎都不理想，失败的多而成功的少，一度成就骄人、企图变夷为华、用武力建立"大东亚新秩序"的日本，最后失败也最惨。这里面的教训，既有"先生欺负学生"和学不得法、学坏不学好，也有时代局限、形格势禁的原因。在殖民主义、帝国主义力量仍然十分强大的情况下，多数地方沦为西方殖民地、半殖民地的东亚难有现代发展的"奇迹"。

第二次世界大战的结束是世界现代史的分水岭，也是东亚现代化进程的转折点。战后初期东亚危机四伏，困难重重，整体看上去毫无希望。是冷战的新格局带来了最初的变化。日本的重新崛起、"四小龙"的成功、东盟的迅速发展，乃至 20 世纪 70 年代的中国从相对封闭的反苏反霸走向最初的改革开放和追求"四个现代化"，都跟美苏冷战有剪不断的关系。过去人们谈论东亚经验或东亚奇迹，或多或少、或无意或有意地忽略了冷战格局巨大的有时甚至是决定性的影响。离开日本、韩国、中国台湾等地区在美苏对抗和两个阵营对峙中"前沿阵地"般的战略地位，离开冷战中的两次热战——朝鲜战争和越南战争，离开美国的巨额"军援"和"经援"，离开美国的东亚战略和"作为意识形态的现代化"理论与方略，离开美国占领军当局、"国际开发署"（AID）及其派出使团、"康奈尔小组"与"康奈尔战略"（Cornell Strategy）、"晏阳初项目"（James Yan Program）与中美"农村复兴联合委员会"（JCRR），以及赖肖尔（Edwin O. Reischauer）、雷正琪（W. L. Ladejinsky）、罗斯托（Walt. W. Rostow）等一大批美国专家、官员、名流学者，对战败国日本的迅速复兴，韩国和中国台湾地区的土地改革与

"公平增长"、"开发独裁"体制的维护和长期延续、经济成长"奇迹"的动因,等等,你怎么讲得清楚?本书第一部分后面两章以及第二部分的一些章节,正是想要在这方面做些功课。

三 经济—政治发展与以人为本的社会发展

我们过去已有的研究比较侧重于自上而下地考察东亚的政治变革和经济增长模式,对文化的观察也多集中注意力于政治文化和官方提倡的意识形态,例如"亚洲价值观"之类;在政治与经济、国家与社会的关系中,重视"威权主义"及其转型;在经济与社会方面则过于看重一些增长的硬指标,而忽视了一些难以用数字表示但关乎社会可持续发展和人的全面发展的软指标。这些又似乎囿于某种既定思维模式、某种发展观念。随着发展与现代化进程中新问题的出现和发展观念的不断更新,在继续深入地探讨上述各领域问题的同时,我们今天似乎更应批判地看待既有的发展进程,检讨既有的思维方式,真正"以人为本",以环境与社会为本,走向科学技术与人文关怀和生态关怀密切结合的发展与现代化。

本书作者对东亚发展与现代化进程的新视点主要体现在以下几个方面:

第一,在"威权主义"、国家强干预等共性特征之下,东亚各国家和地区的政治发展进程又各有其色彩。战后日本从"富国轻兵"的经济立国路线、从日美基轴主义和经济中心主义开始,走上由经济大国向政治大国过渡,一部分保守主义政治势力企图继续推动日本走向政治大国,进而成为军事大国,甚至主张以强硬态度对待曾经受其侵略的亚洲邻国,表现了日本保守主义发展演变的轨迹。美国主导下的对日和平条约和日美安全保障条约,排除了曾经长期遭受日本侵略的亚洲各国,使日本游离于亚洲之外。战后日本保守主义的强大,正是美苏冷战和美国对日政策转变的结果。

战后主权独立的菲律宾被界定为一个"依附性独立"国家,在黎萨尔由菲律宾精英在现行政治体制框架内进行"好改革"的主张中已经埋下伏笔。即使面临"革命"危机时,政治精英主流仍坚持以和平的"宪政革命"来完成对菲律宾社会政治的改革。

中国台湾地区在从"开发独裁"体制到民主化的转型中,出现了"台独"宣传的泛滥和"台独"政治势力的壮大,七次"修宪"实际上是在践行一条"零存整取"式的"台湾独立"路线,民主化畸变为"黑金政治"和地方派系政治。

韩国政治转型亦即民主化进程中,青年学生和基层社会力量相结合的民主抗争,对从威权主义军人政权到民选军人政权再到文人政权的转变起了重要推动作用。长期以来,这一方面在研究韩国民主化运动的课题中常常被忽略。"韩国民主化进程"一章源自一位韩国留学生的硕士学位论文,作者当年亲身参与了民众的抗争,在据实而述的同时,写出了对"自下而上的民主化"的切身体会。

第二,对市场与政府这一隐一显"两只手"的新思考。中国香港现在有一半左右的居民住在政府资助的"公屋"内。政府以创造了"世界上最自由的市场经济"而闻名,却对住房这一最大宗的社会消费品进行了密集的干预。与其类似,新加坡政府被认为创造了"世界排名第二的自由市场经济",但它对住房市场干预更多,其居民的九成住在政府资助的"组屋"内。香港和新加坡政府积极干预住房市场的措施与情形相近,并且都有积极的效果,说明在直接关乎民生的衣、食、住、行问题上不可过于依赖市场化。"住屋局"模式可供正在从房价高企的困境中寻求突围的中国以及其他国家和地区借鉴。

对日本、新加坡和中国香港等地"城市农业"的考察另备一格,为联合国教科文组织所重视并欲积极推广的大都市市区农业,或许可以启发在大规模的城市化过程中打开协调传统与现代、工业与农业、协调经济发展与保护生存环境的新思路。而对台湾地区和韩国农业为工业化做出牺牲的经历所做考察,则显示了政府作用的另一面和整个东亚由推行发展主义而带来的"三农"问题的严重性。第十五章的作者经过在韩国的实地研究考察,讨论了韩国"新村运动"的局限性——朴正熙发动新村运动的两个重要特征之一是大规模的政治性全民动员。运动的推进机构不是农林部而是内务部,所有参与新村运动的道、郡、乡等各级部门的工作人员,都受内务部的管辖。这些都决定了它的不可持续性。韩国新村运动取得的效果值得肯定，但它并不是成功的农村现代化模式。

第十六章重新考察了新加坡的教育分流制度改革及其在新加坡现代化过程中的影响。分流教育的明确目的是教育培养的效率化：把教育浪费降低到最低限度，把每一个人的潜力充分发挥出来从而使每一个人都能为社会所用，从而提高全体国民的素质，努力把新加坡建设成为一个所有国民都受过良好教育的社会。新加坡精英与大众兼顾的教育制度是在其特殊国情下政府做出的明智选择，对我们和东亚其他国家推行"以人为本"的社会发展很有借鉴意义。第十七章讨论新加坡社会基层组织的变迁。新加坡独立以后，人民行动党政府对独立前具有种族性质的社区组织进行改造和打击，并通过建设新的社区组织将多元化的种族平等思想贯彻到民众之中，通过基层组织的改造较好地实现了社会整合。在其后的几十年中，新加坡不仅保持了较高的经济发展水平，还创造了平稳的国内政治环境和和谐的种族关系。其间，新的基层组织的力量功不可没。

第三，对社会主义政治制度培育市场经济新经验的探讨。1975年以来，越南经济体制改革经历了产品经济发展途径的推行与调整（1975—1990）、商品经济发展途径的定位（1991—2000）、市场经济发展途径的确立（2001年以来）三个阶段，最终确立了建设"社会主义方向市场经济"的方向。这是越南经济社会发展理论的一大突破，也是其革新开放事业不断发展和逐步深化的结果。本书第十八章的研究表明，经过几十年的实践，越南经济社会发展以市场机制的确立为目标已经促成了两个转变：一是从利用和限制私人经济、以建设单一社会主义公有制为目标，转变到允许、保护和鼓励私人经济参与市场竞争，以建设公有制主导的多种成分的社会主义方向市场经济为目标；二是对经济成分的评判由原来以所有制为核心指标，发展到以资本和资源运营主体为核心指标，经济领域的区分由原来的社会主义公有制经济和非社会主义私人、个体经济，逐渐过渡到国家经济、非国营经济以及外资经济等分类。前一个转变已基本完成，后一个转变还在继续进行中。

尽管越南经济最近出了一些问题，但改革的成就是不可否定的。越南的改革开放和现代化相比中国只能算是后来者，但两国政治、经济、意识形态、文化有许多相同之处。"他山之石可以为错",其经验教训对我们都有重要的借鉴意义。

第四,对东亚区域合作和"一体化"进程的探讨。全书最后一章以"中国—东盟自由贸易区"为例,探索东亚区域合作的模式。在东亚区域合作进程中,经济实力最强的日本更愿意强调双边机制,与单个的东南亚国家进行合作,而不愿意把东盟作为一个整体来谈判。与此同时,中国与东盟的经济交往不断加深。中国—东盟自由贸易区不是一个封闭性的组织。1997年亚洲经济危机的爆发,加速了东盟与中国关系的发展。中国政府在危机中的表现赢得了东南亚各国的信任。

环顾"全球化"热浪中的今日世界,欧洲、北美和亚洲、非洲、拉丁美洲的局部地区如东南亚,都已经有了区域经济合作组织,涵盖整个东亚甚至东亚与南亚,继而整个环太平洋地区的大合作区的建立,也是势在必行,或早或晚的事。打从开始,东亚现代化就是世界现代化整体进程的一个组成部分。东亚发展跟全世界发展的关系今后也只能越来越密切,越来越不可分。我们在研究东亚现代化历史和"个性"特点的时候,不能不具备这种全球眼光。

四 有待进一步研究的课题

跟艺术创作一样,历史研究中每一个课题、每一项著述的完成都会留有遗憾。回过头来看本书,最明显的缺憾恐怕仍然在于对既有发展观念的反思不足。如所周知,世界现代化进程已经发生过多次危机,包括20世纪上半叶的大危机和两次世界大战。今天,整个人类的发展正面临着人口爆炸、恶性竞争、恐怖主义袭击、核战争与核泄漏的威胁、对自然资源的争夺与掠夺性开发、地球生态环境的急剧恶化等前所未有的危机,更不用说已经频繁发生并且还在继续发生的金融危机、粮食危机即生存危机,以及此伏彼起的大规模社会动荡与政治危机。在东亚乃至整个世界的现代化进程中,个人与社会、个人与自然、自由与平等、民主与法治、科学与人文之间的关系究竟应当如何妥善处理,这些都是需要认真反思的问题。东亚在和平与发展基础上的一体化进程才起步不久，进一步的多边合作、区域合作还有诸多待解的难题。最后，由于分工和研究领域的限制，对于中国大陆这一东亚最大甚至在许多方面都堪称世界之最的发展中经济体、社会共同体，本书着墨不多。但是，希望对周边国家和地区发展成就与经验教训的总结能为我们身边的发展提供有益的咨询和借鉴，为建设一个均富、和谐、强盛的现代化新中国添砖加瓦，则是所有作者的共识，也是本书出版的主要目的。

本书是集体劳动的产物。作者中除了少数几位长期研究东亚的政治学、历史学从业者，绝大多数是入门不久甚至初入本领域的青年学者。奉献给读者的基本上是他们的学位论文或者攻读硕士、博士学位期间的阶段性成果。初次尝试，个别地方或不免青涩，但细细读来，却能感觉到他（她）们勇于进取的精神、对反思东亚发展和现代化进程的热心，尤其是对基层社会与人的发展的钟情。

本文收录于董正华主编《世界现代化历程（东亚卷）》，江苏人民出版社，2010。

附：《世界现代化历程（东亚卷）》分章提要

第一部分　东亚现代化的文化背景与国际环境反思

东亚现代化的文化背景、东亚区域古典文明的现代命运，从来是东亚现代化模式研究的热点，同时也最容易引发争论。本书前四章集中讨论和反思与此有关的问题。

第一章"东化与西化关系新识"分析了既有的两种意见，认为现代化与东化或西化是两个层次不同的概念与问题。东亚现代化的源头来自西方，东亚模式则是现代化在亚洲地区的个性体现。现代化模式的划分标准不一，但各大类模式的诸变项都应包括其文化主体。

19世纪后期，中国在面对西方挑战而启动现代化运动时形成了"中学为体西学为用"的思想，同时期日本有"东洋道德西洋艺术"或"和魂洋才"，朝鲜有的"东道西器"之说。

第二章"对'中体西用'思想的反思"以中国为重心，着重讨论东亚现代化启动的文化选择与历史困境。作者认为："中体西用"是打破中国传统文化封闭性的起点。它开辟了中国向西方学习的传统，有利于中国的现代性转变。以"中体西用"为契机，中国文化逐渐成为一个开放的、多样的系统。

第三章"亚洲价值观与东亚经验再探"以东亚"金融危机"以来围绕"亚洲价值观"的论说为重点，检讨了东亚现代化模式讨论中关于伦理体系/价值观的争论。"亚洲价值观"根植于东亚历史，具有东亚文化传统特别是儒家思想的特征，在解释东亚崛起时强调"亚洲次序"、"家庭伦理"和"集体主义"，以及"好政府"和"强干预"等核心论点。新加坡和马来西亚把这种价值观宣扬为促进民族认同与自立、社会凝聚与控制、政策制定与经济发展的动力因素，是一种支撑社会经济、塑造国家形象的伦理体系。结合今日新加坡、马来西亚政治经济的发展现状，可以看出"亚洲价值观"在新、马等国热土上还是强劲的官方意识形态。

第四章"日本华夷观念的传承与变异"回顾了古代东亚儒家文化的传播和日本作为华夷秩序边缘地区对华夷观念的吸收与传承，日本"非实体性华夷观"的形成。18世纪后期以来日本向西方学习走上了现代化的道路，其间否定了传统华夷思想中的"中国中心论"，也为"脱亚"和"侵亚"埋下了伏笔。所谓"脱亚入欧"就是"华夷变态论"的发展。

第五章和第六章反思东亚现代化的国际环境。"东亚现代化的国际政治背景"以冷战与台湾"奇迹"的关系为个案，指出冷战对战后台湾土地改革，对台湾工业化的延续和转型，对发展战略的选择，等等，都有直接的有时是决定性的影响。美国在对战后东亚社会主义国家实行包围"遏制"

甚至局部"热战"的同时，推动台湾等地实行"邀请的发展"（Development by Invitation），其"冷战"绩效鲜明，对迄今为止东亚区域经济一体化的进程，对东亚政治和亚太和平，均造成难以消除的深远影响。"新加坡产业升级中的美日资本"正如题目所示，以新加坡工业升级中的外国资本中美、日资本面对新加坡政府的产业升级政策的不同反应为个案，着重探讨外部因素影响发展的机制以及内外因素交互作用的关系。

第二部分　国家发展战略、政治变革与国家干预

第二部分共六章。第七章探讨东亚政治发展与现代化的区域性、共性特点，后面的各章则分别以日本、韩国、菲律宾、新加坡以及中国香港和台湾地区为案例，反思东亚现代化进程中的国家（政府）作用和政治变革趋势。

第八章重新探讨当代日本国家战略中的保守主义，着力阐述保守主义关于日本国家发展战略的具体主张与具体实践。从吉田茂倡导"富国轻兵式"经济立国路线、反共、反对解散财阀、对美国主导的民主化改革持慎重和保留态度开始，冷战环境下的日美基轴主义和经济中心主义曾经是日本保守主义政治的基调。但1973年石油危机以后，日本政治家发出了由经济大国向政治大国过渡的信号。后冷战时代，大国主义路线再度抬头，一部分保守主义政治势力企图继续推动日本走向政治大国，进而成为军事大国，甚至主张以强硬态度对待曾经受其侵略的亚洲邻国。这些都反映了保守主义的强大影响，表现了日本保守主义发展演变的轨迹。当初，保守主义的强大是美苏冷战和美国对日政策转变的结果。美国主导下的对日和平条约与日美安全保障条约排除了亚洲各国，这使日本游离于亚洲之外。考察冷战结束后日本国家战略的选择时，也不能不考虑后冷战时代新国际环境的影响。

第九章通过分析"第一个菲律宾人"黎萨尔的政治思想，讨论菲律宾现代政治变革模式的形成。黎萨尔认为暴力革命是"荒谬的"，至少不是最佳的变革模式。如果到了忍无可忍的阶段，菲律宾可以借助"革命"来获取自由，但是，现实尚不具备"革命"的条件。由此，黎萨尔确立了一条

经由菲律宾精英在现行政治体制框架内进行"好改革"从而达致变革旧制度的政治变革途径。战后主权独立的菲律宾被界定为一个"依附性独立"国家，正是这种政治变革模式作用的结果。从战后菲律宾政治史看，即使面临"革命"危机时，政治精英主流仍坚持以和平的"宪政革命"来完成对菲律宾社会政治的改革。

第十和第十一两章分别讨论中国台湾民主化的畸变和韩国民主化的进程。1987年蒋经国领导的中国国民党解除了在台湾地区实行38年的"戒严法"，标志着台湾地区民主化进程的启动。但民主化进程中出现了"台独"宣传的泛滥和"台独"政治势力的壮大，七次"修宪"实际上是在践行一条"零存整取"式的"台湾独立"路线。民主化甚至畸变为"黑金政治"和地方派系政治。第十一章研究了韩国民主化的进程和阶段、政治转型中的社会力量、全斗焕的威权主义军人政权与卢泰愚民选军人政权间的相互关系，以及从民选军人政权向文人政权转变的主要动因。长期以来，这几个方面在研究韩国民主化运动的课题中常常被忽略。作者当年曾经亲身参与了民众的民主抗争，对自下而上推动的民主化深有体会，因而行文也特别着力，但同时也指出了韩国走向民主化的其他动因，分析了韩国民主化的道路和模式。

第十二章分析新加坡、中国香港政府的住房干预模式。香港政府以创造了"世界上最自由的市场经济"而闻名，却对住房这一最大宗的社会消费品进行了密集的干预，香港现在有一半左右的居民住在政府资助的"公屋"内。与之类似，新加坡政府被认为创造了"世界排名第二的自由市场经济"，但它对住房市场进行了更极端的干预，至今其居民的九成住在政府资助的"组屋"内。新加坡、香港政府积极干预住房市场的情形类似，效果亦相仿，其模式可供给其他发展中国家和地区借鉴。

第三部分　经济、社会与区域发展模式

第三部分共七章，一仍前两部分从历史细处着手、论从史出、不著空言的原则，分别反思东亚经济、社会发展与区域经济合作模式。前两章从

台湾地区和韩国为工业化做出牺牲的农业谈到日本、新加坡、香港的"城市农业",希望能在既有的有关讨论中另备一格,启发思路。

第十五章讨论韩国"新村运动"的局限性。朴正熙发动新村运动的两个重要特征之一是大规模的政治性全民动员。运动的推进机构不是农林部而是内务部,所有参与新村运动的道、郡、乡等各级部门的工作人员,都受内务部的管辖。这些都决定了它的不可持续性。韩国新村运动取得的效果值得肯定。但它并不是成功的农村现代化模式。

第十六章尝试以更多的历史学的眼光,重新考察新加坡的教育分流制度改革及其在新加坡现代化过程中的影响。分流教育的明确目的是教育培养的效率化:把教育浪费降低到最低限度,把每一个人的潜力充分发挥出来从而使每一个人都能为社会所用,从而提高全体国民的素质,努力把新加坡建设成为一个所有国民都受过良好教育的社会。新加坡精英与大众兼顾的教育制度是在其特殊国情下做出的唯一的同时也是明智的选择,对东亚其他国家很有借鉴意义。

第十七章讨论新加坡社会基层组织的变迁。新加坡独立以后,人民行动党政府对独立前具有种族性质的社区组织进行改造和打击,并通过建设新的社区组织将多元化的种族平等思想贯彻到民众之中,通过基层组织的改造较好地实现了社会整合。在其后的几十年中,新加坡不仅保持了较高的经济发展水平,还创造了平稳的国内政治环境和和谐的种族关系。其间,新的基层组织的力量功不可没。

第十八章分析当代越南经济社会发展的道路。1975年以来,越南经济体制改革经历了产品经济发展途径的推行与调整(1975—1990)、商品经济发展途径的定位(1991—2000)、市场经济发展途径的确立(2001年以来)三个阶段,最终确立了建设"社会主义方向市场经济"的方向。这是越南经济社会发展理论的一大突破,也是其革新开放事业不断发展和逐步深化的结果。经过几十年的实践,越南经济社会发展途径以市场机制的确立为目标促成了两个转变:一是从利用和限制私人经济、以建设单一社会主义公有制为目标,转变到允许、保护和鼓励私人经济参与市场竞争,以建设公有制主导的多种成分的社会主义方向市场经济为目标;二是对经济成分的评判由原来以所有制为核心指标，发展到以资本和资源运营主体为核心指标，经济领域的区分由原来的社会主义公有制经济和非社会主义私人、个体经济，逐渐过渡到国家经济、非国营经济以及外资经济等分类。前一个转变已基本完成，后一个转变还在继续进行中。

全书最后一章以"中国—东盟自由贸易区"为例，探索东亚区域合作的新模式的形成。在世界的三大经济区域中，欧洲和北美都已经有了区域经济组织，在亚洲却迟迟建立不起来。原因是多方面的。在东亚区域合作进程中，经济实力最强的日本更愿意强调双边机制，与单个的东南亚国家进行合作，而不愿意把东盟作为一个整体来谈判。与此同时，中国与东盟的经济交往不断加深。1997年亚洲经济危机的爆发，加速了东盟与中国关系的发展。中国在危机中的表现赢得了东南亚各国的信任。中国—东盟自由贸易区不是一个封闭性的组织，它目前的组织形式是"10＋1"，但是并不排除其他国家的加入。日本、韩国等东亚国家均有机会同东盟国家进行自由谈判，甚至直接加入这个自由贸易区。这个自由贸易区也不排斥美国、澳大利亚、加拿大等国家。因此，美国没有理由反对它。

"发展权"与发展模式的选择

初春之际来到普洱茶的故乡云南景洪基诺山，虽然只差一天没能赶上基诺人盛大的"特懋克"节，但听到了卓巴——村寨的长老——敲响的神圣的太阳鼓，看到了青年男女在标志自己信仰的图腾柱下载歌载舞，老妇老翁悠然自得其乐融融。基诺人——这个自称"舅舅的后代"、20世纪后期刚刚走出原始社会但平时生活仍然依靠采集狩猎、1979年被确认时还只有几千人的民族，今天已经有自己的乡镇、乡一级政府和学校，在自己的村寨里拥有开阔明亮的住房。在有外来投资参与、接待旅游参观者的基诺山寨，还修建了完全符合现代标准的卫生间。

与之形成鲜明对照的，是最近来自国境另一边陆续进入基诺山区的一个族群，基诺人称之为"土著部落"。他们不事农作，茹毛饮血，物质生活和精神文化生活自然极端困乏。一些男性甚至长期生活在高高树杈上鸟窝一样的小窝棚里，必须有倾心的女性用长竿捅他才能下来，觅食、交合以后再回树上。在当地政府帮助下，基诺人给他们提供衣食、茅棚，跟这些身份不明言语不通的陌生人友好相处，帮助他们维持生存，也是防止他们践踏茶园谷地和过分砍伐林木破坏环境。

看着基诺人和这些"土著"人，不由想起几年前的一场讨论。

直接引发讨论的问题是"大香格里拉要不要实行现代化"。有两种不同意见。其一强调：每一种生活都有自己的幸福，不能因为香格里拉不够现代化而认为那里不够幸福。一个民族或者一个国家，如果没有力量抵御"舒适便利生活"的诱惑，那只表明这个国家、这个民族已经没有了属于自己的强有力的文化。另一种意见则认为：无须担心文化特色消失。只有在缺乏交流的状态下，部落文化才可以数千年如一日保存其原始风貌。

我的意见偏于后者：

进入互联网点击"香格里拉"，包括当地政府的网站，能看到的几乎全跟旅游有关。相形之下，几个旨在招商引资发展地方经济或者叫追求"现代化"的栏目，就显得与界面上圣洁的图片和介绍景色的优美词句全然不协调。

现代人在钢筋水泥垛成的大都市里住腻了，困倦了，便要寻找绝尘净域、旷古秘境、世外桃源。从这一点上完全可以说，"香格里拉"是现代的产物。它的价值是现代人赋予的。许多人在谈论"发展的幻象"，认为原初社会采猎民的生活质量不见得比现代工商业社会的人为差，或者说狩猎者和采集者的社会才是丰裕社会。考虑到现代人日益紧蹙的生存环境和紧张的生活状态，这些看法都能说出一些道理。但我总有一种感觉：坐着飞机轿车去欣赏原初社会的采猎民在烈日下与野兽赛跑，赞美他们在低矮破陋的茅屋旁刀耕火种掘土刨食，多少有点矫情。

其实现代社会和现代人的生活状况并不一律。英国人把香港岛变成了密集的摩天大楼的丛林，但英伦三岛许多城市风格古朴，多数居民并非居住在高楼大厦。郁金香和风车之国荷兰，除了几个主要城市的中心区以外，到处可见田园风光，旅游胜地遍布全境。但这不妨碍荷兰作为高度现代化的世界第七大贸易国，位居1999年国际经济竞争力世界第一，在世界最富裕国家中跻身前11位。美国许多大都市高楼林立，各色人等行色匆匆，但都市以外更多的是低层建筑居住区或小城镇。美国农民的生产和生活仍千姿百态。笔者有幸参观一户拥有4000英亩耕地的农场主的巨大农机仓库，也有幸成为依荷华城附近"阿米什"社区的第一个来自中国大陆的房客。男女主人均衣着单色，出行乘马车，也不用自来水，但有自己耗资不菲的农用机械；而男主人的兄长则仍然坚守人力耕作，什么机械也不用。

简言之，我以为现代社会应当尊重任何社群和个人自主选择的发展权，尊重他们追求现代生活方式的权利，如同尊重任何群体和个人亲近自然或维护自己传统生活方式的权利一样。如果说既往的"现代化"对强国、强者是福音，弱国、弱者却常常首先成为其代价。那么，在以"小康社会"为目标、以共同富裕为承诺的今日中国，这种状况不容继续。

对于环境和自然景观，拥有现代观念的人至少也应懂得对它们实行保护的经济价值，因为不受污染或较少污染的环境和景观今天已经非常稀缺。随着现代化的深入，会有越来越多的人向往、涌往此前尚未被"现代"涉足的世外桃源。这是香格里拉、张家界、九寨沟们所面临的真正威胁。如果哪一天这些地方也堆满了钢筋水泥和生活垃圾，天变低，云变灰，山变秃，水变浑，它们也就不再成其为"桃源"、"净域"了。此外，人类活动对环境的破坏并不一定非要"践之履之"。美国早在20世纪初叶就开始设立国家公园，推行环境保护，但不能阻止人迹罕至的阿拉斯加冰川年复一年地后退、融化。

说到底，香格里拉今天所面临的窘境是人与自然的矛盾——急待发展的人众与急需保护的环境之间的矛盾。香格里拉不是原本荒无人迹的大峡谷，也不是人去楼空专供游览的紫禁城，而是滇、川、藏三省（区）交往的咽喉地段和重要的商品集散地，著名的"茶马古道"的重要孔道，与四川康定、西藏昌都鼎足为"经济三角"。11600多平方公里的面积和14.7万人口，拥有丰富的资源，却至今还是贫困地区。所以，笼统地谈它的"现代化"或者"非现代化"是没有意义的。哪些地方可以开发，哪些地方不能开发甚至必须禁止人员进入，应当在专家和当地民众的广泛参与下，由当地有关部门"统筹"具体的方案。破坏环境的强力开发断然不可取，想要香格里拉原汁原味地保存下去，即使停办包括旅游在内的一切项目，也不可能。比较可行的，可能是找到一个兼顾发展与保护的中间点，一个可持续发展的"度"。这不是几个胜地的问题，而是整个国家甚至整个地球村的人们当前面临的大问题。①

---

① 董正华：《"桃源"也要明智选择好生活》，《中国国家地理》2004年第7期，"大香格里拉要不要实行现代化"栏目。

其实，无论是香格里拉，还是基诺山寨，以及其他众多的仍然保有古老生活方式和原始自然风貌的地区，那里的保护和开发都涉及我们今天想要深入探讨的两个重要问题，一是是否承认和尊重当地民众的发展权；二是如何发展，亦即选择什么样的发展模式、发展道路。解决这两个问题意义同样重大。两个问题关系密切，但又不能混同。

发展的目标是人的社会地位、社会福利、社会和政治参与以及文化思想精神状态的普遍提高，而不只是一些硬邦邦、冷冰冰的物质指标。单有国民生产总值或国内生产总值的增长并不等于"发展"。对于原本经济、文化和社会形态都相当原始的少数民族边远地区，发展首先是社会转型，如同基诺族人已经和正在经历的社会结构和社会形态的巨大变化。在当今世界，"发展"已经是时代的最强音。然而在过去，发展曾经只是少数国家、少数人口才能享有的特权，而不是基于平等的发展权利的"一切人的发展"。《世界人权宣言》一开始就强调，"一个人人享有言论和信仰自由并免于恐惧和匮乏的世界的来临，已被宣布为普通人民的最高愿望"，并指出"各联合国国家的人民已在联合国宪章中重申他们对基本人权、人格尊严和价值以及男女平等权利的信念，并决心促成较大自由中的社会进步和生活水平的改善"。第41届联合国大会通过的《发展权利宣言》进一步指出："发展是经济、社会、文化和政治的全面进程，其目的是在全体人民和所有个人积极、自由和有意义地参与发展及其带来的利益的公平分配的基础上，不断改善全体人民和所有个人的福利。""发展权利是一项不可剥夺的人权，由于这种权利，每个人和所有各国人民均有权参与、促进并享受经济、社会、文化和政治发展，在这种发展中，所有人权和基本自由都能获得充分实现。"这就是说，发展权是人权的基本内容，是当代最重要的人权。追求现代发展既是所有国家的权利，也是组成国家的每个地区、民族和个人的权利。既往的"现代化"或者叫"现代发展"对强国、强者、发达地区是福音，经济落后国家和地区却常常成为其代价。这种状况当然不容继续。2000年，联合国千年首脑会议又通过了《千年宣言》，各国领导人承诺将帮助贫困地区的人口实现发展权和摆脱匮乏，在国家及全球范围创造一种有助于发展和消除贫困的环境。在以全社会的共同富裕为目标的今日中国，尊重所有人的发展权利，满足所有普通人民"免于恐惧和匮乏"的愿望，帮助经济落后的少数民族地区实现以人为本、以其自身为主体的发展，是各级政府和经济发达地区义不容辞的责任。基诺人生存状态的改善所展示的，正是这样一种工作的进程和初步成果。

在确立了"发展权"是基本的普遍的人权以后，还必须解决如何发展即发展模式、发展道路的选择问题，对于正在致力于发展的国家和人民，这才是真正的难题。今日西方发达国家当年的工业化道路、现代化模式或者发展的进程之所以不可照抄照搬，就是因为其间充满了人与人之间、地区之间、民族和国家之间以及人与自然之间的矛盾冲突。少数人和少数国家的发展，不仅以多数人、多数民族和国家发展权利的实际丧失为代价，而且以对人类生存环境的污染和破坏为代价。富国强国剥夺穷国弱国、城市剥夺农村、富人剥夺穷人、对自然资源的掠夺性开发，是这些国家发展道路发展模式的共同特征。早期的种种现代化理论、经济发展学说、发展模型等等之所以遭人厌恶、被人嫌弃，极端的反对者甚至由此而走向否定"发展"本身，根源就是它们都以发达国家当年的发展道路为模板，难以指导也不能解释发展中国家和地区今日发展的实际进程。当今世界任何发展中国家和地区的发展，既不能走殖民主义（包括"内地殖民主义"）的老路，也不能重蹈在生态环境方面"先破坏后治理"的覆辙。总结和吸取前人的经验教训，从自在、自发的发展变为自为、自觉的发展，在处理效益与公平、资本与劳动、对环境资源的开发与保护、经济建设与社会—政治—价值文化建设等一系列发展过程中必须要面对的矛盾关系时，争取少走弯路，尽量不走歧路，这也是一种"后发优势"。

仅就人与自然的关系而言，不仅仅是香格里拉、西双版纳，亟待发展的民众与亟须保护的环境之间的尖锐矛盾，而是今日中国和世界任何地方普遍面临的困境。香格里拉、西双版纳都不是荒无人迹的大峡谷，也不是人去楼空专供游览的紫禁城，当然应该尊重当地人民的发展权利，尊重他们追求社会进步和改善生活方式的权利，如同尊重任何群体和个人亲近自然或维护自己文化传统的权利一样。哪些地方可以开发，哪些地方不能开发甚至必须禁止人员进入，应当在当地民众的广泛参与和监督下，由当地有关部门的专家统筹具体的方案。破坏环境的强力开发断然不可取，想要它们原汁原味地保存下去，即使停办包括旅游在内的一切项目，也不可能。比较可行的是找到一个兼顾发展与保护的中间点，一个可持续发展的"度"。

　　本文为笔者在第一届"北京人权论坛"的发言稿，2008年4月21—22日；部分内容收入董云虎等编《发展·安全·人权》，五洲传播出版社，2009。

环境生态的伦理

面对日益严重的环境污染、生态破坏和资源危机，从1990年起，中国政府开始发布中国环境状况年度公报。中国国家"十二五"规划纲要进一步将降低能源消耗和二氧化碳排放列为约束性指标，把节约能源保护环境定为基本国策，视之为可持续发展的内在要求。环境保护和生态文明建设正在成为时代的强音和全民共识。与此同时，随着对环境生态现状和未来的忧患意识增加，发展中国家和地区民众的发展权、以人为本的现代化目标和价值取向也都成了值得进一步深入研究的问题，以至于我们不能不就关于环境生态与人的关系的价值伦理做一番探讨。

关于"生态文明"，笔者以为下面的解释最为简单明了：

> 生态文明是反思工业文明导致环境危机、发展难以为继的深刻教训，应运而生的一种新型文明。这种文明，继承了工业文明的优势，舍弃其弱点，是经过创新形成的一种遵循自然、经济、社会整体运行规律，促使人与自然和谐，发展与环境双赢的现代文明。①

这就是说，生态文明是扬弃既有的"工业文明"而形成的人类文明发展新阶段。它继承工业文明的优势，是一种"后工业"文明，而不是从工业文明倒退，不是不分青红皂白地、一般地批评甚至反对工业化。它放弃

---

① 姜春云：《以生态文明引领农业、农村发展》，《中国农业大学学报》（社会科学版）2011年第4期。

难以为继的发展，但不是不要发展，而是要可持续发展。作为一种新文明形态，它以产业生态化为特征，其具体内容指发展过程中为实现人与自然、人与人、人与社会之间的和谐共生关系所做的全部努力和成果，包括为实现这种和谐所创造和构建的技术、组织、法律、制度、意识以及实际行动。[①] 生态文明涉及自然环境和人类社会发展，因而生态文明建设问题常常落实为如何处理经济发展和环境保护两者之间的关系，如何处理两者的矛盾冲突。这里所说的保护环境，包括运用最新的科学技术手段对被破坏的生态环境进行修复，以及对恶化的自然环境（例如荒漠化、盐碱化地区）的改造。总之，建设生态文明要落实于"建设"，依托既有的文明成果，以人类社会的可持续发展为旨归。谈论环境生态问题离不开"发展"。无论是环境保护还是生态文明建设，都跟发展权和发展道路选择紧密相连。应对和解决环境生态问题，需要以多数人的利益、以实现全人类的共同幸福和富裕为出发点，既要反对少数人借"开发"破坏环境生态谋取私利，也不能任由既得利益者一边享受着既有的工业文明成果，一边以环保为名压迫未开发或迟发展国家和地区仍处于贫困落后状态的民众谋求发展的基本权利。

在唯物史观的论域中早有对生态文明的关怀，环境—生态问题与对资本主义的批判和对未来理想社会的憧憬联系在一起。马克思、恩格斯关注的是"现实的自然"、"人化的自然"，否定人类早期对自然的神化和崇拜，揭示"资本的伟大的文明作用"，提出"只有在资本主义制度下自然界才不过是人的对象，不过是有用物"，[②] 同时批判"资本主义生产……破坏着人和土地之间的物质变换……"[③] 批判其对自然的征服和掠夺。未来理想社会的情景是"人和自然界之间、人和人之间的矛盾的真正解决"，[④] 是实现"人类同自然的和解以及人类本身的和解"。[⑤] 两个"解决"与两个"和解"

[①] 陈家刚：《生态文明与协商民主》，中国科学院中国现代化研究中心编《生态现代化：原理与方法》，中国环境科学出版社，2008，第100—101页。
[②] 《马克思恩格斯全集》第46卷，人民出版社，1979，第393页。
[③] 《马克思恩格斯全集》第23卷，人民出版社，1972，第552页。
[④] 马克思：《1844年经济学哲学手稿》，人民出版社，2000，第81页。
[⑤] 恩格斯：《国民经济学批判大纲》，《马克思恩格斯全集》第1卷，第603页。

都将解决人与自然的矛盾与消除社会（阶级）矛盾并列，同时将人与自然的关系放在首位，体现了生产力对生产关系/社会制度/社会进步的决定作用。马克思、恩格斯显然对人类能否与自然和谐共存、对解决环境生态问题持乐观态度，寄希望于资本主义的终结和全人类的解放，亦即生产力的发展从满足资本和少数资本家的贪欲转变为服务于全人类的共同利益。也就是说，最后达到"人和人之间的矛盾的真正解决"或称"人类本身的和解"，有赖于"人和自然界之间的矛盾的真正解决"或称"人类同自然的和解"。两个"解决"和两个"和解"亦即全人类解放、全人类人权实践的理想状态之实现，只能是人类社会全面的可持续发展（马克思在《资本论》第一卷的用语是"人类以一种适当的形式全面发展"）的结果。马克思、恩格斯的一系列论述，从根本上指出了在环境生态问题上发展和"发展权"的正当性。

历史研究可以说明环境生态与人类之间相互关系的长期演变趋势。地球原初生态体系的残损包括自然残损与人为残损两种。前者与人类活动无关。人类征服自然、破坏环境并非始于工业化时代。两河流域古文明的衰落、罗马帝国的崩溃，就跟环境破坏、资源耗尽有关。[①] 在现代西方世界，环境作为"问题"，是在工业化实现、物质生活丰富之后提出的，如两位法国学者所说："大约在（20世纪）60年代末，基本物质需求的满足引起了物质主义向后物质主义的转变，如对自然环境的关注。"[②] 著名的罗马俱乐部报告《增长的极限》主张"零增长"，被视为世界范围内环境与经济之间关系发生转变的象征性标志。70年代美国出现了"非人类中心主义"的环境伦理学并形成潮流，这种理论"把自然破坏的原因归结为以人类为目的而将自然手段化了的人类中心主义……在批判人类中心主义时，有人还有意或无意地把人类中心主义批判与人本主义（Humanism）批判混为一谈。……从'人的立场'出发看待自然经常被视为是人类中心主义"。然而，正如日本环境学者岩佐茂所指出的：人类只能从"人的立场"出发看待自然。[③] 简言

[①] 参见〔英〕克莱夫·庞廷《绿色世界史》，王毅、张学广译，上海人民出版社，2002。

[②] 〔法〕维拉希尔·拉克霍、埃德温·扎卡伊：《法国环境政策40年：演化、发展及挑战》，郑寰、潘丹译，《新华文摘》2012年第4期。

[③] 〔日〕岩佐茂：《环境的思想和伦理》，冯雷等译，中央编译出版社，2011，第149—153页。

之，今天我们谈论环境问题不能照抄西方的"后工业化"语境，不能采用离开"人的立场"、批判人本主义的"后物质主义"叙事。反思经济增长模式、批评"发展主义"不能导向否定发展和"发展权"，而发展权正是当代人权实践的最重要内容，对于至今仍占世界人口多数的广大民众，它尤其是一项最基本的权利。事实上，"在20世纪70年代初，人们对环境和经济的看法是分裂的……虽然米德报告（按：即《增长的极限》）仅仅考虑到了经济增长的负面影响，但一些国际组织和国家则更多强调了正面影响，例如生态产业的出现，以及将环保纳入经济产业，这些都构成了生态现代化的逻辑"。①

发展中国家不能重复西方世界工业化、现代化的老路，不能"先增长后环保"或者"先污染后治理"，在这一点上特别需要形成共识。但也不能不顾经济发展的大趋势、富民强国的历史性任务和国民对发展的迫切要求，一般地批评甚至否定工业化、现代化。一面享受着现代科学技术和大工业生产力的成果，一面反对别人搞工业化、现代化，则更违背基本的"环境正义原则"。而包括平等参与权、知情同意原则，以及反对任何形式的歧视和偏见、反对环境不公正、反对跨国企业的环境破坏性创业等17项条款的"环境正义原则"，在在体现了基本的人权原则。② 中国的现代化是百余年来几代人苦苦追求的民族复兴宏伟目标，这跟西方"现代性"话语没有关系，不是什么别有用心的意识形态"许诺"。通向生态文明的道路只能是"可持续发展"即"既能满足当代人的需要，又不对后代人满足其需要的能力构成危害的发展"，也就是协调经济发展和环境生态保护的"生态现代化"。③不加区别地批评现代化、工业化而不寻求解决在发展中保护环境的具体路

---

① 〔法〕维拉希尔·拉克霍、埃德温·扎卡伊：《法国环境政策40年：演化、发展及挑战》，郑寰、潘丹译，《新华文摘》2012年第4期。
② "环境正义原则"体现了基本的人权原则，共17项，包括平等参与权、知情同意原则，以及反对任何形式的歧视和偏见、反对环境不公正、反对跨国企业的环境破坏性创业，等等。参见〔日〕岩佐茂《环境的思想和伦理》，第203—205页。
③ 参见联合国世界环境与发展委员会《我们共同的未来》（王之佳、柯金良等译，吉林人民出版社，1997）和中国现代化战略研究课题组《中国现代化报告2007——生态现代化研究》（北京大学出版社，2007）、中国科学院中国现代化研究中心编《生态现代化：原理与方法》中的有关讨论。

径，于事无补。在环境问题上发展同样是硬道理。必须以发展求环保。只不过我们所要的"发展"不再是不顾及环境和社会公正的单纯的经济增长，不只是若干生硬的经济指标，而是环境友好型的、公平公正的可持续性发展。要紧的是培育和发展循环经济、鼓励绿色消费、培养和光大环境正义，明确在环境生态问题上政府官员、企业和每个人的权利与责任义务。应当积极推动关乎环境生态的各项立法。建立保护自然环境和生态安全的法律制度是生态文明建设的题中应有之义。有效的环境保护体制应当具备稳定性、长期性，不受责任主体或部门利益变化的影响，这就不能仅靠适用于一时一地的政策，而要靠制度、靠法律。例如对破坏环境行为的惩治，对环境贡献者的补偿，都应有法可依并严格执法。

最后，或许是最重要的一点：环境保护和生态文明建设必须"两条腿走路"，坚持信息公开，疏通政府部门和公众之间交流环境生态问题的渠道，支持和鼓励公众参与，支持和培育民间环保组织、社区社团组织。支持和鼓励大众通过公共媒体对环保工作监督批评和提出建设性意见。这些也不能仅靠领导人的开明或者一时一地的政策，而要有必要的制度甚至法律做保障。任何地方的开发首先都要使当地民众获益，因而必须在各项权益中将当地民众的发展权、环境权、知情权、参与权放在首位。

本文曾先后提交以"科技、环境与人权"为主题的第五届"北京人权论坛"（2012年12月）和以"人文精神与生态意识"为主题的第二届"嵩山论坛"（2013年9月，河南登封）。

附：海南经济开发中的环境保护与生态文明建设（摘要）

一 问题的提出

1983年2月，中共中央召开关于海南开放开发的会议，最后形成"11号文件"即《加快海南岛开发建设问题讨论纪要》。1988年4月13日，全国人大通过《关于设立海南省的决定》。消息传出，轰动全国，"闯海"大潮汹涌而至，当年即有近20万人从全国各地扑向海岛。海南随即成为来自全国乃至全世界各地的各种投资人、开发商甚至金融投机者的热土，从此走上强力开发的道路，但一波三折，其间尤以90年代初的房地产泡沫教训深刻。急剧而病态发展的房地产业曾经对海南投资环境、城市环境造成巨大破坏，今后也会是对海岛环境生态的主要威胁。

1999年，由海南省作协召集，几十位文学界人士聚会三亚，讨论形成了针对发展和环境生态保护问题的《南山纪要：我们为什么要谈环境－生态》（以下简称《纪要》）。《纪要》强烈批评"发展主义"（或称"开发主义"）、"唯GDP主义"等"现代性话语""通过对工业化、城市化、现代化等等的许诺，对广大的第三世界产生了极其深远的影响，包括贫富悬殊拉大、环境－生态恶化，等等"。呼吁人们直面中国的问题，直面在现代化、改革和建设过程中承受的环境－生态超常压力。① 《纪要》对环境生态的现状和未来充满忧患意识，但对于究竟应该如何保护生态环境，没有给出明确回答。发展中国家和地区"工业化、城市化、现代化"的目标和价值取向也都成了悬置的问题。

---

① 《南山纪要：我们为什么要谈环境－生态》，《天涯》2000年第1期。

二 基本概念与理论框架

首先厘清基本概念。关于"生态文明",下面一段话是笔者看到的最好解释:

> 生态文明是反思工业文明导致环境危机、发展难以为继的深刻教训,应运而生的一种新型文明。这种文明,继承了工业文明的优势,舍弃其弱点,是经过创新形成的一种遵循自然、经济、社会整体运行规律,促使人与自然和谐,发展与环境双赢的现代文明。①

这就是说,生态文明是扬弃既有的"工业文明"而形成的人类文明发展新阶段。它继承工业文明的优势,是一种"后工业"文明,而不是从工业文明倒退。

环境-生态问题不止于人与自然的关系,不仅关涉经济和社会发展,而且与国际国内政治紧密相关。西方政治学家有如此论述:

> 当今政治学中关于"环境"最常见的观点,即认为它是一个问题领域(issue area),至少在自由民主社会是如此。这一"问题领域"可以被理解为范围从地区到全球的各种特别忧虑,问题包括有毒物污染、森林的毁坏、全球性变暖、生物多样性的消失,等等。环境主义者被视为至少代表着一些特定利益,一个声称民主或多元的政治体系在制定政策时应当予以关注。②

简言之,生态文明、环境保护涉及"特定利益",因而必然关涉政治。

---

① 姜春云:《以生态文明引领农业、农村发展》,《中国农业大学学报》(社会科学版)2011年第4期。
② John M. Meyer, "Political Theory and the Environment", in John S. Dryzek, Bonnie Honig & Anne Phillips, eds., *The Oxford Handbook of Political Theory*, Oxford University Press, 2006, p. 773.

讨论环境生态问题需要以多数人的利益、以实现全人类的共同幸福和富裕为出发点，既要反对少数人借"开发"破坏环境生态谋取私利，也不能任由既得利益者一边享受着既有的工业文明成果，一边以环保为名压迫未开发或迟发展地区仍处于贫困落后状态的民众谋求发展的基本权利。

三　海南开发中的环境保护与生态文明建设

　　海南岛面积近3.4万平方公里，略小于台湾岛，可开发面积则多于台湾。20世纪50年代初人口约220万，2011年普查登记常住总人口为867.15万，增速高于全国大部分地区。

　　海南自然生态系统以森林为主体。1097—1100年三年间苏东坡的海南生涯，是琼岛文明开化史上的重大事件。贬谪中的大文豪写《书传》，订《易经》，登台执教，培养诸生，"以诗书礼乐之教转化其风俗，变化其人心"，足迹达于海岛各地。据《儋州志》记载，苏东坡当年行经的儋州松林岭曾经"多松树"。如今，松林岭已经基本空有其名。千年风雨，沧海桑田，刻印出海南自然生态的变迁。近半个多世纪以来，海南森林资源面积锐减。1956年公布的全岛森林面积为1295万亩，占土地面积的25.75%。到1979年底，天然林只剩下497万亩。到1981年上半年已减到432万亩，覆盖率为8.5%。其分布范围大大缩小。低海拔丘陵台地次生林已几乎消失。

　　1999年，海南省通过了《海南生态省建设规划纲要》，成为全国第一个生态文明建设示范省区。纲要把全省划分为"三圈一区"：海洋生态圈、海岸生态圈、沿海台地生态圈和中部山地生态区。[①] 2000年，海南实施天然林保护工程。1999年以来，海南否决了110多个不符合环保要求的建设项目。到2010年，海南共投入资金约4732万元，建设59个村镇生活污水处理工程。2011年，海南省信息、新能源、新材料、新型装备制造等高新技术产业预计增长超过90%。多个国内新能源龙头企业在海南陆续开工建设。

[①]《海南如何打好"生态"牌》，人民网，2008年4月19日。

四　无序开发造成的生态环境破坏

尽管有如上认识、决心和成绩，海南生态环境仍然不能掉以轻心。海南岛海岸线全长1823公里。近年，海南旅游房地产业高速发展，许多岸线资源被廉价开发占有，珍稀水生植物红树林、水椰被毁事件时有发生。

1999年9月至2001年9月，乐东、东方、屯昌、三亚等市县连续发生四起特大滥伐林木案，毁林5200多亩。另据海南省水利局提供的数据，全省水源林受毁面积高达11000多亩。海南的大小河流曾经承受大量的"黑水"。全省1999年废污水排放总量为3.883亿吨。个别水源区已受到了不同程度的污染。除此以外，还有水土流失、沙化、赤潮等问题。

每个人为破坏环境的个案背后，都有偏狭的利益驱动。很多是商业投机，谋取暴利；也有官员急功近利导致的决策失误，例如20世纪的房地产高峰时期，海岛竟然出现了两万多家房地产公司。1988—1992年，海南商品房价格平均增长超过5倍，其中暴利可想而知。1993年中，海南房地产泡沫崩溃，留下"烂尾楼"1600多万平方米，闲置土地18834公顷。用了整整七年的时间，处置工作才基本结束。

然而，曾几何时，来自各地的房地产商再次在海南掀起圈地热潮。这一次的热点仍然主要集中在海岸线。有记者惊呼"海岸线乱象"：距离海岸线200米甚至100米以内的建筑比比皆是。"一线海景别墅和各大星级酒店在沙滩旁边星罗棋布。海南岛的海岸线正在'哭泣'——海南全岛的海岸线已几乎都处于开发的状态，很难看到一片原始的痕迹。"

其实何止海岸线，深山老林里也同样升腾着房地产开发热潮。海南岛素有"天然药库"之称，药用植物达3100多种，约占全国的30%。调查显示，近几十年间海南共有200多个物种濒临灭绝。专家分析称，海南生物种类急剧减少，生物多样性遭受威胁，主要原因是生态遭受破坏，危及了物种资源的保护。

2012年2月13日，当选海南省省长的蒋定之在接受媒体采访时谈道："我在征求政协委员对政府工作报告意见的时候，有一位委员不无担心地说了这么一句话,'海南的生态环境保护问题令我的心始终是悬着的'。这句话对我触动很大,我真是吃了一惊。"担心、悬心的又何止委员一人!

五 出路何在——凝聚全民共识,实现"生态现代化"

海南开发中的环境保护与生态文明建设成绩很明显,问题也很明显。这种情形并非特例,而是普遍存在的现象。那么,解决问题的出路何在?

笔者管见:首先应当明确环境生态保护与经济发展的关系。发展中国家不能不顾经济发展的大趋势、富民强国的历史性任务和国民对发展的迫切要求,一般地批评甚至否定工业化、现代化。中国的现代化是百余年来几代人苦苦追求的民族复兴宏伟目标,这跟西方"现代性"话语没有关系,不是什么意识形态的"许诺"。通向生态文明的道路只能是"可持续发展"即"既能满足当代人的需要,又不对后代人满足其需要的能力构成危害的发展",也就是协调经济发展和环境生态保护的"生态现代化"。

其次,应当积极推动关乎环境生态的各项立法。建立保护自然环境和生态安全的法律制度是生态文明建设的题中应有之义。有效的环境保护体制应当具备稳定性、长期性,不受责任主体或部门利益变化的影响,这就不能仅靠适用于一时一地的政策,而要靠制度、靠法律。例如对破坏环境行为的惩治,对环境贡献者的补偿,都应有法可依并严格执法。

再次,部门分权和权力向地方政府下放要设底线。1988年海南建省,第二年,海岸带管理条例便和公司法、环保法等一起被列入立法计划。当时有五六个省厅参与,开了六七次协调会,每个部门都在强调自己的管理权,争论不休。尽管法规草案出了六七稿,后却都不了了之。直到22年后,《海南省海岸带开发利用与保护条例》被列入国际旅游岛建设发展专项立法的内容时,仍然要面对如何处理各部门职能交叉或重叠等难题。[①] 到2011年7月,上述条例才提交省人大常委会进行首次审议。这一事例充分说明,在环保问题上应该强化管理、紧缩口径、集中事权。

---

① 《昌江黎族自治县人民政府关于征求对〈海南省海岸带保护与开发利用管理条例〉意见的复函》,http://www.xxgk.hainan.gov.cn/cjxxgk/bgt/201012/t201,2011年6月22日。

最后，环境保护和生态文明建设必须"两条腿走路"，支持和鼓励民众对环保工作监督批评和提出建设性意见。

主要参考文献（略）

本文原刊于《学术研究》2013 年第 10 期。原文约 16000 字，这里仅保留基本论点。

警惕新老发展主义病毒蔓延

1954年，第一届全国人大《政府工作报告》明确提出"把我国建设成为强大的社会主义的现代化的工业国家"，从那时到现在，中国的现代化已经走过了近两代人的曲折历程。其间，1979年是一个重要的转折点：从以阶级斗争为纲转向以经济建设为中心，从平均主义转向允许一部分人、一部分地区先富起来，从计划经济逐步转向市场经济。30多年过去了，中国的经济成就为世人所瞩目，但伴随高速增长而来的问题也越来越明显，今天已经到了非治理不可的时候了。新中国的历史似乎又面临一个新的重大转折关头。

早在1994年的全国政协会议上，中国现代化研究的开拓者罗荣渠先生就发出了"人文忧思的盛世危言"，提请人们注意改革开放以来在社会风气、价值观、人文素养、教育和学术文化等方面出现的新问题、严重滑坡和畸形化，并把它们概括为赶超型发展战略引发的"发展综合征"。今天，各种令人忧虑的"发展综合征"不仅没有消失，一些新老"发展病毒"还有肆行蔓延的趋势，试举例如下：

1. 贫富差距、城乡差距、地区差距扩大，基尼系数继续攀高。"效益优先兼顾公平"在许多地方变成了"只讲效益不要公平"。由于初次分配向国家和投资利润倾斜过多，加上对固定资产和资金流动的监管、对个人所得的监管与税收调节不力，官员财产申报制度迟迟不能建立，社会保障、社会福利制度不健全，少数公营民营企业家、老总高管与广大中下层劳动者收入和日常生活水平悬殊；在几亿"农民工"四处奔走辛勤劳作，甚至冒着身心健康受损和生命危险上天（高空建筑业）入地（矿井作业）而仅能谋得微薄收入的同时，一些不法暴发户夸富炫富，吃喝嫖赌花天酒地，为富不仁；社会主义中国天文数字的公款消费和大量贪官携巨款外逃，在整个世界现代化历史上不只罕见，恐无前例。这些都极大地败坏了社会风气，也败坏了中国和社会主义的声誉。处于相对贫困中的人群对此则满腹怨气。长此以往，必将造成社会断裂，甚至引发大规模的社会矛盾、阶级冲突。面对严重的社会问题，与其斥巨资"维稳"，何不拿来用于全民社保和社会福利，用于提高弱势群体的地位，以对不稳定因素釜底抽薪？

2. 农地、能源、环境危机。由于人口众多，"地大物博"早已被稀释了，土地、水、石油、煤炭等重要自然能源分摊到人头都少得可怜。中央政府提出死保18亿亩农地的"红线"，正是看到了土地稀缺和农业特别是粮食生产的重要性。然而，在西部国土因干旱而大面积荒漠化、江南鱼米之乡变成世界工厂的同时，许多地方政府继续把土地当银行，热衷于圈地、征地、卖地，使得大量耕地变成建筑用地甚至荒地。照此办理，红线早晚被突破，"谁来养活中国"将成为如同今日非洲大面积饥饿一样的现实问题。此外，耕地减少促使化肥农药施用量增加，加上工业化、城市化带来的各种污染，必将危及与人的生命息息相关的生态环境。

3. 政府无处不在和政府权威严重流失两种状况并存。一方面，从经济调控到社会治理，从证监、银监、保监、药监、纪检、质检、网管，一直到"严厉打击非法上访，一次批评，二次罚款，三次拘留"，政府似乎无处不在。另一方面，中央政府权威严重流失，分权让利超出底线，地方和部门利益坐大，"政令不出中南海"，地方保护主义下侵权制假售假乱象纷呈。与此同时，地方政府在关键时刻缺席掉链子、不作为，以致毒奶粉、地沟油、勾兑醋、因豆腐渣工程而造成的校舍民房桥梁建筑坍塌、黑煤窑矿难、河湖污染等重大事件频频发生。官商勾结、权钱交易使政府公信力弱化，许多规章制度、国家标准成一纸具文。

4. 社会组织涣散。一方面，陈旧的城乡二元结构未变，"农民工"因受户籍限制而成城市"二等公民"；另一方面，随着人口流动加速，从计划经济时期以人员"单位所有"、"部门所有"为标志的板结的社会结构一变而为"一口袋马铃薯"似的社会无组织状态。工、青、妇、社区乃至党团基层组织软弱瘫痪甚或形同虚设现象普遍。与此同时，一些不被民政部门认可的维权抗争的民间非正式组织正在形成。在一些突发事件的背后，已经隐隐看到这类组织的身影。此外还有受到贪官污吏保护或纵容的黑社会恶势力，已经成为一些地方社会安定的严重祸害。

5. 文化教育方面问题多多。仅以高等教育部门而言，行政化与市场化并存是一普遍现象。以行政手段管理大学，数不清的"工程"、项目、会议、报表、考核，自然需要大量行政人员。特别是全国高校"大跃进"式竞争升格以来，官本位更加凸显。有人形容某些大学"处级干部一礼堂、科级干部一操场"，信哉斯言！在这种场景下培养出的学生，毕业后自然会争先恐后奔官场。奇怪的是，教育行政化与大学校园市场化并行不悖：高校急速扩张带来几千亿元的银行债务，进而引发高收费、毕业生就业难等一系列问题，教育资源大量向眼下市场所需求的短线专业倾斜。大学追求的是圈地盘盖大楼，而且一栋栋拔地而起的高楼多为能募来款项的应用学科所占据。高校尤其知名大学重新成为"官僚养成所"和为大企业培养白领的地方。在大学行政化和校园市场化双重引导下，许多青年学生人生观模糊、价值观颠倒，对高薪、高位趋之若鹜，追求急功近利，而将艰苦创业报效国家置之脑后，人文素质教育、社会主义思想教育的真实成果可想而知。

6. 认同危机、信仰缺失。伴随着市场化和利益多元化，思想界也呈现多样化。各个利益群体、各阶层、阶级的代表都在发声。从全盘西化到彻底否定改革开放，从"新自由主义"到极端民族主义、"国家主义"，各种思潮、"主义"纷然杂陈，在勉强维持的"发展"共识以外，事实上陷入对主流意识形态认同的危机，甚至出现了打着传统文化旗帜而公然反对平等、民主、自由等现代价值、主张回到"差等"社会的新型权贵主义、专制主义思想倾向。如果说，现实中的官商勾结、权钱交易、"权贵资本"是中国现代化的大敌，若不有效遏制而任其发展，有可能成为吞噬改革开放全部成果的"黑洞"，那么，思想领域首先所要警惕的，就是这一类"新自由主义"和"新权贵主义"（无论以左的还是右的面目，或者打着传统文化的旗帜出现）的奇妙结合。

7. 全球化的负面影响。全球化、自由贸易、世界经济一体化都是双刃剑，从来有双重作用。靠招商引资和外贸顺差（大量低附加值产品出口）带来的 GDP 高增长，如果长期替代本土产业、品牌，以劳动者低廉的薪酬为代价，势必造成扩大内需的瓶颈：高收入阶层偏好价格昂贵的进口高档消费品，低收入阶层则缺乏对生活必需商品的购买能力。全球性金融危机给拥有大量外汇储备的中国造成重大损失。美元贬值使大量热钱涌入中国，势必对已有的高通货膨胀推波助澜。此外，必须警惕"逆向民族主义"或地方分裂主义之类瘟疫的蔓延或"全球化"，南斯拉夫战争、车臣战争、非洲一系列国家惨烈的内部分离战争造成的毁灭性破坏前车可鉴。

还有其他一些经济、金融方面的"黑洞"，如地下钱庄猖獗、民间高利借贷活动遍地；中小企业得不到银行贷款，国家金融监管缺位；等等。

如果上述问题属实无误，那就必须尽快采取对策予以有效遏制。如若任其发展，这些当中哪一个都有可能发展成为吞噬改革开放全部成果的"黑洞"。

本文原刊于《人民论坛》总第 352 期，2012 年 1 月。

第三辑 史学与史家

历史学的困境与史学家的命运

不断听到一些地方院校的历史系、所招牌换记,或改办国际交流、文物鉴定甚至文秘、旅游专业的消息,一些有志于历史学的中青年学人因此而陷于窘迫与困惑。学科的困境向学者的命运提出了挑战。不回答这一挑战,其他问题实在无从谈起。

历史学一向被尊为"文化中的文化",这大概不是妄言。具有悠久文化传统的中华民族自古以来就有最完备的历史编纂学,史学居尊的地位也由来已久。太史公引孔子"载之空言,不如见之于行事"以明志,称颂"拨乱世反之正,莫近于春秋",直言史书"深切著明"胜于空言宏论。在司马迁眼里,能够"究天人之际,通古今之变,成一家之言"的,自然非史学莫属。自东汉设兰台、东观监修国史,史学更成为高居于庙堂之上的"精英文化"。迨到章学诚提倡"六经皆史","三代以上,知有史而不知有经";梁启超呼唤"本国史学一科,实为无老无幼,无男无女,无智无愚,无贤无不肖所皆当从事,视之如渴饮饥食,一刻不容缓者也……史界革命不起,则吾国遂不可救。悠悠万事,惟此为大!"直以史学统御天下了。

在古代西方,历史著作曾被当作希腊文、拉丁文的范例,历史女神克力奥居于九个文艺女神(缪斯)之首。到了近代,一方面,历史学从主要记述政治事件走向深入社会经济生活,探讨社会发展变化的前因后果;另一方面,各门学科都需要处理属于本学科的历史材料,探索本学科的发展变化,于是便产生了马克思写下又删掉、终于又被刊出的一句名言:"我们仅仅知道一门唯一的科学,即历史科学。"历史学从君王的庙堂跨入科学的殿堂，仍然不失其学术至尊的身份地位。

历史研究的对象是发展。"古今之变"是发展，"社会经济形态演进"也是发展。同时，发展了的社会要求深化和更新对过去的认识，对历史做出新的解释。总而言之，只要有人类，就会有历史，就会有史学。因此，历史学过去、现在和将来都不应出现生存的危机。

然而困境或曰危机还是出现了，并且在若干年以前就被普遍看作史学本身的危机。不久前，陈平原君在《二十一世纪》撰文专论精英文化的失落，主要界分了雅文学与俗文学。历史学不同于文学，不允许根据个人品味随意编造情节，"媚俗"或者"飨士"，也不好根据是否翰林院编修来区分高下，因而迄今尚未听说有"雅史学"与"俗史学"之分。唯其如此，史学一旦"失落"，岂非全军覆没？

问题恐怕没有那么严重。依笔者愚见，当前历史学的困境或危机，主要是史学主体——史学方法和史学队伍的问题。问题也不是始于近年，更不是商品经济大潮的冲击所造成的，而是长期潜伏、酝酿的结果。只不过蓄之已久，爆发出来格外令人震惊罢了。

还得从梁启超的"史界革命不起则吾国遂不可救"说起。本来，史学就是史学。克力奥怎样尊贵也不过手执书箱或莎草纸，不能指望她去叱咤风云普救众生。史学和革命、救国连为一体，则无论什么样的历史研究、无论什么样的历史研究法，都只能成为政治的附庸。历史的政治功能被抬到吓人的高度，史学也就堕落到只剩活剥甚至曲解史料。史学的政治化历时既久，影响深远。流韵所及，迄今一些史学论著历史教材面孔陈旧，选题、观点、论述方法千篇一律，在几十年一贯制的通用体系、提法面前不敢越雷池半步，不敢别识心裁，成一家言。这样的"史学"，焉能不失落，不陷入困境、发生危机？

史学脱去虚假繁荣的政治化的臃肿外套，才能表露出其纯真的本体。克力奥原本生活在山洞中或泉水旁，应当让她"回到自然去"，这"自然"就是历史过程的原来面目。描画这面目的方法当然可以各不相同：宏观的，微观的；长时段的，短时段的；文化学的，社会学的；以古典的朴学方法钩沉联络排比鉴别史料，以现代控制论、系统论的方法综合分析结构、组织、制度；等等。但是，想要真正看清历史的原貌，则非有"十年冷板凳"的精神和功夫不可。要想揭示历史进程的本源，最戒急功近利。说到这里，我不能不引青年毛泽东在年仅二十四岁时写下的两句话：

> 今人学为文，即好议论，能推断是非，下笔千言，世即誉之为有才，不知此亦妄也……
>
> 弟亦颇有蹈此弊倾向，今后宜戒，只将全副工夫，向大本大源处探讨……

我非常欣赏这段话，引在这里，愿以它与同道诸君互勉。毛泽东说："夫本源者，宇宙之真理。"史学须探讨历史的本源，亦即揭示历史的本来面目。在这里非投下全副功夫不可。否则，即便能推断是非，下笔千言，终难逃"虚妄"之讥。

和其他学科相比，历史学应当最少功利色彩。它是一门寂寞的艺术，史学家是寂寞的艺术家。许多人感叹近年来历史学科受到冷落，岂不知真正的历史学和史学家自古以来就是甘于寂寞的。在古代中国，诗词歌赋可以产生轰动效应，一时令洛阳纸贵。士大夫精英诗酒猖狂、应答酬唱，更是千古流传的韵事。历史学则不可能有这样的影响。史学家生前寂寞，如果效法南、董，善恶必书，还可能危及性命，甚至累及亲朋。身后他们的著述也大半速朽，如后汉史曾有九家，范晔《后汉书》成而各家之书皆废。史学家的命运大抵如此。大概正是这些原因，自古文士多而史才少，至今依然。这些都是很令史学家尴尬的事，然而是史实。

那么，面对本文开头提到的困境，眼下究竟该怎么办？我不会开药方，只能提出如下建议：史学队伍"精兵简政"既然势在难免，面对人员流失、机构关停并转的现实，感叹、愤慨、呼吁、求告都无济于事。但精简应遵循市场法则、自然法则，公平竞争，选优汰劣。这就需要打开门户，允许人才自由流动，让那些德才学识均备、甘愿生前身后寂寞的有志于史学之士得其存身之所。

本文原刊于《学人》1994 年第 5 辑。

长波理论与殖民主义史研究

一

20世纪80年代初，美国激进派社会学家伯格森和舍恩贝格提出了一个关于殖民主义发展的理论模型——"殖民扩张与收缩的长波"（Long Waves of Colonial Expansion and Contraction）。它的基本内容是：在现代资本主义发展史上，霸权主义、重商主义和保护主义的兴衰都是具有长周期性的历史现象，殖民主义的发展演变也呈"扩张—收缩—扩张"这样一种长周期波动趋势。自资本主义世界经济生成以来，西方作为现代世界体系的"中心"，经历了从多中心（列强争霸）到单一中心（一国霸权）再到多中心这样一种周期性发展，殖民扩张与收缩的长波与这一发展基本重合。现代世界体系有一"中心—外围"结构，在这个结构中，中心的变化和中心—外围关系的变化之间存在一定因果关系。殖民主义作为维系世界体系中等级性劳动分工的超经济机制，不仅是中心—外围关系的一种形式，而且是体系自身所具有的结构性特征，可以作为独立的研究对象。殖民主义问题在任何对现代世界体系的阐释中都居于核心地位。[①]

这一理论模型的建立以计量分析和初步的综合为基础。各国殖民地面积、人口等要素还不能精确测定，而殖民地政府的设置却是较易查找的。

---

① Albert Bergesen (ed.), *Studies of the Modern World-System*, Academic Press, Inc., 1980, pp. 237–242.

海因格《殖民总督》一书即以各国殖民地第一个最高殖民行政长官的上任和最后一任长官的离职为标志，对西方各国五个世纪中的殖民地总督任期做了统计性的研究，只要把这些资料加以计量化，即可排列出1415—1969年共390处殖民地建立和结束殖民统治的日期。把这些统计数据输入电脑绘制成的曲线表明：17世纪、18世纪后半叶和19世纪中期，都出现过建立殖民地的高潮，最高峰则是19世纪末。殖民统治的结束有两个高峰：（1）19世纪初叶，以西班牙美洲殖民帝国的崩溃为标志；（2）1945年以后亚洲、非洲殖民体系的瓦解。书中的图显示出殖民活动总量（殖民地现存总数）的两个变化周期：1415—1825年为第一个周期，殖民地现存总数在1770年达到高峰（147处），1775年后逐渐减少，1825年降到最低点（81处）；第二个周期从1826年开始，1921年达到高峰（168处），1925年起下跌，1969年减少到58处（包括安哥拉、塞舌尔群岛等不久后结束殖民统治的国家和地区与英、法、美的海上领地、托管地及新建的南极据点）。比较两个周期可以看出，第二个周期的波动幅度明显增大，周期频率也大大加快了。

将1500年以后的世界史分五个时期做进一步的考察，可以发现殖民主义的兴衰涨缩同前面的理论模型大体一致。在第一个时期（1500—1815）里，西欧逐渐发展成为资本主义现代世界体系的中心。这个中心极不稳定，战争连绵不断，相互对峙的国家联盟和均势原则阻止了任何国家较长时期居于优势。这个时期的西班牙和葡萄牙在殖民扩张活动中居领先地位。西班牙征服了北美大片地区和巴西以外的几乎整个南美，葡萄牙占据巴西，还在非洲、亚洲建立了众多殖民据点。继西、葡之后，法、英、荷、俄、丹麦、瑞典等也都开始了殖民活动。在各个殖民帝国内部，宗主国程度不同地实行了重商主义贸易垄断制度，如禁止外船只停靠自己殖民地的口岸、禁止殖民地之间的贸易等。推行重商主义最严厉的是西班牙，其次是葡萄牙。殖民活动接近高峰时爆发了"七年战争"（1756—1763），英国在这场战争中的胜利可视为其称霸世界的起点。随着英国霸权地位的巩固，中心从混乱走向稳定，殖民活动总量则从扩大走向缩小。

1815年以后出现了主要中心国家之间无大战的局面，在结构上，中心由敌对国家的多重组合变为被英国霸权所支配。在第二个时期（1815—

1870）唯一的较大战争，是它们共同反对比较边远的俄国的克里米亚战争。这个时期最大的历史事件则应当是西班牙美洲殖民帝国的崩溃。如果说北美十三州的独立还只是现代殖民体系这一巨大索链外圈的松散，那么到1824—1825年，殖民链条的核心即宗主国控制最严的部分断裂了。与殖民主义退潮同时发生的是重商主义的衰落和自由贸易的兴起：19世纪20年代，英国率先降低关税；30年代起，法、德（关税同盟）、西、葡、比、瑞士、挪威、瑞典相继降低进口税；1860年的"科布顿-切瓦利尔条约"和在它之后的一系列双边贸易条约，开始了所谓"自由贸易的黄金时代"。

50年代末，英国霸权开始从极盛下落。迨到70年代，由于美、意、日、德等一系列走上工业化道路的国家以同英国对抗的面目出现，中心再次呈现不稳状态。各国纷纷寻求自己的盟友，集团的对抗终于导致全面的战争。第三个时期（1870—1945）中心的变化所引起的世界体系的总体反应，是又一次殖民扩张高潮和"新重商主义"贸易保护制的建立：1815—1870年殖民活动没有停止，但70年代以后速度显著加快，在短短的几十年间几乎将非洲和亚太许多地方抢夺一空。与此同时，西欧各国普遍提高关税，首倡自由贸易的英国，也在世纪之交通过帝国特惠制走上了保护主义的道路。

第四个时期（1945—1973）的特点是美国霸权的建立，资本主义世界体系再次出现一个霸权国家支配下的和平。伴随而来的是亚洲、非洲的非殖民化以及保护主义的再次衰落，关贸总协定（1947）和多轮次的减税谈判，使关税率降低约35%，其他一些限制国际贸易的规定也大部分取消了。

但是，20世纪70年代以来，世界上发生了许多类似于1870年以后的事情。1973年以美国被迫从越南撤军和美元支配下的固定汇率的国际货币体系最终崩溃开始，以中东油价暴涨告终，一连串的事件使这一年成为美国霸权急剧衰落的标志年。美国实力的下降和苏、日、西欧力量的上升，引起一系列微妙的力量再组合。随着保护主义再度兴起，一些发达国家和欠发达国家结成互惠集团以抗衡别的同类集团。与一百年前的形势不同的是：正式的殖民活动没有再现，各种军事或非军事援助越来越成为推行强权政治的手段。在新的争霸格局下，人们会看到另一次"争夺非洲"，不是用公开的、直接的殖民统治,而是靠影响和使之处于依附地位。

因此,可以把1973年以来的变化视为中心利用超经济机制控制外围的第三个周期(前两个是正式的殖民主义周期)。比较三个周期便会发现以下三个历史长趋势:

1. 中心对外围的支配越来越趋于间接。第一次殖民浪潮的特点是"征服",包括掠夺、奴役、野蛮的屠杀甚至种族灭绝,通过摧毁和重建社会结构,把殖民地强行纳入资本主义世界体系,体现了世界规模的资本原始积累。第二次殖民浪潮的特点是"占领",破坏程度有所下降,重商主义也比前次和缓。1973年以后情况又有不同:没有直接的殖民统治,保护主义比以前方式趋于间接,手法更加巧妙(如要求对方自动限制出口等)。上述变化趋势的原因在于:外围的基础结构越来越适应它们在世界劳动分工中的角色,世界经济的发展使对超经济连接纽带的需要程度越来越小。

2. 三个周期相比,经历的时间越来越短促:第一次300多年,第二次130年,最近这次会更短。

3. 每个新周期都把更多地区纳入现代世界体系。例如,第三个周期已经把置身于第二周期之外的拉丁美洲也卷进来了。这种长趋势反映了世界经济向深度和广度的发展。这种发展是持续性的,但会出现高速发展与停滞、萧条时期的交替,受此影响,现代世界体系中的超经济机制的衰亡也不能是直线式的。殖民扩张与收缩的长波,正是资本主义世界经济波浪式发展的反映。[①]

伯格森和舍恩贝格的上述理论可简称为"殖民主义长波理论"。

二

"长波"之说早已有之。1925年,苏联经济学家康德拉基耶夫出版《经济生活中的长波》一书,指出资本主义社会制度经济生活的运动不是简单的、直线的,而是复杂的、周期性的。长波即属于一种复杂的运动过程,

---

① Albert Bergesen (ed.), *Studies of the Modern World-System*, Academic Press, Inc., 1980, pp. 266 – 272.

跟它相比，资本主义高涨和萧条的交替出现亦即经济危机周期只是一种"中间"周期，其主要阶段的演变是在长期波动中进行的。① 康德拉基耶夫的理论激起众多研究者对资本主义世界经济长周期运动的关注。进入 70 年代以后，在一片"'康波'复苏"的惊呼声中，对资本主义持批判态度的激进派学者，纷纷从经济学、社会学各领域步入历史研究，进而提出了各自的"长波"理论。例如，在当前国际学术界享有盛名的"现代世界体系"理论的提出者伊曼纽尔·沃勒斯坦不仅建立了一种比"康波"时段长得多的宏观历史模型——"资本主义进程的长波"（Long Waves as Capitalist process），还将长波理论引入帝国主义研究，提出了一种与殖民主义长波理论在许多方面观点相似的"帝国主义与发展"模型。这一模型指出，资本主义世界体系中的垄断与反垄断、殖民化与非殖民化、霸权的兴盛与衰落等现象的出现都具有周期性。伯格森本人也有关于世界体系五种长周期的论述。② 总的看来，70 年代以来资本主义世界经济面临重重困难的新形势推动了人们对资本主义历史的进一步探讨。殖民主义长波理论正是在这种大背景之下产生的。它采用了一般意义上的长波即长时段周期运动的概念，不同的是，它所描述的是一种波长随历史推进递减的运动，因此，严格地说，它是一种从长波到中波再到短波直至波动消失的理论模型。

从西方对世界其他地方的冲击入手，研究现代世界体系的形成和发展变化，把殖民主义看作是这一体系的结构性特征、连接体系内不同部分的纽带，这是殖民主义长波理论的一个重要特点。现代资本主义世界体系的形成和演变可以追溯到 15 世纪末 16 世纪初，从那时以来的数百年中，殖民主义始终是资本主义产生、发展和向全世界扩张的重要杠杆。资产阶级用暴力和商品两种武器进行殖民活动，靠打破各地区之间的原始封闭状态开拓世界市场，"正像它使乡村从属于城市一样，它使未开化和半开化的国家

---

① 〔苏〕尼·康德拉基耶夫：《经济生活中的长期波动（摘要）》，《世界经济译丛》1979 年第 7 期。
② 参见〔法〕吕特法拉《回到康德拉季耶夫的理论吗?》、〔美〕艾·赞格尔《为什么康德拉季耶夫的经济波动理论使西方不安?》、〔美〕戴维·迪克森《技术与兴衰周期》，分别载于《世界经济译丛》1979 年第 7 期、1984 年第 6 期；〔美〕艾伯特·伯格森：《新兴的世界系统学》，《国际社会科学杂志》1984 年第 1 期。

从属于文明的国家,使农民的民族从属于资产阶级的民族,使东方从属于西方"。① 来自西方的殖民者在传播先进的物质文明和精神文明、使人类历史"在愈来愈大的程度上成为全世界的历史"的过程中,充当了历史的不自觉的工具。同时,殖民侵略进一步暴露了资产阶级文明的野蛮性、伪善性,唤醒了殖民地人民的民族意识,从而导致一系列民族国家的诞生并带来了资本主义世界体系的深刻变化。因此,要想揭示资本主义世界体系发展变化的历史趋势,必须对殖民主义进行深入研究,探寻它同资本主义发展其他诸因素之间的内在联系和它自身的发展规律。"殖民主义长波理论"以殖民主义为主要论述对象,这对于我们开拓世界史研究的新领域是很有启发意义的。

实际上,对殖民主义史进行宏观的、总体的研究,在国际上早已有人着手。英国研究殖民主义史、帝国主义史的著名历史学家 D. K. 菲尔德豪斯在《殖民帝国:18 世纪以来比较研究》(以下简称《殖民帝国》)一书中,开宗明义就指出:"欧洲帝国史有其基本统一性。孤立地研究某一帝国,很可能导致曲解历史。"② 应当说,截取殖民主义史的某一时段甚至某一时段的一个方面,将它们跟资本主义、殖民主义的历史总体割裂开来,同样会导致曲解历史。比之孤立地研究某一殖民帝国,后一种曲解可能有更多实例。为了说明殖民主义史的全貌,《殖民帝国》比较各殖民帝国在不同时期的发展,概括出旧帝国时期(19 世纪初叶以前)殖民统治的区域性、殖民地移植宗主国社会制度、推行重商主义政策和新帝国时期(1815 年以后)殖民主义活动范围的全球性、统治方式的多样性、对殖民地控制的强化、相对自由的贸易政策等一系列带有普遍性的特点。殖民主义长波理论大量吸收了菲尔德豪斯及其他学者的研究成果,但不囿于他们的方法和结论。

在研究方法方面,《殖民帝国》采用的是宏观历史比较方法,长波理论则采用了在计量基础上建立理论模型,然后做进一步的综合性分析的方法,大致相当于从整体出发,在初步综合前提下做具体分析,建立必要的模型,

---

① 《马克思恩格斯选集》第 1 卷,第 255 页。
② D. K. Fieldhouse, *The Colonial Empires*, *A Comparative Survey from the Eighteenth Century*, Macmillan Press Ltd., 1982, pp. ix – x.

再回到整体的综合这样一种系统论的分析—综合方法。这种研究方法同强调研究对象的整体性、系统性是一致的。

单就系统思想而言，殖民主义长波理论的建立者比提出现代世界体系理论的沃勒斯坦更加彻底。他们认为，19世纪中叶广义社会学的出现，倒转了功利主义从部分到整体的因果关系，不再以个人的行为、欲望为出发点研究社会。今天，用传统的社会学方法分析现代世界体系则形成一种新的功利主义，它强调一些社会单位（中心地区）与另一些单位（外围地区）之间的不平等交换，却看不到比这种交换关系更深刻的、产生这种交换关系的历史进程。比如，仅仅用不平等交换，不足以说明拉丁美洲从印第安文明向低度开发的社会结构的转变。像劳役制庄园（haciendas）、使用黑人奴隶劳动的农场（plantations）等社会结构，都是进行不平等交换所需要的，但不是不平等交换创造出来的，而是殖民征服的产物，是迫使"外围"地区的生产者与其生产资料分离的世界阶级斗争的直接结果。因此，对现代世界体系的研究必须改变先部分后整体的分析框架，必须研究决定中心—外围不平等交换的世界社会生产关系，研究这种关系形成和发展的历史即殖民主义史。对殖民史也不能只观察殖民主义对宗主国或殖民地的影响，而应同时从中心和外围出发，把殖民主义当作世界体系的结构性连接物，对它进行总体的分析、总量的研究。① 这种世界大系统思想是很值得我们借鉴的。起码，在我们建立自己独立的殖民主义史学科时，应当注意不把横跨五个世纪的殖民主义历史全过程分解为一些失去内在联系的片段，停留在罗列一些殖民侵略与反侵略的历史事件上。科学的研究应当把握世界历史发展的总趋势，揭示殖民主义这一历史现象产生、演变和衰落的内在原因和规律性，给它的历史作用以客观的评价，否则正像恩格斯所说："我们抓不住整体的联系，就会纠缠在一个接一个的矛盾之中。"②

第二次世界大战以后，世界资本主义经历了将近二十年的经济高速发展。在此期间，19世纪后期至20世纪初形成的庞大殖民体系最后瓦解了。但是，即使是在高速发展时期，西方国家特别是前殖民地宗主国对独立后

---

① 〔美〕艾伯特·伯格森：《新兴的世界系统学》，《国际社会科学杂志》1984年第1期。
② 恩格斯：《自然辩证法》，人民出版社，1971，第146页。

的民族国家的控制和剥削也没有终止。这种在新情况下通过新形式实行的控制与剥削，被恩克鲁玛称为"新殖民主义"。西方一些新马克思主义者吸收了发展主义的"依附"说和"中心—外围"概念，把"新殖民主义"视为继商业资本主义（亦即长波理论所谓第一个周期的殖民主义）和 19 世纪殖民主义之后的、资本主义中心向外围渗透的第三个阶段。70 年代初，西方经济面临新的困境，发达国家纷纷实行新的保护主义政策，民族独立国家则进行联合斗争，提出了解决中心—外围不平等、反对新殖民主义剥削和建立国际经济新秩序的要求。① 对于战后近四十年的这段历史，长波理论将它分为两个时期，以 1973 年为中心支配外围的新周期的开端，这种划分是可取的。关于现代世界体系结构的新特点和发展趋势的论述也非常值得殖民主义史研究者注意。

　　应当承认，殖民主义长波理论并没有对殖民主义这一复杂的、多层面的历史现象做出令人满意的解释。首先，作为这一理论模型基础的计量分析本身就有很大局限性。只从殖民地总数量的变化来考察殖民活动的规模而不考虑殖民地的土地和人口规模以及殖民统治强度的变化，并且只列入正式的殖民地，而把广大的半殖民地、亚殖民地（hypocolony）置于统计之外，这样的计量不能成为科学阐释的基础。20 世纪中叶以后，由于正式的殖民地已所剩无几，新的波动周期已经失去了与头两个周期一致的计量标准，这是一个明显的矛盾。其次，这一理论模型强调"中心"的不平衡引起殖民主义的长周期运动，而基本不考虑"外围"即殖民地、半殖民地因素的作用，这种片面性考察有悖于论者反复强调的总体原则、系统思想原则。我们认为，一部现代殖民主义史，不仅是资本主义的侵略扩张史，也应当包括东方对来自西方的挑战的反应；殖民地环境条件和传统文明同样是影响殖民主义进程的积极因素。"中心"和"外围"二者的作用，是构成殖民主义史这一矛盾统一体的两个侧面，对于东方各国人民在反对殖民侵略、殖民压迫的同时积极向西方学习，探索自己的现代发展道路的历程，特别是对直接造成两次殖民主义高潮之间的"波谷"的亚非拉民族解放运

---

① 〔苏〕恩·沃尔科夫：《论发展中国家受新殖民主义剥削的规模》，《世界经济译丛》1984 年第 3 期。

动,在殖民主义史研究中是应该也必须给予足够的分析和论述的。最后,这个理论模型不包括对周期和长趋势都能做出解释的共同的、潜在的、结构性的动力的探讨。这恐怕是产生上述局限性、片面性的根本原因。无论是殖民主义的周期波动,还是霸权主义的兴衰,自由贸易与保护主义的彼此消长,都是资本主义社会的基本矛盾运动的表现。看不到历史现象背后的社会基本矛盾,历史就会被描述为各种历史因素在表层上相互影响的事件排列,而不能揭示出周期波动平面以下的深层的内容。三个长趋势都是讲历史发展的连续性的、超经济机制的波动不经中断而最终变得非常短促非常缓和以至实际上消失的预测恐怕是不能实现的。当然,揭示社会基本矛盾在历史的不同层面、不同时期的作用方式是一项长期的、艰巨的任务,有待于国内外致力于历史科学的同仁共同努力。

本文原刊于《北京大学学报》(哲学社会科学版)1988年第2期。

菲尔德豪斯对殖民主义史的研究

英国历史学家 D. K. 菲尔德豪斯关于殖民主义、帝国主义的著述甚丰。他的《殖民帝国：18 世纪以来比较通论》（以下简称《殖民帝国》）和《殖民主义（1870—1945）》[①] 两书，对殖民主义的产生、发展和历史地位等理论问题有相当独到的见解。《殖民帝国》侧重于史，《殖民主义（1870—1945）》侧重于论，两本书可以互相参看、互为补充。[②]《殖民帝国》将 18 世纪以来的各殖民帝国按不同历史时期、不同模式分类排队、分析比较，对新旧殖民帝国兴衰嬗变的因果做了概括性的评价。《殖民主义（1870—1945）》则通过对殖民主义政治和经济两个侧面的研究，论证了殖民主义在世界现代史上的地位，进一步阐发了作者在《殖民帝国》中所提出的意见。

一

先看一下《殖民帝国》第一部分的基本构架：

菲尔德豪斯将 18 世纪以来的殖民主义历史划分为旧帝国和新帝国两个时期，并且以 1763—1815 年的半个世纪为两个时期的过渡阶段。旧殖民帝国的主要舞台是美洲，殖民统治的典型代表是西班牙。这个时期殖民主义的一般性特点是欧洲各宗主国纷纷在殖民地再造自身：西班牙在墨西哥和

---

① D. K. Fieldhouse, *The Colonial Empires*, *A Comparative Survey from the 18th Century*, London, Macmillan, 1982; *Colonialism 1870—1945*, *An Introduction*, London, Macmillan, 1983.
② 作者在《殖民主义》（p. 29）中指出了这一点。

秘鲁重建了卡斯蒂尔的社会结构，其殖民政府的机构和观念都接近母国，殖民统治的特点是专制（autocracy）；法国殖民地在冲破特许公司的卵壳之后迅速显露出宗主国绝对君主制的印记，殖民统治的特点是专制而不是专横（arbitrary）；葡萄牙在巴西的殖民机构，反映了葡本身的政治特征；英国亦像其他宗主国一样，将自身的政治观念和制度移植到美洲，英国殖民者在殖民地之所以比其他殖民者都自由，正是因为英国是一个最自由的国家。① 主要殖民地都模仿母国的现成体制，说明殖民主义扩张并没有一定的理论原则做指导，殖民帝国不过是欧洲社会的膨胀，欧洲各国社会政治经济各方面的差异在这一膨胀中充分表现了出来，造成殖民地统治方式的差别。另一方面，各个殖民地块又有各自的具体情况。综合这两方面因素，第一批殖民帝国可以区分为以下五种模式。

第一种是西班牙在墨西哥和秘鲁首先建立的"混合"型殖民地（mixed colonies）。少量的白人殖民者在当地条件允许范围内建立类似母国的社会，统治并尽力同化土著居民。在这里，殖民者沿袭卡斯蒂尔人对待摩尔人的办法，宣布当地有较高文明的印第安人为具有充分权利的国王臣民，殖民当局负责将他们同化到欧洲的宗教与文明中去。发展水平较高的殖民地成为"混合"型社会，殖民地经济建立在印第安人劳动之上，这是西班牙殖民地的显著特点。②

第二种为"占领"型殖民地（colonies of occupation）。在美洲那些当时被认为无明显利益可图的地区以及菲律宾，地理和人口条件对白人垦殖者无多大吸引力，移民很少，土著人被松散地管理。在"边疆"制（frontier system）之下。葡属安哥拉和莫桑比克也是这种类型。

第三种为"种植"型（plantation colony），近似于"混合"型但以黑人奴隶劳动和种植园经济为特征，巴西为例。

第四种堪称"商业据点"型，主要指葡萄牙在东方建立的小面积的贸易站和航海据点。

---

① D. K. Fieldhouse, *The Colonial Empires, A Comparative Survey from the 18th Century*, pp. 14 – 20, 36 – 39, 31, 59 – 62.
② D. K. Fieldhouse, *The Colonial Empires, A Comparative Survey from the 18th Century*, p. 11, 14 – 22.

第五种是英法在北美建立的"'纯'白人垦殖"型殖民地（the pure settlement colony），它们比"混合"型更接近母国社会。但是，在18世纪早期，由于缺少土著劳动力，又不适合发展种植园，它们和"占领"型殖民地一起被视为殖民帝国里的"灰姑娘"。

菲尔德豪斯的上述分类比较对于说明殖民地的建立和发展是很有意义的。但是应当指出，殖民地的这些不同模式，当然包含宗主国社会经济制度的因素，但主要是表现了殖民地的自然地理和人文条件对殖民地建立与发展的重要影响。殖民地不管属于哪一种类型，都不可能简单地模仿和移植母国社会。殖民主义的进程有两个方面，一方面是殖民者将现代西方文明带到殖民地，另一方面是殖民地环境条件和传统文明同西方文明的碰撞。因为资本主义改造世界的杠杆是少数人的私利，手段常常是极为野蛮的，所以，这种碰撞常常表现为极其残酷的形式。客观地描述殖民主义历史，应当揭露这两个方面的内在矛盾斗争，否则，对殖民主义由发展到消亡的趋势难以做出正确的解释。

《殖民帝国》在分析比较了美洲诸殖民帝国以后指出，旧帝国的形成没有历史必然性，它们的建立主要是个人和团伙的行为，而不是起因于某种经济理论或宗主国政府。关于美洲发现的偶然性和建立美洲殖民地的动机，亚当·斯密早在18世纪已有论证。的确，如果不是哥伦布等人的偶然发现，美洲的开发也许要推迟几百年，18世纪以前的旧殖民帝国也就无从谈起。但是，也应当看到这些历史偶然后面，有着资本主义首先在大西洋东岸得到发展并且必然要从西欧一隅向全世界扩张的趋势。在这个扩张中，重商主义起过重要的作用。在美洲殖民帝国建立之初，西欧资本主义尚处于幼年时代。开创两个最大殖民帝国的西班牙和葡萄牙，经济水平还相当落后。严格的殖民地重商主义贸易垄断制度正是在这种背景下产生的。重商主义首先是一些实践，16世纪中叶才初步总结成一种经济理论。关于重商主义对旧殖民帝国的作用，菲尔德豪斯的下述观点是正确的：重商主义政策源于欧洲的长期实践而非某种新经济理论；各个殖民地实行垄断制度的严厉程度，取决于宗主国能否向该殖民地提供最好最廉价的商业设施——廉价的运输、长期贷款、范围广泛的商品以及为殖民地产品提供最有利的国际市场,等等。重商主义的限制对殖民地发展确有不利影响,但影响的结果主要是贸易渠道的单一化,是殖民地的贸易形式而不是生产方式。①

二

1815年以后,殖民主义从波谷逐渐回升,形成第二次殖民扩张高潮。到1878年,殖民地面积已达世界土地面积的67%。1882年以后,殖民扩张更演变为列强对殖民地的瓜分、再瓜分,到20世纪30年代末,完全没有遭受殖民统治的非欧国家已经寥寥无几了。

19世纪以后新建殖民帝国的模式,由英国在印度等地首先创立。它与旧殖民帝国不同,不是垦殖型的或种植园型的,也不仅是商业型的,同化的办法在这里已不适用,贸易垄断制度也已经过时,新殖民地的政治地位也与形同母国一部分的旧殖民地有重大区别。菲尔德豪斯以大英帝国为代表总结出新殖民帝国有两个新特点,与旧帝国相比有五点不同。两个新特点一是多样性,二是自由贸易政策。多样性包括殖民地类型的增加和统治形式的多样化。大英帝国最有价值的殖民地是印度,其次是被视为殖民帝国核心的加、澳、新、南非等白人殖民地,此外还有为数众多的小块附属地(dependency)。面对范围广阔、类型不同的殖民地,各宗主国采用了各种不同的统治方法:在英属印度是依靠军队实行直接统治,对印度土邦则通过条约实行间接统治。宗主国还根据殖民地情况的变化不断调整和改变统治办法。新旧帝国对比有五个突出的不同之处:

第一,旧帝国的共同特点是"移民"(settlement),新帝国的特点是"占领"(occupation),即把宗主国统治强加于一个原有国家之上。

第二,旧帝国的范围、影响都还是区域性的,新帝国则是全球性的,殖民地面积曾达到地球陆地面积的84.6%,殖民主义的活动舞台急剧扩大了。

第三,旧帝国的建立无必然性,新帝国的统治则势在难免。19世纪西

---

① D. K. Fieldhouse, *The Colonial Empires, A Comparative Survey from the 18th Century*, pp. 85, 87–90.

方列强同其他非西方社会结构相比，无论在经济上还是在军事上都占了极大优势。

第四，旧帝国时期宗主国对殖民地的控制受到远隔重洋而无先进的交通条件的限制，新帝国则因交通运输的改善而对殖民地实行强有力的控制。

第五，与此同时，各殖民帝国陆续开放贸易，实行相对的经济自由。①

通过考察当代殖民帝国的建立和发展，菲尔德豪斯提出以下几个观点：

殖民帝国的价值不能仅从经济上来衡量，把80年代以后的帝国主义加速扩张和瓜分世界归因于经济上的必要是不对的。对19世纪以后殖民地与宗主国关系产生作用的重要因素，是两者经济水平、社会环境的悬殊；宗主国在殖民地获利与否，依赖国际经济诸因素，投资利润来自西方的经济优势，而不必依靠正式的帝国。

欧洲殖民帝国越到后来越富有建设性，保守主义（保留土著的社会经济制度以利于殖民统治）与种族主义逐渐被援助殖民地发展的政策和启蒙思想、人道主义所代替。

以上是对《殖民帝国》一书基本构架和观点所做的粗线条的扫描。总的来看，菲尔德豪斯的这本书和他的《殖民主义（1870—1945）》一样，都属于宏观通论的范围，都是要提出和解答那些带有共性的、理论原则方面的问题。如同作者在《殖民主义（1870—1945）》中所提示：现代殖民体系的共性特征比各国殖民政策和行为的相互差异更重要。② 菲尔德豪斯认为，破除对殖民帝国的各种"神话"（myths），论证殖民主义的历史地位，这是他研究殖民主义的宗旨。那么，殖民主义在现代史上的地位究竟是怎样的？除了上述那些散见的观点以外，《殖民主义（1870—1945）》还提出了一些总结性意见：

其一，殖民主义对19世纪末的绝大多数非欧民族是"两害相权取其轻"："由于欧洲和北美的冲击太强，其他社会抵抗或者建设性地利用这股力量的能力太弱，没有正式帝国的统治则会出现普遍的无政府状态。"③ 但

---

① D. K. Fieldhouse, *The Colonial Empires, A Comparative Survey from the 18th Century*, pp. 372 – 374.

② D. K. Fieldhouse, *The Colonial Empires, A Comparative Survey from the 18th Century*, p. 29.

③ D. K. Fieldhouse, *The Colonial Empires, A Comparative Survey from the 18th Century*, p. 48.

是，异族统治同西方的自由主义价值观念在本质上是不相容的，而且殖民帝国充满了内部矛盾，一开始就是一种不稳定的、过渡性的状态。"开端已经酝酿着结局（In its beginning was its end）。"①

其二，"从20世纪70年代的观点来看，殖民地时期作为社会走向成熟的历史进程，对许多国家来说太短了。在绝大多数（前殖民地）国家，改造旧结构的任务还远未完成（正是这种结构使外来统治成为可能甚至必须），相反，在那些对外来统治的需要一开始就最小的国家，以及那些长期受殖民统治的国家，非殖民化倒常常姗姗来迟。"②

其三，殖民主义并没有造成农业经济向工业经济的转变。"直到1945年，帝国主义列强在刺激殖民地工业化和经济多样化方面都没有做出什么。"③

菲尔德豪斯比那些鼓吹殖民主义承担了向落后地区传播先进制度和技术的道义责任的人，或者全盘否定殖民主义客观历史作用的"依附论"者都要高明。他提出的关于殖民主义、帝国主义的经济理论问题值得进一步深入研究。对殖民主义、帝国主义如同对其他重大历史现象一样，不能仅仅靠经济来解释。轻视甚至不承认推动新旧殖民帝国建立的经济原因，这种倾向也是不可取的。然而，像作者那样把英属殖民地的瓦解归因于一种传统（白人殖民地的自治政府原则）对另一种传统（英属印度等殖民地的专制政府传统）的胜利，将帝国主义归因于"把殖民地视为大国基本特征的帝国主义意识形态"，归结为"一种只能用社会歇斯底里才能予以适当说明的社会现象"，④ 读者还是不禁要问：这种传统原则和意识形态又是怎样产生出来的？

本文原刊于《北大史学》1994年第2辑。

---

① D. K. Fieldhouse, *The Colonial Empires, A Comparative Survey from the 18th Century*, p. 49.
② D. K. Fieldhouse, *The Colonial Empires, A Comparative Survey from the 18th Century*, p. 49.
③ D. K. Fieldhouse, *The Colonial Empires, A Comparative Survey from the 18th Century*, p. 102.
④〔英〕费尔德豪斯：《"帝国主义"：一个历史著述上的修正》，宋承先译，《现代外国哲学社会科学文摘》，1963年第1期。

罗荣渠教授和他的现代化研究

刚投到罗荣渠教授门下就有人告诫我：你可得留神！你的这位导师对学生要求严格在北大是出了名的。我和我的师兄弟们还被告知：罗先生学贯中西，欧美、亚非拉历史兼治，且能书能画能歌能诗，大将风度而又童心未泯；虽然年龄已近花甲，身体状况要减去十岁，心理年龄可能跟你我差不多！至于思想之敏捷恐怕我们都得自叹弗如了……

当时我听了与其说是肃然起敬，不如说心里现存了几个问号。那是1985年9月，我开始师从罗先生攻读"殖民主义史"方向的硕士学位，对先生还不了解。大学本科最后半年，我选修过他讲授的美国通史概论，他给我在学籍表上画了唯一的一个"及格"。先前我与先生的来往仅此而已，做他的研究生也非我的初衷，是他从另一位导师那里把我要来的。

后来我看到了先生的一大堆头衔和履历：中国拉丁美洲史研究会理事长、北京市历史学会副会长、北京大学校务委员会委员、校学术委员会委员、北大"燕园书画会"会长、全国哲学社会科学基金世界史学科评议组副组长、第八届全国政协委员、中国太平洋学会常务理事、墨西哥"拉丁美洲亚非研究协会"海外会员、美国对外关系历史学家协会特邀会员、荷兰莱顿大学欧洲扩张史研究中心外籍研究员……先生祖籍四川荣县，1927年出生于成都市，父亲是知名的书画家和美术教育家，与国画大师张大千及革命元老吴玉章均有交往。先生少年时代就读于成都名校树德中学，1945年跳级考取昆明西南联合大学历史社会学系，1946年复员北上，入北大史学系，1949年毕业，随即参加中苏友好协会总会的筹建并从事中苏关系和苏联问题的研究。1956年调北大历史系任教。

　　时间久了，更了解到罗先生不仅对学生要求严格，律己也严格，有时甚至严得近乎苛刻；了解到先生的一些文章是怎样反复征求意见、反复修改后才拿出发表；了解到先生喜读屈原，书房兼客厅起名"上下求索书屋"——两壁书架顶到了天花板，屋角仍堆满了书，自然要经常爬上爬下，但墙上一幅醒目的自制书轴"路漫漫其修远兮，吾将上下而求索"，就显然不是自嘲，而只能是铭志了。我六岁的女儿第一次去罗先生家，回来时一路念叨："罗爷爷真好！你们为什么老说他厉害？"她哪里知道我和我的师弟师妹们在这位慈祥的老爷爷面前吃过的苦头？经常性的专题讨论并汇报读书情况，也是在这间客厅兼书房里，大家胡乱就座，先唠上几句家常，先生谈笑风生，学生也个个喜笑颜开，如临春风，如沐春雨，忽然话题一转，言归正传，一众弟子包括像我这样已不年轻的年轻人，神经马上绷紧，生怕报告过不了关，又得退回重作。罗先生的严厉确实常常让人一时难以接受。记得先生在课堂上讲过这么一段话："当教师没有不挨骂的，有的现在挨骂，有的将来挨骂，我宁愿现在挨骂。"先生和弟子之间的"紧张"由此可想而知。

　　风风雨雨十余年，一转眼都过去了。先生不悔，学生也不悔。

　　罗荣渠先生治学严谨且兴趣广泛，在他所涉足的美国史、拉丁美洲史、国际关系史、殖民主义史等领域，均享有很高的学术地位。他早年曾治中苏关系史，60年代开始转向拉丁美洲史，是中国最早从事该领域研究的学者之一，曾经写下《论所谓中国人发现美洲的问题》（1962）、《论西蒙玻利瓦尔的世界历史地位》（1983）、《扶桑国猜想与美洲的发现》（1983）等在国内外都产生了广泛影响的论文。其中，关于美洲发现的两篇文章，从考证《梁书》等有关的史料入手，回答了长期以来国际学术界争论不休的问题，并对如何看待美洲文化起源以及不同文化中的相似现象，提出了自己的独特见解。后一篇文章获《历史研究》首届优秀论文奖，墨西哥学术刊物对它的新观点做了详细介绍。先生多年来与林被甸教授一起为本科生和研究生讲授拉丁美洲史，积累下厚厚的一本《拉丁美洲史大纲（打印稿）》。书稿体例新颖，卓见迭出，但先生自己仍不满意，一直无意付梓。他关注世界历史上的革命与战争，发表过《参加十月革命和保卫苏维埃政权的中国工人红军》（1957）、《古巴革命的胜利道路》（1963）、《通向全面战争之路——略论第二次世界大战起源的若干问题》（1979）、《论美国革命的特点》（1988）等文章。在1995年5月北京大学"第二次世界大战与战后发展国际学术讨论会"上，他又以一篇题为《辉煌、曲折、艰难的历程》的主报告，赢得近两百名与会中外学者的热烈掌声。他是公认的美国史、中美关系史专家，读者在这一领域也可以历数他的一系列重头文章，如《十九世纪初美国政府对拉丁美洲独立运动的态度》（1963），《门罗主义的起源和性质》（1963）、《关于中美关系史和美国史研究中的一些问题》（1980）、《当前美国历史学的状况和动向》（1982）、《略论美国联邦制度的形成和宪政体制的特点》（1987），等等。他积极参与80年代初中国历史学界关于史学理论的讨论，在《略论历史发展的伟大动力与终极原因的内在联系》（1980）一文中，对如何认识农民战争、革命、上层建筑的历史作用，提出了许多令时人耳目一新的观点。他还多次就新时期世界史研究与学科建设问题发表文章。在《有关开创世界史研究新局面的几个问题》（1984）和提交国家教委的《高校七·五科研规划关于世界史的咨询报告》（1985）中，指出了国际史学界近期发生的重大变化及其即将对中国史学界造成的冲击，提出加强世界史的横向发展研究与宏观研究，对于有重大现实意义的历史课题进行创造性探索，以及世界史学科建设如何适应现代化的需要等建议。

翻开70年代末以来的历史学和社会科学核心刊物，会频频看到罗荣渠的名字，累计起来数十万字的论文，可以说篇篇厚积而薄发，篇篇是匠心独运之作，思想性与学术性兼具，只此已经是骄人的成就。然而，先生的学术活动并未就此止步，探索的范围仍在扩大。

80年代初，在改革开放政策的新形势下，先生第一次走出国门，赴美国密歇根大学作为时一年半的学术访问。自那时以后，他先后出访美、日、英、法、德、荷兰、丹麦、比利时、韩国等国家和中国香港、台湾地区的众多大学或研究机构，大大拓宽了视野。开拓一个具有重要学术和思想价值的新课题——现代化理论与进程研究，就是在他第一次赴美会见了著名历史学家西利尔·布莱克教授以后萌生的念头。1986年制定北京大学历系"七五"科研规划时,罗荣渠教授毅然放下他正在撰写的专著《美国的历史与文明》,以高昂的热情、艰辛的劳动,投入现代化研究这一当时人们尚多疑虑的新领域。十年来,他主持"七五"国家社会科学重点项目"各国现代化进程比较研究",创建并主持"北京大学世界现代化进程研究中心",参加发起组织了三次全国性的现代化理论与进程研讨会,发起并主持了以"东亚现代化历史经验"为主题的国际学术讨论会,培养了以现代化理论与进程为研究方向的二十多名硕士和博士研究生,并且撰写了十几篇对于中国大陆的现代化研究具有开创意义的学术论文。在这些论文中,《论一元多线历史发展观》在中国社会科学院纪念改革开放十周年的大型理论研讨会上获优秀论文奖;《建立马克思主义的现代化理论的初步探索》获北京大学第二届科研成果一等奖;《论现代化的世界进程》和《从"西化"到现代化——五四以来现代化思潮演变的反思》均获北京大学第三届科研成果一等奖。1994年,他的《深入探讨东亚现代化进程中的新经验》一文,作为东亚现代化历史经验国际学术讨论会的主报告,因与会记者传播,不胫而走,被多家学术刊物全文发表或摘要介绍,这些论文的影响都已不限于史学界。在他的领导下,北京大学世界现代化进程研究中心的工作成果可观。他主持收集、整理本领域的文献资料,接待国内外进修学者和访问学者,先后接待了大卫·阿普特、伊曼纽尔·沃勒斯坦、查尔斯·蒂利、詹姆斯·彼德拉斯、孔华润、入江昭、魏斯林(H. L. Wesseling)、富永健一等国外著名教授前来进行学术讲演和研讨交流。他主编的"世界现代化进程研究丛书"已经出版六种(另有数种即将出版)。其中,他的洋洋三十余万言、熔十多年艰苦劳动精心研究之成果于一炉的学术专著《现代化新论——世界与中国的现代化进程》,于1995年5月荣获北京市社会科学优秀成果一等奖。

　　罗荣渠教授的现代化研究大体上由三个大的板块组成:(1)大转变时代的新历史观;(2)现代世界发展趋势通论;(3)转型期中国发展趋势通论。这三个板块构成《现代化新论——世界与中国的现代化进程》(以下简称《新论》)的三个部分,各自均能独立成篇,同时三者又紧密联系,前后相接,融为一体。唯物主义的历史发展观,是建构马克思主义的现代化理论、形成现代化研究的中国学派的理论基础;把握现代化世界进程的总趋势，以现代工业社会的全球发展作为研究的一般对象，才能说明现代化的实质，给"现代化"这一众说纷纭的流行概念以科学的明确的新规定，还其特定历史过程的真面目；而百年来中国社会的巨变，则是现代化的世界进程尤其第三世界现代化进程的重要组成部分，是中国学者研究现代化问题的立足点和基本着眼点。世界发展与中国发展的关系，是一般与个别的关系。从世界看中国，再从中国看世界，正可以把中国的现代化作为世界现代化的个案进行研究。《新论》的副题"世界与中国的现代化进程"，概括了该书的基本内容。

《新论》第一编从辨析现代化概念的不同定义、批判地总结西方的现代化思潮和现代化研究入手，阐述了马克思主义的社会发展理论，提出马克思的历史发展观是多线而非单线的发展，并且特别强调指出：把马克思有关历史上几种生产方式的社会发展类型的论述描绘成一种单线演进的序列、一种具有"一个产生另一个"的历史必然性的历史哲学图式，这是对马克思的曲解。历史和现实都向这种单线发展观提出了尖锐的挑战。历史上既有的任何社会形态都是多维的互动作用体系，任何社会形态的转变亦即巨大的社会变革过程，都是众多内外因素交互作用、"合力"的结果。作者坚持马克思的生产方式发展观，以此为基础，提出了关于社会进步与经济发展的中轴原理，其要点包括：衡量社会进步与发展的最终标志，是社会生产力的水平；生产力不是直线发展的，单纯的生产力运动也不可能改变生产方式；生产力与生产关系的矛盾运动推动社会变革和历史进步；生产力特别是现代生产力具有巨大的发展能量与弹性，现代生产关系也是如此；同一性质与水平的生产力可能与几种不同的生产关系相适应；等等（见《新论》第98—101页）。"中轴"原理纠正了过去的历史研究夸大政治革命和生产关系的改造而忽视生产力发展的偏颇，把长期被颠倒的生产力与生产关系的相互位置，重新颠倒过来，根据这一原理，作者提出并回答了各国现代化特别是社会主义现代化产生的一系列问题。例如，为什么只有在现代工业生产方式的条件下才会形成不同于过去时代"挑战—回应"式文明演进方式的全球性现代化运动？第三世界即发展中国家的现代化有哪些地方不同于早期西欧的现代化进程？其原因何在？等等。

罗荣渠教授是从宏观历史学的角度来研究现代化这一大课题的。他把现代化看作世界历史范畴，主要是指工业革命以来现代生产力导致世界经济加速发展和社会适应性变化的全球大趋势。这个大趋势的基本内容是从传统农业社会向现代工业社会的转变。在《新论》第二编里，他把人类社会所经历的变迁归纳为四种基本形式：渐进性微变、突发性微变、创新性巨变、传导性巨变，提出现代生产力的发展引起变迁模式的重大变化，从而大大加快了社会发展的速度。在具体阐述现代化的世界进程时，他提出了三次大推进即三次发展浪潮的观点：第一次浪潮由英国工业革命开端向西欧扩散，特点是自下而上的创新性巨变，可为称为内源性现代化；第二次浪潮是工业化向整个欧洲和北美扩散，随即产生了第一次世界规模的发展性危机；第三次大浪潮发生于20世纪下半叶，是发达国家向高工业化升级与大批欠发达国家卷入工业化的过程，第三世界的现代化是当今世界发展的最大课题。发展中国家的社会结构、历史特点和文化传统对现代化启动、模式、战略选择的影响，第三世界不同地区现代化的成就与问题，都对西方既有的乐观派或悲观派的现代化理论、发展理论提出了挑战。

《新论》第三编讨论中国现代化的艰难历程和中国近百年来现代化思潮的演变。作为对国人最为贴近的现代化进程的个案研究，对它的评价我想还是留给关注近现代中国发展的热心读者。细心的人不难发现这一部分所做的重大理论开拓，作者以全新的分析框架，将百年中国社会剧烈变化的风霜雨雪、电闪雷鸣尽数驱于笔端，勾勒出一幅色彩极丰富的历史画卷。特别想要提出的是，在分析了近现代中国历史的多种趋势和中国现代化思潮的螺旋式演变上升过程以后，作者总结了一些重要经验，指出当前中国面临改革开放和外来思想大量涌入的新时期，思想界不应重蹈旧辙，听任对新的现代化浪潮冲击的自发回应。

这里充分显示了一位历史学家对社会变迁最新走向的关怀和责任心。正如先生在接受《瞭望》记者专访时所说："我国搞了一百多年的现代化运动，但却没有自己的现代化理论，这是今日中国现实给我出的一个题目。"

毋庸讳言，现代化研究是一项理论性和现实性都相当突出的课题。对它的准确把握不仅需要研究者相当的视角高度，不媚俗，不唯书，不唯上，不为暂时的现象和发展的曲折所惑，真正对科学负责，对历史负责，而且需要多学科的知识，通过缜密的思维对复杂的、多向度的历史过程从宏观与微观等不同角度做准确的把握。《新论》和罗荣渠先生关于现代化的其他著述，在在表现了对哲学、经济学、政治发展理论和比较历史方法的广博知识与娴熟运用。这些论著谋篇气势恢宏，分析丝丝入扣，且文辞壮美，读起来如行山阴道上，目不暇给，具有很强的文学价值和审美价值。除此以外，笔者还想指出一点，这就是：罗先生的现代化研究对于历史学学科建设、对于中国历史学走出"危机"的特殊意义。

历史学家呼喊"史学危机"并非始于今日，也不限于中国。在美国历史学会1969年大会上，伍德沃德（C. Vam Woodward）就提出警告说：史学界已产生一种危机，因为史学产品的市场已衰退，而人们对历史方法所具有的兴趣也渐渐在降低。将这段话写入《当代史学研究》序言的克劳巴德（S. R. Graubard）就此设问并回答："实际上的情形是否可能是：史学家对其研究工作感到兴奋……但是整个社会却不太注意他们的研究发现？事实上，目前的情形正是如此。"这里讲的是史学产品的"市场"危机。多年后，另一位美国人提出了史学的另一种危机。德里克在《中国社会科学季刊（香港）》1995年春季号撰文，认为包括欧美和中国学者本身在内的中国近代史研究当前出现了"范式危机"：历史研究丧失了中心，"现代化"不过是"一组与资本主义相关的发展"，"我们当前的情况实际上是资本主义对革命的胜利"。这看来比前一种危机更为严重。

史学"产品"市场的衰退在今日中国确实是存在的。对于如何扩大史学的影响，罗荣渠教授的现代化研究给了历史学家以深刻的启示。现代化研究吸引了大批学者和青年学生。《新论》和丛书其他几种均在问世不久即告售罄。在这个领域，史学和其他相关学科都呈现出一派繁荣，看不出有什么市场危机。

至于第二种危机是否可以称为危机，是什么性质的危机，"现代化"是不是某一"主义"的专利或者同义词，罗荣渠先生已经给予明确的回答。他对近百年中国发展历史趋势的概括，确实打破了以革命为唯一范式的分析框架，提出了以衰败化、半边缘化、革命化、现代化四大趋势作为近代中国变革基本线索的新观点，把革命以及衰败和半边缘化视为特定历史时期、历史条件下的现象，除此以外，历史还有许多丰富的内涵。改革、发展与现代化是工业革命以来世界历史的常规和主线，也是现代中国历史的主流。革命正是为了扫除障碍，求得国家的繁荣富强和社会的发展，不能认为以现代化为范式，从政治经济社会以及思想文化等各个方面拓宽历史研究的范围，就是否定革命、取代革命。

几十年来，罗荣渠教授孜孜不倦，经常注意知识更新，注意世界学术研究的新动向、新成果，并且提倡独立思考，勇于探索。他对学生、对别人的严格要求基于对自己的严格要求。他出国时曾带一方治印"求知识于世界"，这是他治学思想和眼界的自况。他被西方和日本报刊评价为代表了中国世界史发展的新趋向，获得不只一家《世界名人录》的提名，但他对这些从不介意。

海纳百川，有容乃大；壁立千仞，无欲则刚。——这十六个字，恰是罗老师为学精神与为人态度的真实写照。

  1995年7月于燕园，原刊于《中国研究月刊》（日本东京）1996年6月号（总第2卷第3期）。

论全球史的多层级结构

国内外史学界围绕"全球史"（或"新世界史"）和全球史观的讨论日渐增多，2005年的悉尼国际历史学大会和2011年在北京举行的第20届世界史年会均设置了这样的主题。本文仅就"全球史的多层级结构"发表几点浅见。

随着全球化程度的提高和全球问题越来越多的出现，那种轻视甚至无视亚非拉美历史文化的褊狭观念即使在西方学界也越来越不得人心。对非西方诸文明和非西方社会历史文化的重视，"非西方研究"以及整个人文社会科学研究的国际化、"全球化"和多学科或跨学科化日益明显。例如，2004年，地处西欧一隅的荷兰莱顿大学就发起组织了名为"非西方研究国际化"的大型国际学术会议，会议的成果之一是建立了"欧洲非西方研究学会"（European League for Non-Western Studies），有包括英、法、德、意等10多个国家的20多所大学参加。

追溯20世纪史学史，从斯宾格勒、汤因比到巴勒克拉夫、斯塔夫利亚诺斯、麦克尼尔、沃勒斯坦、弗兰克……一系列西方史学家越来越明确地提出，要从"一体化"或者"整体性"的角度研究和编纂世界史或"全球史"。世界史学科的这一潮流，从侧面反映了全球化的大趋势。关于全球化与"全球史"的关系以及"全球史"的含义，或许正如同德里克所说："那些把全球化纳入历史研究范式的努力仍然微不足道，但它们无疑从对产生重要后果的世界历史的日益增长的兴趣中获得了动力，并推动了这种兴趣的发展。……世界历史不仅是一门学科，而且还是一种方法，一种可以被描述成'世界—历史的'方法,一种即使在现存学科个案中仍可以有效使用的方法。这在'超民族的'(transnational)和'超地方的'(translocal)历史过去10多年里所获得的尊重和紧迫性中相当明显。"① 笔者以为,这里所说的"世界—历史的"方法,正是全球史的第一要义。

曾任国际历史学会主席的德国历史学家于尔根·科卡也把"全球史"看作"世界史的新研究方法"和"新潮流",认为这一跨民族、跨文化的研究尝试很值得重视。同时他也指出:"毋庸讳言,这一新型的世界史还包含着许多问题。……'global history'常常是建立在第二手资料的基础上,做这种研究的人,一般不会精通所有相关国家的语言。'global history'很容易做得肤浅。"② 科卡的告诫值得我们注意。宏观的世界历史研究强调跳出地区和国家的藩篱,挖掘和书写跨地域、跨民族的文化和经济关联与互动,这样的研究成果可以称为严格意义上的全球史或"狭义的全球史"。但是,撰写这种狭义的或者严格意义上的全球史,如果不能充分占有一手资料,而是众口一词地"从月球上观察地球",则很容易蜕变为某种千篇一律的新的"一般历史哲学"。此外,全球史在强调世界史整体性、一体化的同时,必须承认和具体分析人类社会各部分、各时期政治经济文化演变的多线性、多样性,如果坚持历史单线论,坚持认为无论古今东西,都会遵循同样的逻辑(如五种生产方式依次接替)、沿着同样的道路(如重商主义)、向着同样的目标(如不受约束的自由市场经济)演变,即使突破了西方文明发生与扩散史或者地区国别史堆积的框架,即使凸显了非西方文明和非西方社会历史文化的地位,也很难真正走出欧洲中心主义或者其他新旧"中心主义"。而从任意一种"中心主义",都能或明或暗地看到历史单线论的身影。

全球史的研究、编撰和教学当然应该追溯到人类的远古时代。笔者虽然对世界古代史知之不多,但也可以理解强调古代诸文明之间交流互动对整体世界史的意义。然而不可否认,真正的全球史或整体的世界史,不是

---

① 〔美〕德里克:《当代视野中的现代性批判》,《南京大学学报》(哲学·人文科学·社会科学)2007年第6期。
② 〔德〕于尔根·科卡:《社会史:理论与实践》,景德祥译,上海人民出版社,2006,第242页。

人类有史以来就有的。正像马克思当年说过的："世界史不是过去一直存在的，作为世界史的历史是结果。"① 人类或许来源于共同的祖先，但在全球各大洲独立发育出自己的早期文明。如果要写公元前20世纪地中海的克利特文明与印度哈拉帕文明之间的交流互动，或者15世纪末以前欧洲与美洲文明的交流互动，就必须拿出像样的材料来。马克思还指出，正是资本主义生产与交往的发展，使得历史"在愈来愈大的程度上成为全世界的历史"。② 笔者认为，马克思的这一总结，仍然适用于今天的全球史研究。从一定意义上说，全球史即人类社会从分散走向整体的历史，这是一个漫长的进程，可以分为若干大的历史时段。全球史的编撰应当充分说明人类社会是怎样"在愈来愈大的程度上"从分散走向一体的。

广义的全球史则更接近于一种方法，一种具有整体性观念的世界史研究新方法，或许这就是人们所说的"全球史观"。它不再是对地区、国别史的孤立的研究，而是将各个地区、民族、国家的历史以及不同的历史事件和历史人物置于世界历史的大视野下来考察。遵循这样一种"全球史观"，我们可以看到世界历史尤其是近现代世界史是一个变动不居的、充满张力的体系，看到它所要记述和分析的对象有一个多层级的历史性结构。

处于最高层级的应当是"世界体系"，由全球性的资本流动、生产与交换——具体体现于各种各样的跨国金融往来、跨国贸易和跨国生产，以及维护这些活动的国际机构、国际组织所构成。套用沃勒斯坦的概念，这是一个"世界经济体"（world-economy），一个充满矛盾斗争的对立统一体。几百年来，处于体系"边缘"的国家和地区饱受侵略凌辱，进行了不懈的反抗，以争得体系中平等的一席。他们的经验证明了以斗争求生存这一有史以来的人类真谛，只有苦苦力争，平等、和谐的世界秩序才有可能实现。居于体系"中心"的少数发达国家则长期凭借其经济和军事力量，力求维护其世界霸主的地位。与此同时，"中心"的"国家阶级"（state class）也不惜放低身段，以各种"跨国"形式，居高临下地与"边缘"的资本拥有者联合起来。相形之下，下层劳工的世界性流动与国际合作，以及"边缘"

---

① 《马克思恩格斯全集》第46卷上册，人民出版社，1979，第48页。
② 《马克思恩格斯选集》第1卷，人民出版社，1972，第51页。

国家和地区之间的平等合作，则落在了后头。

"全球史"尤其近现代世界史的首要任务，是揭示这一世界体系是如何形成的，它的基本运行机制是什么，对它的发展变化趋势和历史地位，也应给予实事求是的评价。

全球史要求打破各自孤立的地区—国别史的藩篱，也不能继续作为地区—国别史的堆积。但迄今为止的全球史最重要的层级、分析研究全球史的最重要单位，仍然应当是"国家"（nation-state，包括多民族国家和单一民族国家）。地区—国别史和全球史的关系，是部分与整体的关系、特殊性与普遍性的关系，我们既不能只见树木不见森林，也不能无视不同民族、国家和地区历史的个性、特殊性。民族国家是现代世界体系中最活跃的因素，民族国家体系是现代世界体系中最重要的次体系。如果不忽略500年来国家（以及国家集团）之间的战争、强国的霸权争夺与更替、西方国家的殖民扩张与东方各国的民族解放运动，不掩饰"中心"对"边缘"的侵略剥削，不抹杀殖民地的反抗斗争和胜利成果，就不能不重视"国家"。尤其是从"非西方"的角度看，一百多年来，民族国家的形成和巩固，是非欧洲、非西方各民族人民反对西方"中心"压迫剥削的利器，无论从"亚国家"还是从超国家的角度削弱之，都是非历史的。如若以世界史整体性的名义消解国家，其动机或许是反西方中心论，其结果则很可能抹杀了近现代以来西方中心与非西方"外围"之间的不平等关系这一基本史实。

即使在全球化日益深入的今天，主权国家仍然是世界体系的基本结构、基本格局。消解了现代民族国家，也就消解了现代世界体系乃至现代世界历史本身。我们不能一方面把曾经被掩盖、被忽略的东西从历史的灰尘中清理出来，另一方面把已经显露的东西丢进去。全球化的大趋势对国家主权的确形成有力的冲击，但正如全球化本身，这种冲击既有正向的，也有逆向的。既有联合国、欧盟这样的超国家、跨国家、区域或全球性的新型组织结构对国家部分主权的取代或削弱，也有一两个超级大国、霸权国家通过自身"外部主权"的扩张对周边和世界其他国家主权的威胁与削弱，还有达伦道夫所称的"强大的反向发展趋势"，即追求比现有民族国家更小的空间，"它的主角不是加拿大，而是魁北克；不是英国而是苏格兰；不是意大利而是帕达尼"。① 苏联和南斯拉夫的解体、科索沃战争、非洲一些国家的冲突与分离运动在在说明,这类反向运动常常造成巨大社会灾难。全球史对民族国家的形成和发展演变应当有充分的论述,对其历史地位,对针对它的正向、逆向运动,都应当给予足够的分析评价。只不过这种论述和分析评价要求开阔视野,运用"世界—历史"的方法。同理,对现代世界体系里的"中心"国家,也应给予客观的分析论述。

全球史的基层分析单位,当为城乡普通居民的日常生活。伊格尔斯道出了日常生活史的真义:"对于研究日常生活的历史学家们来说,历史研究的主题已经从他们所称为权力的'中心'转移到了'边缘'、转移到了多数人,而这些多数人在他们看来绝大多数都是并未得利的人和被剥削的人。"这就是说,日常生活史应当揭示社会的内部矛盾冲突,包括阶级矛盾、阶级冲突,揭示下层劳动者阶层、"弱势社会群体"的遭遇。以《英国工人阶级的形成》为代表,像汤普森这样的历史学家"并不把多数人看作是一个群体的一部分,而看作是决不能消失在世界历史过程之中,也不能消失在无名的群体之中的各个人"。当然,也会有一些极端的日程生活史学家或"微观历史学"家,他们"反对宏观历史的社会科学研究法(包括马克思主义在内)……"他们中许多人"开始时自命为马克思主义者,后来却转而朝向马克思主义的宏观历史学的基本概念挑战"。② 关于日常生活史,德国史学家科卡的告诫也很重要。他强调,历史不仅仅是人们观察与经历的事物,还必须将"经历史"与"结构史"结合。③ 因而,同样是研究日常生活史,甚至同样是从全球史的角度去进行这样的研究,也有一个历史观和方法论的取舍问题。

全球史研究中一个颇有争议但又躲不开的话题是"现代性",它不仅是一个论题,也是一个重要的分析层面,既涉及精神,也涉及物质。18 世纪以来,现代性随工业化、现代化而形成并向全球扩散,但危机也随之而生,今天,现代性的危机也日益全球化了。

---

① 〔德〕乌尔里希·贝克等:《全球化与政治》,王学东等译,中央编译出版社,2000,第 212 页。
② 〔美〕伊格尔斯:《二十世纪的历史学:从科学的客观性到后现代的挑战》,何兆武译,山东大学出版社,2006,第 117—118 页。
③ 〔德〕于尔根·科卡:《社会史理论与实践》,"代译序"。

现代性的最简单定义是"现代化过程中所具有的社会生活和文化的特定形态"。① 德里克认为，现代性应该作为一个"史学问题"，"将现代性作为历史问题进行思考……其中的一个前提就是：不管多少文化研究者（或民族主义者）会进行驳斥和解构，欧/美所主张和创造的现代性——即一种殖民的现代性——都是当代全球生存方式的一部分和条件之一"。② 这就是说，如果承认现代化这样"一种创造现代性状况的过程"是工业革命以来席卷全球的大趋势，就必须正视和研究现代性问题。③

谈到现代性就不能不讲"现代化"。许多人至今仍然只看到现代化（乃至于工业革命、生产方式与社会形态的转变）阳光明媚的一面。事实上，正如伯曼所说："假如我们向前推进100年左右，试图确定19世纪现代性的主旋律和主音色，那么我们首先会注意到的便是那幅高度发达、明显可辨、生机勃勃、并由此产生出现代体验的新景象。在这幅景象中，出现了蒸汽机、自动化工厂、铁路、巨大的新工业区；出现了雨后春笋般的大批城市，常常伴随着可怕的非人待遇；……出现了日益强大的民族国家和资本的跨民族集聚；出现了各种大众群众运动；……出现了一个不断扩展的包容一切的世界市场，既容许最为壮观的成长，也容许骇人的浪费和破坏，除了不容许坚固不变，它容许任何事物。"④

1968年版《国际社会科学百科全书》收录了西方著名现代化研究者勒纳撰写的"现代化"词条，长达数页，开头便引用马克思《资本论》第1卷第1版序言里的一句话"工业较发达的国家向工业较不发达的国家所显示的，只是后者未来的景象"，来论证现代化即是西方化。⑤ 有人由此而将马克思归入西化论者或"欧洲中心主义者"，似乎马克思一味赞扬欧洲现代

---

① 〔意〕艾伯特·马蒂内利：《全球现代化：重思现代性事业》，李国武译，商务印书馆，2010，第13页。
② 〔美〕德里克：《当代视野中的现代性批判》，《南京大学学报》（哲学·人文科学·社会科学）2007年第6期。
③ 〔美〕德里克：《当代视野中的现代性批判》，《南京大学学报》（哲学·人文科学·社会科学）2007年第6期。
④ 〔美〕马歇尔·伯曼：《一切坚固的东西都烟消云散了》，周宪、张辑译，商务印书馆，2003，第19—20页。
⑤ D. Lerner, "Modenization," *International Encyclopedia of Social Science*, 1968.

性。然而，他们都无视（或者视而不见）马克思所强调"显示"的正是包括伯曼所说"可怕的非人待遇"在内的"现代灾难"。应当将马克思这段话的前后文列出，以正视听：

> ……如果德国读者看到英国工农业工人所处的境况而伪善地耸耸肩膀，或者以德国的情况远不是那样坏而乐观地自我安慰，那我就要大声地对他说，这正是阁下的事情！
>
> 问题本身并不在于资本主义生产的自然规律所引起的社会对抗的发展程度的高低。问题在于这些规律本身，在于这些以铁的必然性发生作用并且正在实现的趋势。工业较发达的国家向工业较不发达的国家所显示的，只是后者未来的景象。
>
> 撇开这点不说，在资本主义已经在我们那里完全确立的地方，例如在真正的工厂里，由于没有起抗衡作用的工厂法，情况比英国要坏得多。在其他一切方面，我们也同西欧所有其他国家一样，不仅苦于资本主义生产的发展，而且苦于资本主义生产的不发展。除了现代的灾难而外，压迫着我们的还有许多遗留下来的灾难，……不仅活人使我们受苦，而且死人也使我们受苦。死人抓住活人！

很明显，马克思在这里表达了对资本主义现代性，即工业较发达国家显示的景象或伯曼所说"现代体验的新景象"的鲜明而尖锐的批判态度。将终生致力于揭露西欧发达国家靠奴役、榨取全世界劳动者积累资本，号召全世界劳动者联合起来，并且明确地把资本主义起源的"历史必然性"限于西欧各国的马克思称为"欧洲中心论"者，或者所谓"欧洲优势的特殊论"者，这当然不是赞誉。《资本论》里的确有一个"中心"，即率先发达的英国。作为"世界工厂"，英国向全世界显示了蒸汽机、自动化工厂、铁路、巨大的新工业区、雨后春笋般的城市，同时给世界带来诸多"现代的灾难"。肯定历史上曾经有这样一个"中心"，跟自傲自大的"欧洲中心主义"毫无关系。

简言之，全球史不能背离像马克思当年那样的对资本主义的批判性书写。在全球史论述中以批判"欧洲中心论"的名义否定在欧洲历史上曾经有一个资本主义工业化、现代化的阶段,其结果只会掩盖"资本来到人间"的充满血腥的历史。

正像世界性现代化进程本身在造就空前未有的历史大变革的同时,也带来前所未有的全球性的"现代灾难","现代性"也是一个充满矛盾的复合体。"现代的环境和经验直接跨越了地理的和种族的、阶级的和国籍的、宗教的和意识形态的界限:在这个意义上,可以说现代性把全人类都统一到了一起。但这是含有悖论的统一,一个不统一的统一:它将我们所有的人都倒进了一个不断崩溃与更新、斗争与冲突、模棱两可与痛苦的大旋涡。所谓现代性,也就是成为一个世界的一部分,在这个世界中,用马克思的话来说,'一切坚固的东西都烟消云散了'。"① 正因为现代性充满矛盾,才会众说纷纭,种种理论观念如"单一的现代性"、"欧洲现代性"(Euro-modernity)、"殖民现代性"(colonial modernity)、"多元现代性"(multiple modernity)、"另类现代性"(alternative modernity)、"晚期现代性"(late modernity)、"第二次现代性"(the second age of modernity)或"全球现代性"(global modernity)等等,让人目不暇接。同样认为现代性是单一的,有人完全肯定,也有人持严厉批评的态度。我们当然应该批判地看待现代化和现代性,如同批判地看待当今的全球化浪潮一样,正视它们带来的问题,却不能无视它、否定它的存在。否则就会走向反面,以维护传统或东方古老文明的名义鼓吹复古、倒退,这有悖于史实,也不是编撰新世界史的初旨。

除了上述几种,全球史的其他重要层级还有地区商业贸易网络、各种国际组织及区域合作组织等等形成和发展演变的历史,恕不能一一列举。至于全球性的环境生态史、婚姻家庭史、社会关系史、疾病—卫生史等专门的领域,以及全球史的分期等专门话题,笔者完全生疏,更不敢冒昧赘一言了。

回到前面所引"世界历史不仅是一门学科,而且是一种可以被描述成'世界—历史的'方法",这种方法其实从属于某种整体主义的历史观,或者可以径称为"全球史观"。这种"全球史观"不仅要求将单个国家和区域

---

① 〔美〕马歇尔·伯曼:《一切坚固的东西都烟消云散了》,第15页。

的历史作为世界史整体的一部分,而不是将它们孤立起来,割裂开来,还要求全面、综合地考察影响历史发展演变的政治、经济、社会、文化心理、地理环境等多种因素,避免重蹈单一因素决定论和单线发展论的陷阱。此外,研究全球史的理论框架是多面向的。首先,在它的顶层会有唯物与唯心史观的分野;对世界历史的动因,可以追溯到物质活动,也会有人追溯到精神。其次,具体地看,同样叙述整体的世界史,不同人会有不同的观念,斯宾格勒强调"文化形态";汤因比在此基础上又提出了著名的"挑战—反应"模式;斯塔夫利亚诺斯选取远古以来与人类生死攸关的生态、两性关系、社会关系和战争等四条"生命线",展开对他所理解的全球历史的分析;霍布斯鲍姆以"双元革命"为主线论述资本主义世界体系的形成和扩展;沃勒斯坦着重关注于现代世界体系中多层次的"中心—半外围—外围"结构;弗兰克则强烈要求"彻底抛弃'资本主义'这个死结",在批判"欧洲中心论"的同时,制造了一个理论上难以自洽的长达 5000 年的"亚洲中心"甚至"中国中心"(只是在最近 200 年被欧洲暂时领先),将全球史变成一个古往今来皆由贸易统领的单一结构。有人强调历史是沿着一定趋势发展的、有目标的,有人则持历史循环论,坚决反对历史目的论;有人认为全球史应当驱除欧洲中心论或西方中心主义,但并不否定世界历史曾经有过多次的中心转移,有人则认为全球史应当彻底"去中心"(decentralizing);有人主张人类文明的"趋同",强调同一性,有人主张"趋异",强调差异性。其中,相互对立的"历史终结论"和"文明冲突论"又都表现出鲜明的西方中心主义色彩。许多这一类的著述,理论色彩各异,但都体现了某种"全球史观"。总之,所谓"全球史观",跟唯物史观或唯心史观不是一个层级的概念。因此,大可不必一看到"全球史观"就认定它的姓氏,甚至认定它一定要跟唯物史观对着干。同理,对各种观念各异甚至截然对立的"文明史观"或"文化史观"、"现代化史观"也应如此看待。

本文为提交 2011 年于北京首都师范大学召开的"世界历史学会第 20 届年会"的发言,曾刊于《贵州社会科学》2011 年第 4 期,《新华文摘》2012 年第 1 期转载。

观念史研究举隅

——人权观念在中国的演变

金观涛、刘青峰所著《观念史研究：中国现代重要政治术语的形成》定义"观念"为"人用某一个（或几个）关键词表达的思想"。所谓观念史就是观念的出现以及其意义演变过程。当然，"观念"和"观念史"本身也是一种观念，有其意义演变过程，因而可能有不同解释，此不论。这里仅以"人权"观念在中国的形成和演变为例，谈一点对观念史研究的认识。

要求实现普遍的即属于一切人的自由、平等、独立，是人权的基本内涵。或以为人权古已有之。中外古代思想文化中的确都有诸多因素可以跟人权观念接榫，例如儒家学说中的民本思想、宽恕仁爱思想，法家"刑过不避大臣，赏善不遗匹夫"的法治主张，墨家的"官无常贵民无终贱"，佛教经典中的"仁慈博爱"和基督教《新约》里讲的"爱众人"，《圣经》名言"想要别人怎样待你，你也要怎样待人"跟《论语》中有异曲同工之妙的"己欲立而立人，己欲达而达人"、"己所不欲勿施于人"，等等，都能在一定程度上与人权所内涵的价值契合。然而，儒家讲过"诛一夫"，随后还要迎新君；主张"民本"、"礼义"、"仁爱"，但等级秩序必须维护，所谓"非礼无以辨君臣上下长幼之位"，"贵贱不愆，所谓度也……贵贱无序，何以为国？"严复曾说过：中国历代圣贤从来不讲自由，"中国理道与西法自由最相似者，曰恕，曰絜矩。然谓之相似则可，谓之真同则大不可也"。

那么，究竟应当如何看待传统文化与人权的关系？

我以为，如同欧洲在近代以前存在严格的封建等级制度、宗教上的不容忍和对异端的迫害等，因而不可能有人权，中国两千年的君主专制，历代统治者所奉行的政治文化、伦理道德，都使得前现代中国难以形成人权，而是使皇权、绅权、族权、夫权等压迫性特权得以长期维持。因此，追溯"人权"观念的起源、形成及其发展演变，不能只看某个文本字面，更不能想当然，必须关注与它的发生发展密切相关的社会、经济、政治环境。

1884年康有为开始"演大同之义"，1888年前写成《实理公法全书》，书中讲到"人各具一魂……人有自主之权"。《大同书》中有更明确的人权思想："但使大明天赋人权之义，男女平等皆独立……欲以度我全世界之同胞而永救其疾苦焉，其惟天予人权，平等独立哉！"梁启超由是而推崇康氏为中国民权观念首倡者，康有为也自视如此。但据刘广京先生考察，意义和自由或权利相近的"自主之权"概念仍为外国传教士林乐知等人引入中国，时在1875—1895年，所以张之洞在《劝学篇》里才会说出"人人有自主之权……语出于彼教之书"。现在我们知道，曾经受教于林乐知的钟天纬，1880年赴欧期间曾致信友人介绍西方各国"小民皆有自主之权"。这就早于康有为多年。1899年梁启超写《爱国论》，在论述民权与君权的关系时提到了"天赋人权"。同年，何启、胡礼垣在《劝学篇书后》一文里也讲到"天既赋人以性命，则必畀以顾此性命之权。天既备人以百物，则必与以保其身家之权"。若无更新的材料，人权这一"关键词"出现于汉语的过程大体如此。

但这里又出现一个问题：何以当时人常常将"人权"与"民权"混用？何以梁启超一边大讲民权，一边又极力主张"兴绅权"甚至维护君权？

从《新民丛报》第六、七号连载的对"民权与人权有以异乎"疑问的回答可以看出，梁启超和他的立宪派同人所讲的"民权"，不是"专用于政治上"的公民权，更不是"民主权利"，而是私权，是个人权利、"天赋人权"（Jura innata, Urrecht, Angeborene Menschenrecht）。在他们看来，"民人二字本无甚分别……民字可以人字代之，更无论矣。天赋人权，包括甚大，君亦不能与此权外有所增，民亦不能有所损。总而言之，皆在此权之中，各行其自由，不碍他人之自由是也"。这就是说，梁启超所反复倡言的民权其实意指人权。既然无论为君为民，莫不有之，君权、绅权自然皆在此权之中。兴绅权即使不等于兴民权，至少也是后者的一部分或一步骤。

戊戌变法失败后，梁启超曾痛感革命"为今救中国独一无二之法门"，因为"日倡革命排满共和之论"而被乃师斥为"流质易变"。虽然此后他又重回君宪派保皇党立场与革命派论战，将自由、立宪、共和视为"冬之葛"、"夏之裘"，认为"今日中国国民，只可以受专制，不可以享自由"，但在清廷覆灭以后则坚决维护共和，讨袁称皇，遏张复辟，捍卫民国。梁启超的《新民说》，他之于黯然无色中看到进步和希望，于狼奔豕突之际看到国民自主意识日益鲜明，种种自强不息、乐观进取的精神，影响了一代又一代中国人。梁一生有大量关于民众自由与平等权利重要性的精彩论述，包括他在作为君宪派代表人物时的民权/人权思想，都值得认真总结。

1903 年有人写道"自平等、自由、博爱、公益等名词出现于吾社会，老师耆旧既惊为创闻，引与为敌"。正好也是在这一年，"权"、"权利"、"个人"以及"群"、"社会"、"义务"等概念在报纸杂志上的传布达到高峰。金观涛、刘青峰根据统计数据列表指出，从 20 世纪初到辛亥年，报刊文章中"权利"的用法大体有四种，其中第四种涉及权利与经济利益和道德品格——梁启超认为权力来自良知且与义务相连："权利思想之强弱，实为其人品格之所关。"孙中山则指出："因一切谋生利益，尽被资本家吸收，贫民虽有力量，却无权利去做。"第四类用法表明，"人人自主之权"是否实然拥有，受到道德品格和经济地位、社会义务等内在与外在因素的制约，不是"天赋人权"，而是"人赋人权"。天赋人权和竞争性权利都难以解决现实中的经济政治权利不平等，预示着新一代与经济政治权利密切相关的人权观念形成。

新思想的传播成为政治革命的先声。辛亥革命如龙卷风，将大清帝国腐朽破败的旧屋顶席卷而去。然而，枯朽的还只是清王朝，旧制度的根基仍在。正如中山先生所说："去一满洲之专制，转生出无数强盗之专制，……于是而民愈不聊生矣。"种种倒行逆施，使新一代先进知识分子痛感"所希望的件件都落空"，于是"鼓起勇气做全部解放的运动"。比之严、梁一代人，这一时期的"新文化运动"更响亮地喊出了"争人权"的口号。今人谈及"五四新文化"，马上想到的是"德"、"赛"二先生，却常常忘记还有

"和"（human rights）女士、"费"（freedom）小姐和"穆"（moral）姑娘。关于"人权"，陈独秀说得最清楚。他在《青年杂志》第 1 卷第 1 号即提出国人"当以科学与人权并重"，甚至把人权置于近世文明之首位："近世文明之特征，最足以变古之道，而使人心社会划然一新者，厥有三事：一曰人权说，一曰生物进化论，一曰社会主义。"李大钊主张"民彝"，给这一上古观念以新意，谓"民彝者，吾民衡量事理之器"，"民彝者，民宪之基础"，推崇人民创造历史、改变自身生存状态的权利和意志。他憧憬的理想社会是"把政治上、经济上、社会上一切特权阶级，完全打破"。鲁迅着力于国民性的改造和完善，认为要改变中国"其首在立人，人立而后凡事举；若其道术，乃必尊个性而张精神"。对个人自由和个人解放包括婚恋自由、妇女解放，胡适、钱玄同、刘半农、周作人等也先后发表了大量的论述。在新文化的感召下，一代青年摆脱了旧道德旧伦理的桎梏，对思想自由、婚姻自由、男女平等的追求蔚成风气。

翻检《新青年》、《每周评论》、《新潮》、《晨报》、《时事新报》等新文化运动中的报刊可以发现，自由以及与它对应的"专制"是最抢眼的字眼或者叫作"关键词"。新文化人认识到：专制是自由、民主、人权的对立物；要自由，则必反专制。易白沙从"今之董仲舒"推动现代版的独尊儒术看到了"独夫专制"和"思想专制"。李大钊的声音更富有穿透力："盖民与君不两立。自由与专制不并存，是故君主生则国民死，专制活则自由亡……"专制特权作为人权的对头，中西皆然。真正诊断出专制制度是旧中国的病因并予以疗救，经历了从立宪改良到共和革命一代又一代人的艰难探索甚至浴血奋斗。从 19 世纪末开始，反对专制特权一直是中国人权思想发展史的主题，即使在民族危急关头也不曾中断。

迨至五四爱国运动爆发，民族危机加剧，先进知识分子的注意力急剧转向"外争国权"。对内也由争取"小我"即个人的自由、自主，转向关注"大我"的基本生存权利和社会政治权利，争群体的、民族的自由自主权利。"国家兴亡，匹夫有责"，为群体利益而不惜牺牲个人利益甚至生命，权利重新而且更紧密地与责任、义务结合起来。救亡与启蒙始终相互促进，外争国权与内争人权互为表里，争国权即争国人的集体人权。"启蒙"在中国一开始就与"救亡"紧密相关。五四以后启蒙也没有停止,只不过重心转向唤起广大民众。例如,维持了五年(1919—1924)之久、成员曾多达140人的"平民教育社",就是以"求人人都知道怎样才是真幸福,兼明白求幸福的法子"为宗旨,以"求得社会中各分子的真正平等和真正自由"为"平民教育的真精神"。五四时期持类似宗旨的社团还有许多。总之,称"五四"以后的新文化、新思想运动仍然有丰富的人权思想,应该是没有错的。只不过这时的"人权"超出了个人自由个性解放的范围,从个体的权利走向群体的权利,从要求个人在国内社会的自由、平等、尊严走向要求整个民族在国际社会的自由、平等、尊严。所谓"外争国权"、"保我主权",争的和保的,正是全体国人的集体生存权、自主权。

概言之,"人权"在19世纪末进入中国,其被吸收消化、发展演变的过程大体经历了早期(19世纪末20世纪初)、中期(20世纪初到"五四")和后期("五四"以后)三个阶段,或三种形态,即从梁启超等人鼓吹"兴民权"实则"兴绅权",到要求普遍的个人自由个人解放,再到争取民族自主权和劳动者群体的社会政治权利。其中,第一种形态贯穿从维新派鼓吹变法革新到清末新政,再到辛亥革命的较长时期,涉及人权与民权、人权与绅权、人权/民权与君权等诸对概念的关系;第二阶段主要涉及人权与民主、人权与道德的关系;第三阶段则凸显了人权与"国权"、"启蒙"与"救亡"的关系。三阶段前后相续两两之间时间多有重叠。"人权"在三个阶段的不同形态分别有其相应的实践,跟中国现代化不同时期的历史任务息息相关,且对当代的人权理论与实践仍然有深刻影响。

对"人权"的观念史研究,不仅要说明这一"关键词"的来龙去脉,还应挖掘其不同时期不同形态的实践及其历史影响。从这个意义上讲,观念史跟思想史、政治史、社会史其实难以截然分开。广义的观念史,如同文化史、心态史、口述史、计量史学乃至全球史,似乎更多地被当作一种史学研究的方法或"路径"(approach),是从不同的视野窥测同一座珍藏着历史真实的殿堂。当然,实际动手研究某一段历史完全可以不限于使用一种方法。观念史研究大可不必独立于思想史,更不能局限于文本字面的解读。至于在具体的研究中方法更接近英美的"观念史"(history of ideas)模式，还是德国的"概念史"（Begriffsgeschichte）或"历史语义学"，法国的"话语分析"或"概念社会史"（socio-histoire des concepts），等等，则要看研究对象以及研究者的问题意识是什么，完全不需要拘泥于某家某派。

本文原刊于《史学理论研究》2012年第2期。

师情友谊点滴在心头

——怀念何芳川老师

没有哀乐。大厅内外回响着的，是何老师生前最喜欢的歌曲之一《天堂》的旋律，声音低回，如泣如诉。挂满挽联的花篮从大厅一直延伸到路边，丁香盛开，洁白如雪。我尽量使自己平静，跟着人流步入大厅，向何老师的遗体告别。但还没有走到近前就难以自持，失声痛哭。我甚至没敢多看一眼遗容……

从何老师住院到去世的这些天里，日日夜夜，从做学生，到在历史系和亚非拉教研室同事，20多年来跟何老师的接触，师情友谊点点滴滴注到心头。

1978年10月，我有幸以年近而立之身再做童生，入北大历史系念本科。大学四年间，也就听过何老师一两次专题课，此外基本没有接触。第一次听到对何老师学识的评价，是我本科毕业以后在郑州大学任教期间。我在这里结识的舒运国教授极口称赞何老师关于东非古代城邦的一篇文章，说到他用的是别人也能看到的资料，却能发别人所未发，这才是真正的史学高手。如果不是1985年再回北大读书，我很可能跟这位多才多艺令人尊敬的老师、学长失之交臂。第一次跟何老师个别谈话，是在1985年国庆节。因为对何老师仰慕已久，当看到历史系公布的假期值班名单上，国庆节下午的值班人是他的名字，便约了另一位同学冒昧到系办公室来找他聊天。谈了些什么，已经记不清楚了。在我不过是自我介绍，说几句对历史系众位师长道德学问才艺的仰慕之情。何老师谈到对77、78级世界史专业同学的厚望,好像也谈到自己"文革"时期的遭遇、损失的年华。初次交往,不可能谈得很深。

我回母校读研究生,来得很勉强:女儿才一岁半,身边又没有老人帮带,所在郑州大学政治系领导也不希望我离开,所以接到录取通知还在犹豫要不要来念,来了也不大安心,跟本科时一样,只盼拿个学位早点回家。因此,除了导师罗荣渠先生和林被甸教授,我跟其他老师接触仍然比较少。1988年阴差阳错留下来继续攻读博士学位,开始参加亚非拉教研室的一些活动,对何老师和教研室其他几位老师了解慢慢增多。对何老师的风趣、幽默和睿智印象也越来越深刻。我听到了何老师和其他老师们在鲤鱼洲拼死拼活共扛水泥船的故事,听到他关于"加快改革、与腐败赛跑"的精辟分析。我知道了我跟何老师还有同乡之谊。我出生和童年所在的山东省梁山县,一直归属菏泽地区。何老师府上是"菏泽大户",令尊何兹全先生是学界耆宿,令堂曾就读河南大学。而我"文革"前一年考入河大(当时叫开封师范学院)外语系预科。老夫人竟然还是我忘年的老校友老学长!不知不觉间我对何老师又多了一份情感上的认同。记得有一次何老师笑着对我说:"正华,你我都是罗老师的学生。你们班的百家、康江都跟我哥们儿了,就你还一天到晚何老师长何老师短的!"我听了也一笑。老师者,学识渊博而负声望者也!"齐襄王时,惟荀卿最为老师。"我当然还是叫他"何老师",见面执弟子礼如仪,但心里热乎乎的,也就默默地把他认作老大哥了。

真正开始深入了解何老师是在1991年。何老师访问阿姆斯特丹大学,周末到鹿特丹一游。当时我住在海牙。我安排他以及和他同行的李孝聪兄等在我租住的地方停留一晚。我的女房东是位到过中国追求工农革命的菲律宾移民,她的男友是位热血澎湃的荷兰绿色环保组织活动家。他们找了几位荷兰学者到家里跟何老师一行共进晚餐,席间交流了对一些共同感兴趣的问题的看法。记得何老师谈到中荷关系和中国最近经济发展的情况,谈到当时国内学界议论较多的严重的"脑体倒挂"现象。荷兰人不大理解,认为脑力劳动者的收入不一定要高过体力劳动者。我做工人多年,跟何老师一起向他们解释了中国脑力劳动者包括工厂技术人员长期被当成"老九"的情况。房东他们都走了以后,何老师、孝聪兄和我促膝畅谈,谈到国家前途命运、改革开放大势，谈到他几年前差点在美国加州大学读博士，谈到这次回国后马上要"上套"，就任北大历史系新一届系主任，老夫人以岳母刺字岳飞"精忠报国"为榜样对他"劝进"，也谈到"文革"时期何老师个人的坎坷。躺下以后继续谈话几乎彻夜。天一亮，何老师就又精神焕发，跟李兄他们一道雄赳赳地向鹿特丹进发了。那年，何老师52岁，给我的印象是：经历了"文革"和改革的洗礼，他已是一个大彻大悟之人，经验丰富又正当壮年，是该在历史系和北大有一番作为的时候了。果然，何老师一出手就不同凡响。90周年系庆兼为邓先生、周先生贺寿，"抓住学科建设不放松"，几个动作就把正处于史学全局性危机中的历史系教职工和学生的士气调动起来了。

我回国以后，先结业、留在历史系任教，后"在职"申请博士学位、申报讲师，再逐级申报副教授、教授，从1993年直到今天，关键时刻几乎每一步都靠何老师跟其他几位老师搀扶，才能跌跌撞撞地走到现在而没有趴下。为了我能在1993年夏季在职申请博士论文答辩（当时学位办只在春季受理在职申请），何老师和林被甸老师一起求告校学位办负责人到半夜。为我申请到哈佛燕京学社进修事，何老师酷暑中写信给我。这两件事虽然都没有成功，但这份师情让我铭记在心永世难忘。后来我申报副教授、教授，都是何老师、林老师给我写的推荐意见。

何老师任北大副校长以后，一再提出文科院系要积极开展扎扎实实的学术研究，要出精品。1998年我奉命出任历史系副主任，负责科研和研究生工作。针对当时一些人攒书成风，历史系研究生提出"拒绝攒书"的倡议。何老师知道后大加赞赏，鼓励我继续推动，树立学术规范，培养良好的学风。此后不久，北大美国研究中心委托我们做"留美学人口述历史"项目，请何老师做顾问，他欣然同意。除了指导我们项目组40多位教师和研究生的工作以外，还与杨立文教授、牛大勇教授和我共同组织了一个专题小组参加2000年10月在美国阿拉斯加召开的口述史学会年会，介绍北大口述史学的历史与现状。会上，何老师作为主持人，杨老师、大勇兄和我相继发言并回答提问，由美国《口述史》杂志主编、康涅狄格大学口述史中心主任布鲁斯·斯代夫教授做评议。我们圆满完成了任务，会后高高兴兴地驱车百里去观看正在消融中的几个著名的大冰川。但就在从冰川回来的路上，我险些酿出一场大祸。

我自恃已有多年的驾龄，在左面是大海右面是高山的道路上将车速提到60多英里，正好后面有一辆车紧跟，在一个休息区路口本来打算转进去但没有来得及将车速降下来，情急之中一下子把车开到路肩以外低于路面半米左右的草地里，后轮挡泥板死死卡在一个排水的水泥管子上。车刹住了，我人也呆住了。大勇兄把我叫出车，这时，只见何老师已经走出汽车笑着迎过来，拍着我的肩头一遍又一遍地安慰我。此后，在等待救援的漫长的两个小时里，他不知给我说了多少引我宽心的话，还拉我上到旁边山脚的一个小瀑布前留念合影。

车拖到修理厂，检修结果还好，无大损伤，租车公司多收了一百美元了事。回到宾馆，何老师赋诗两首念给我们：

其一

才过一湾又一峰，跨云登雾仍从容。
最是冰川新历后，人不心惊鸟心惊。

其二

阿拉斯加好秋风，半山云雾半山晴。
借问幽深何所见，独钓寒湖一老翁。

这件事过后我一直很难过、愧疚甚至后怕。我没有忘记车上坐的是巍巍上庠北京大学的现任副校长！当时车停下的位置，一边是一个铁柱，另一边是一块大石头，离我们的车都很近。我不知道如果车稍微偏向任何一边后果会怎样。我也不知道如果后边坐的是别的什么人反应会怎样。

其实在何老师面前我要深表愧疚的事还不止这一件。他曾因为当学生时的我冒失莽撞信口开河而身受无妄之灾。他要我和高毅教授筹办2000年春天的全国高校世界史学科年会，我却中途溜号，跑到海峡对岸的东华大学去了。

这次意外事件使我更深地了解了我们的何校长，我从心底呼唤、感激的何老师、何大哥！后来，我把自己诌的两首歪诗献给他。一首写阿拉斯加之行，感叹"曾经安睡万千载"的昔日冰川千寻之体"如今太半化溪水"。诗写得很长，但绝口未提车祸——从心理上屏蔽之。另一首是几年前在伯克利做访问学者时所作，描写"雾后金门出静海，云端铁索挂寒峰"的湾区秋色和个人思乡心境，时间恰好也是10月。何老师是新时期北大人赴伯克利加州大学访学的先路前驱，因此我要献给他。

这次何老师从住院到去世，大家都觉得太突然。其实早在他的副校长任上，他这部工作母机已经是多年带病运转了。记得那次他从青岛开会回来住进医院，插了好几个管子躺在病床上，看到前来探视的人，只能摆摆手而无法开口说话。2002年以后，何老师从副校长任上退下来，随即又先后执掌北大亚太研究院和世界史研究院，负责举办和亲自参加了2004年与2005年两届规模浩大的"北京论坛"，并继续参加历史系学术、学位两个委员会和亚非拉教研室的活动。加上他的其他各种校内外本、兼职务，花在社会工作上的时间和精力一点没有减轻。尽管如此，我以及我们教研室几位在岗中青年教师跟他接触的机会还是有明显增加。他对自己的学术研究时间安排更紧迫，专著和论文发表的间距越来越短。但写作还是那样一丝不苟，像他那一笔挺拔而又娟秀的行楷。他的《无望的对抗格局——三论世界历史上的大清帝国》发表在《史学理论研究》2006年第1期上。为了文中的一个转引，文章定稿前他曾打电话给我，仔细询问几个数字资料的出处，一一核实才肯作罢。他的十几位博士研究生的复试、资格考试、开题报告、预答辩我几乎都参加了，深知他对自己学生的关心爱护与严格要求。我还跟随他一起负责申报了一个教育部重大科研项目，陪同他去高教宾馆向负责审核项目的专家们陈述。听他推心置腹的交谈的机会也明显多了，对他的衷心拥护国家的改革开放政策和社会主义现代化大业、对国际和国内社会上一些恶劣现象之痛心疾首、对许多重大问题包括教育系统存在的问题和改革去向等等所持的令人信服的见解，也有了更多的了解。

2004年11月，何老师到香港参加一个由北京大学、香港珠海学院等倡办的妇女研究国际会议。当时我正奉派在珠海学院客座，参与了研讨会的准备工作，也旁听了会议。会后珠海学院宴请何老师一行，我有幸忝列末席。珠海学院校长张忠楠教授为人极随和，常请大家吃饭，席间自己却常常吃得很少。这一次，宾主尽欢之际，主人方面力邀何老师等再访珠海。我灵机一动，想到前此曾戏出一联"忠楠校长请客自己不吃东西"，遂脱口而出"芳川老师有缘理应常到香江"。一座粲然。何老师也拊掌而笑。但谁也不会想到：在座的珠海学院多位教授，跟他这一别竟成永诀！

2006年5月16日，星期二，上午8时30分，我按时到教研室参加本应由何老师主持的他的三个博士研究生的资格考试。但何老师自己却没能出席。一打听，说是他又发低烧，不得不去医院了，但这次一去就再也没有回来……

何老师：您不能就这样走。您的学生包括我在内都还在等着您的鼓励、指导和批评呢！我还想陪您再访荷兰、再看冰川、再次欣赏那与您的名讳暗合的美丽的香江呢！上海师大、河南大学、郑州大学等学校的史学同仁先后打电话来，他们都正盼着见您！

您参与浇灌、精心扶持的北大历史系亚非拉近现代史园地，花木依然茂盛。众位兄弟都十分努力，决心像您和其他前辈那样坚守岗位，"君子固穷"但"穷且益坚，不坠青云之志"。您推动过的史学研究国际化，包括历史档案研究的国际化，今后必将继续展开！

本文原载《何芳川教授纪念文集》，现代教育出版社，2007。

两岸学术交流的使者

——历史学家胡春惠先生

胡春惠先生早年就学于台湾政治大学政治系,以后从政治学转向历史学,以《中国与韩国临时政府之关系》一文通过口试获博士学位。胡先生一生著述甚丰,包括《民国宪政运动》、《中国现代史》、《韩国独立运动在中国》等。他在海峡两岸广有影响的政治史专著是《民初的地方主义与联省自治》。该书从晚清地方督抚权力的扩张、清末新政对地方势力的助长论起,分析了孙中山早年试图效法美利坚合众国、建立合众政府实现"中华联邦共和"的思想,研究了民初政争与中央地方权力的消长,并以湖南、四川等十二省自治与"省宪"运动为案例,详细探讨了联省自治发生的背景、过程和"一阵风似吹过"的深刻原因。在全书的结论部分,作者指出:

> 辛亥革命后的中央集权与地方分权问题,造成了民初政局之不安。因此我们认为中央集权与地方主义,对近代中国政治所带来的困扰是肯定的。甚至于吾人还不能仅把这一困扰,当成一个单纯的历史的往事,而应放远眼光,把它看成幅员广大的中国,在未来或者仍要面对的问题。[①]

翻检全书,以及胡先生的其他专著和论文,不难看到一位以中国近现代史为志业的历史学家远远跨越某一个历史时代的深邃目光、他的现实关

[①] 胡春惠:《民初的地方主义与联省自治》,中国社会科学出版社,2011,第254页。

怀以及他对祖国未来美好前景的殷切期盼。

胡先生期盼国家富强安定、和平统一,更多地表现在他的著述之外,对两岸学者联谊交流的极力推动和身体力行,而且这一"推"一"行"就是几十年,称之为"几十年如一日"毫不夸张。

胡先生的母校政治大学当年在台湾高校中地位特殊,有点政坛"黄埔军校"的意味。胡先生回忆自己青少年时"有过以中国的俾斯麦自期的梦想",在攻读博士学位期间就已经到国民党党史会充任干事,后来做到专门委员和总干事,还被保举为最年轻的"全国之特优人员",受到国民党主席蒋经国的授勋和接见。党史会作为中央党部的一部分,跟党部其他部门在一栋大楼里办公。见过了一些大老、显贵背后尔虞我诈的事情,加之身边一些不学而居位者嫌他"思想太过解放",疑他"对党不够忠诚",胡先生心生反感。尽管看到自己的"名字赫然列在一份总统府重要干部培养列管名册",架不住他牵挂在大陆的父母和兄弟姐妹心切,遂"急于求去"。① 先生最终如愿回到政治大学历史系任教,从 1989 年起以历史系教授出任政大历史研究所所长。

教学与研究之余,长期萦绕在先生心头的,是对故乡父老刻骨铭心的思念之情。胡春惠先生在日本全面发动侵华战争前夕出生于黄河太行之间的河南省沁阳县。1937 年以前,"义庄胡家"几代人在豫北晋南一带经商,家境还算殷实。胡先生幼年便赶上日寇南侵,中原板荡,人民流离失所。胡家许多人包括他的八爷爷、小姑和姑丈,以及小姨——他母亲唯一的胞妹——先后走上太行山参加了八路军。他的四伯毁家抗日,带领二百来人在家乡一带跟侵略者打游击,被日寇抓住残杀。时为焦作煤矿工程师的父亲则被日本宪兵队抓捕,侥幸出狱后偷渡黄河,以后拖家带眷辗转于洛阳、开封等地。50 年代参与武汉堤防加固、长江大桥基桩地质勘探等工程,因成绩卓著,曾被评为湖北省劳动模范;"文革"中被游街批斗,1981 年获平反,恢复工程师职称和待遇,但这时已经是弯腰驼背的七旬老人了。

据胡先生回忆,1950 年 5 月,刚上初一的他跟随大梁联中南下南京、

---

① 胡春惠:《北上南下记沧桑:胡春惠回忆录》,台北,"国史馆",2016,第 204—209、220、243—244 页。

株洲等地躲避中原的战火，本欲依照五姐的嘱咐北归，回到豫北家乡父母身边，最后却阴差阳错，作为孙立人将军麾下的"幼年兵"到了台湾，从此与父母暌违。胡先生初到台湾只有同来的五姐跟他相依为命，孤伶贫困，唯靠自己刻苦读书，终于考取大学并最后获得博士学位。80年代大陆开放不久，他便迫不及待地一次次飞抵香港，跟从武汉来的父亲（母亲已故）和姐弟短暂相会。

1990年8月，他第一次回大陆，参加了在广州举办的"孙中山与亚洲"大型国际学术会议，随即到武汉探望家人，然后又急匆匆返回河南故里。从此一发而不可收，在参与各种学术会议、足迹遍于江南塞北之余，积极从事于推动海峡两岸学者交流联谊和大陆与台港澳历史学研究生相互交流学习的工作。他1991—1992学年应邀到香港珠海学院担任客座教授。决心应聘的动因之一，是"俾得随时可到武汉去探视老父"；次年便转为长期兼任，而且一兼就是十年；2001年更办理退休辞别政大，担任珠海学院专任教授，同时担纲"亚洲研究中心"，以后又出任文学院院长和文史研究所所长。他也曾多次赴内地大学讲学，身兼南大、北大等多所大学的客座教授。珠海学院亚洲研究中心则是胡先生推动组织港台与内地学术交流的主要舞台。

香港珠海学院是教育领域"一国两制"甚至"一地两制"的样板。她的前身是1947年创办于广州的私立珠海大学，1949年迁港，是香港历史最久的"自资"高校，在回归前的香港称"珠海书院"，在台湾则名称依旧，跟当地的辅仁、东吴等私立大学地位相当，只不过设在海峡对岸。香港回归以后，珠海学院各学系、学科经特区教育局审查而逐一实现"在地化"，终于2015年迁入由政府划地建造的新校址。来自内地的学生达到10%。文史研究所招收的博士研究生则多年来依然主要是来自台湾各高校的青年教师。胡先生担任文学院院长后，聘请了多位台湾文史学者来此任教，同时与北大、南大等内地高校达成长期交流协议，每年互派教学人员短期访学或者整学期客座。珠海学院的特殊地位，使她成为两岸学术交流的桥梁。"亚研中心"地位更特殊，最初由台湾"教育部"核拨资助，后来才逐渐正式归属珠海学院。中心在1992年成立时，胡先生即为其决策机构"审议委员会"的委员，以顾问的名义参与了中心的筹划和创建。在胡先生心中，成立亚研中心的目的十分明确，"是想利用香港这一桥梁地位，为两岸三地甚至亚洲学术界搭起一座交流的平台"。① 中心的实际工作，包括编列和推动专项研究计划、召开各种学术研讨会，编辑出版《亚洲研究》（到2016年4月已出到第72期）和各次研讨会的论文集（近40部），都是胡先生参与策划操持甚或亲力亲为的。中心初设，便聘请两岸学者主持专项研究。最早的7项研究计划中有3项分别由中国政法大学、中国社会科学院和上海外国语学院的教授和研究人员负责。正是通过这样一系列学术研究和学术交流活动，胡先生跟多位内地学者建立了深厚的友谊。②

根据统计，从1992年到2015年，由亚研中心主办的各种学术研讨会多达97次。其中在内地举办的有37次，香港50次，其余10次分别在台湾、澳门以及韩国、美国夏威夷等地。讨论会内容涉及近代中国思想文化，近代中国与亚洲的关系，两岸"三通"与港台关系，大陆住房制度改革、西部大开发、希望工程、农民与农村城市化，港澳《基本法》，东西价值与文化等广泛的议题。2000年开创的"两岸三地历史学研究生论文发布会"，由珠海学院和台湾政大先后与中山大学、复旦大学、华中师范大学、南京大学、北京大学、厦门大学、浙江大学、四川大学、上海大学、南开大学、北京师范大学、山东大学、郑州大学、湖南大学岳麓书院等内地高校合作，广邀全国高校历史学研究生报名与会。每年一届，每届参会研究生在百人左右。到2015年已经举办16届。正式出版的16部论文集，每一本无论部头还是内容都是沉甸甸的。

正如分别由承办学校历史学教授撰写的各届会议论文集"序言"所表达的，持续多年的台、港和内地研究生论文交流研讨会"是大陆改革开放交流大潮中的又一创新，为两岸三地文化学术交流写下新的一页"（中大陈胜粦教授）、"有助于促进三地师生间的多层次、多角度和多元思维的交流"（北大牛大勇教授）、"（已经成为）三地史学界学术交流中有影响力有规模的独特招牌"（浙大陈红民教授）。负责举办第15届发布会的郑州大学历史学院

---

① 《亚洲研究》第74期，香港珠海学院亚洲研究中心，2018，第208页。
② 参见胡春惠《我对陈胜粦教授的怀念与追思》，《亚洲研究》第74期。

吴宏亮教授,特别对原籍河南沁阳的胡春惠先生"致力于两岸历史学青年学子的培养"表示感谢,称赞胡先生此举"泽被后人"、"功德无量"。① 笔者负责联络并作为评议人全程参加了在郑大举办的第15届发布会,对研讨会的热烈气氛、参会者热情互动和相互切磋学问的高昂情绪印象深刻。

胡先生一手促成了珠海学院与北京大学历史系的学术交流协议,每年双方互派教师到对方任教或访学。我初识胡先生就是在北大历史系的一次接待会上,记得当时在座的还有胡先生的夫人高秀长老师。2004年,我奉派到珠海学院客座一个学期,其间对胡先生的学识谈吐和热情为人有了进一步的了解。2012年,在我临近退休之际,突然接到胡先生的一连三通长途电话,代表校方盛情邀请我加盟珠海学院。来珠海学院专任以后,随着跟胡先生在校内校外接触越来越频繁,对先生的丰富知识和惊人记忆力、幽默的言谈和亲和力也越来越有感触。

我听过多次他给博士班讲授的"近代史专题",他可以自始至终不看讲稿,讲述人物、事件如数家珍。我至今还清楚记得他那风趣的讲课方式,他讲的那些历史掌故和多年行走两岸的际遇。例如清朝遗老们因没了顶戴,于是引东坡诗自嘲"荷尽已无擎雨盖";但还留着辫子,所以自诩"菊残犹有傲霜枝"。他曾说起自己只身赴长春路过北京,被小姨、姨丈和表弟们留住家里几日。身为"三八式"老干部的姨丈竟然限定全家人每星期都只可洗一次澡,说是为了节约用水以支持北京承办亚运会;但以"生活习惯不同"为由,特许远道而来的大外甥每天可以洗个"优待澡"。

他从台湾聘请了多位退休文史教授到珠海学院任教,都是铁杆的"统派"。大伙儿周末聚在一起,谈笑自如,如同一家人。有一年10月,秋高气爽,胡先生带十多位老师和师母到猕猴成群的城门水塘郊野公园散步。胡先生手提一袋削好的鲜柿准备给大家野餐,突然从背后蹿出一只壮硕的大猴把食品袋抢了过去。旁边随行的我们都吓了一跳。再看胡先生,却像没事人一样,神情自若地看着猴子跳到不远处扯开口袋大快朵颐。

2015年底,胡先生利用节日假期赴台,在接连操办了两位博士生的论

---

① 以上学术会议的统计和有关评论均见《亚洲研究》第74期"亚洲研究中心25周年回顾"专栏。

文答辩（台湾称口试）后，因身体不适而入院，临上病床还惦记着新学期他给文史所研究生开设的课程，嘱咐由所里通知我代上两周。没想到他竟然罹患不治之症，于2016年3月19日辞世。噩耗传来，珠海学院同仁都深感痛惜。许多内地青年学者、硕博研究生也为之震惊，通过微信传递哀悼和追思之情。在珠海学院组织的追思会上，几位发言人泣不成声。我怀着悲痛，草拟了两副挽联遥祭先生——

> 当日飘然渡台海 合两岸东观学人联谊交流 直面古今音容宛在
> 何期遽尔归道山 留一生上庠伟业育英撷萃 蜚声中外风范长存

> 殚力集兰台硕士 苒苒廿年 释儒论道期新亚
> 呕心辑黉宇华章 煌煌百帙 纬地经天徕祖洲

没考虑合不合联对规格，只想表达对先生的缅怀和对先生事业的敬佩之情。解释一下第二副："经天纬地曰文，照临四方曰明。""释儒论道"旨在明理、明德。"祖洲"是古人想象中的"海内十洲"之一，传说位于东海之中。上下两联合在一起，期盼继续文明（以文照临）、文化（以文化成）亚洲是也。胡先生主持的亚洲研究，既面向历史，也面向未来，面向一个和平发展文化繁荣文明昌盛的新亚洲。

胡先生已经仙逝，但他的精神不死，他的事业后继有人，他所主导的两岸和香港史学青年交流联谊活动仍在继续。2019年9月，第20届两岸和香港历史学研究生论文发布会在古都开封举行，由河南大学和香港珠海学院、台湾政治大学联合举办，河大历史文化学院具体组织承办。据研究犹太历史文化的著名学者张倩红教授介绍：当年胡春惠教授牵线搭桥，把他的朋友丘才廉先生介绍给河南大学。2002年，丘先生支持在河大建立了犹太研究所，以推进对犹太历史文化和开封犹太人的研究。这一次，河大历史文化学院跟胡先生又多了一层精神上的联系。

2019年"复活节"假期草于香港黄金海岸寓所

独把春光磨铁砚　　羞将华发换闲情

——读《罗荣渠文集》之四《北大岁月》

今年（2017年）8月29日（农历八月初三）是先师罗荣渠教授90周年冥寿。先生在欢庆抗战胜利的时刻入读西南联大历史社会系，在新中国建立的凯歌声中从北大史学系毕业，怀抱满腔热情和对未来的美好愿望走上工作岗位，却不料半生坎坷，遭受了常人难以经受的磨难。然而，即使在强大的压力下，先生仍负重前行，矢志不移于其道，学术上成就斐然，自成一家。1996年，先生因积劳成疾，突发心肌梗死辞世，享年69岁。

69岁的年龄，在古人是年近古稀，在今天则还是盛年。从罗先生留下的著作，特别是他最后十年近于火山喷发的大量著述可以看到，先生的学术思想已经成熟、完整，且独树一帜。如果再给他哪怕只是十年的学术生命，以他的勤奋，别说每月一文（这是他1996年初给自己的规定，也是当年头几个月的实际写作速度），就是双月一文、每季一文，其成就也可以跟更老一辈的文史大师比肩了。先生的突然去世，何止是史学界的巨大损失！聊可告慰的是，他的一系列不刊成说或发凡起例之作，如关于拉丁美洲史、关于美洲发现（"为什么没有中国哥伦布"）、关于中美人民友好交往、关于殖民主义史研究、关于对第二次世界大战的再认识，他研究世界与中国现代历史进程的理论方法和基本观点，特别是他一再阐发的"一元多线历史发展观"，已经普惠学林，正在被越来越多人所接受。他在多年以前发出的"人文忧思的盛世危言"，如黄钟大吕，至今鸣响在人们耳畔。

20多年过去了，先生的音容笑貌宛在眼前。先生的著作更是长置学生案头。同时也有两个疑问常常萦绕心头，挥之不去。

其一，20世纪20年代前后出生的一代学人，为什么没有像更早一代那样，形成众星灿烂彪炳史册的学术群体？

其二，毫无疑问，成功的学者必须具备"才"和"学"，还需勤奋。读书时的罗荣渠已经被同学们不约而同地认定为同辈中的佼佼者，称赞他"天资聪慧，才华横溢，文思敏捷，多才多艺"（杨祖陶：《昆明　沙滩　燕园——莫逆之交五十载》）。在北大，罗老师的文字功夫是大家公认的，授课和演讲也极受欢迎。为文为师之外，他还能诗能书能画，大字行草笔力劲健而又圆转连绵、飘逸自如。他还是不错的男中音，不止一次登台放歌。用郝斌老师（80年代曾任北大副校长）的话说，"他何止才学过人，简直是才气磅礴，才情纵横！"（郝斌：《"牛棚"内外忆老罗》）在历史系，罗老师的勤奋有目共睹。做过他的学生的人都记得怎样被他催着读书，也都亲领过他的身教。从他那里借来的中外文书刊，几乎每一本都被他用红笔画得密密麻麻。他身后留下的牛皮纸文件袋堆积如小山，里面装满了他整理使用过的各种文献资料。

同时代人中也不乏像他那样天资聪明而且勤奋工作的人，但他们中许多人没有留下多少思想产品，带着遗憾默默地走了，像罗先生这样多年后仍然影响巨大的，其实为数不多。罗老师的学术成就，除了靠才华、才学，还有什么因素甚至是更重要的、决定命运的东西在起作用？

反复阅读收录了他日记和书信的《北大岁月》，答案渐渐清晰：那就是他过人的胆识。正因为有这样大智大勇的胆识，所以他能够锲而不舍地追求，即使身处逆境，也能不惧艰难，不畏人言，奋然前行。

胆识，分开来是有胆有识，合起来是一种人生的气概和境界。青年时期的罗荣渠也有多次参与学生运动的勇敢行动，如冒着危险投身"一二一"示威和宣讲（果然被特务殴打致伤），但他的主要精力始终用在追求学问上，风雨如晦而此志不移。他从罗尔纲所著《太平天国史纲》联想到做史家之不易。"所谓才、学、识，自然不能缺一，而且历史写作对于文学修养也是顶需要的；至于具有卓越的超时代眼光，更需要有不世之才了。"（《罗荣渠文集》之四《北大岁月》，商务印书馆，2006，第54页，下引该书只注页码）他首先关注中学，同时也致力于西学，为此而在英、德、法、日等多种外语的学习上都狠下了些功夫。他阅读马克思、恩格斯、杜兰（Will Durant）、萧伯纳等人的著作，关注古今大哲学家的生活与思想，对斯宾诺莎、对 R. H. 托尼关于现代社会弊病的论述，等等，都表现出特别的兴趣。

日记显示他大学时期就勇于质疑，读书绝不盲从。例如：

读肖一山的《清代史》，他首肯其写戊戌变法"令人跃然欲起"，同时批评该书"翻开来满纸'国父'、'总裁'，令人很不舒服。……民族革命居然也称为一种'史观'，何史观之多也！"（第 48 页）

"借到一本李鼎声的《中国近代史》，绪论写得很好。近来读到好几本近代史，都不太满意。"（第 50 页）

读《尚书》，他比较孔氏传和蔡沈集传两种本子，既肯定蔡沈纠正孔安国的失误，又批评蔡全是从理学家而非史家的观点出发。"蔡沈云'数纣也傲，学者无憾'，简直是一副奴隶的样子；所谓'学者'也者，竟至如此，实觉可怜！可怜！"（第 48、58 页）

他对先秦思想特别是儒道两家的认识："诸子百家，大抵都是'圣人君子'们'躬行之余'的记录而已，其实并没有什么神奇处，所以颜习斋痛斥这些书的奴才。鸿儒以降，徒子徒孙们造反，孔子也被称'王'（素王）了。这是不为孔门争气，以后更是江河日下了。""（老子）这套哲学无可否认是世界上最聪明、最有人味的哲学。但是……这个世界根本是一个傻子推动历史的世界……所以我们敬慕那些真的聪明人（自然有好些只是假聪明而已），但是我们更热爱那些伟大的傻子。"（第 51、52 页）

读《北大岁月》，我特别注意到他在日记里大段摘抄《新民说》"论进取冒险"一节，日记也多处表达了对梁任公的敬佩之情，一再惋惜其早逝；还有他给自己立下的"戒律"："从今后不写无病呻吟、抄袭剽窃、摇旗呐喊的世界上无此不少的文章。"（第 70 页）

从以上所述，我们可以隐隐看到一个具有强烈批判精神、涉猎广泛而又有独特见识的未来史学家的身影。尽管他此时还只是年龄不满 20 岁的大学低年级学生。他在日记里记录了当时阅读的部分中外文图书书目，许多至今仍是文史学者的必读书。我粗略统计了一下，其数量之大，真让晚辈读书人如我者汗颜!

　　大学时期的罗荣渠思想活跃。起初,他想以历史为工具研究哲学,不久后又曾着力于中西交通史、历史研究方法论;他写过《古代琉球问题之总清算》;计划利用假期写作《历史科学的价值批判》和《俄国革命与法国革命的比较》等三篇文章;曾经设想撰写《再疑录》,探讨比较悲观与悲剧、偶像与信仰、理想主义与现实主义、自由与平等、中国古代"易道"与西洋辩证法、史学目的论与情景论等问题。他还有志于撰写一部学生运动史和一部历史哲学,最后,在向达先生指导下完成了毕业论文《明清之际西学东渐时期中西文化之初度冲突》。前面那些计划、设想看似庞杂,其实都没有离开他的志业历史学或历史社会学,反映出他初出夔门就勇于尝试、勇于进取。不难想象,能够做出这些计划,不仅需要在上课之余付出大量时间和精力,而且需要多么敏锐的眼光和多么远大的志向!

　　1949年夏,罗先生满怀"新中国前途一定乐观,新中国一定有办法"(第470页)的信心和希望走上工作岗位,但迎接他的却是一连串厄运。直到拨乱反正结束"文革",先生一直难以平静地坐下来做自己的研究。这不仅是个人的悲剧,一代人的悲剧,也是整个民族整个国家的悲剧。他主动要求并最后被指定负责带队前往哈尔滨外专,跟从延安来的老师学习一门新的语言——俄语,显然是察觉到中苏交流会越来越频繁。他想要为此做贡献。然而,他很快被逐出校门,主要原因是写了一篇讲述唯心主义源流的文章,提出批判唯心主义不能简单化(第491页)。在此后不久的镇反运动中,他便因为不能跟被错杀的"反革命"父亲划清界限而受到严厉批判,从那时起,他多次被审查,一次次被迫自查,几个弟弟纷纷落难,许多亲友断绝来往。他不认为他面对的是敌人,这使他身心备受煎熬。正如他早年在给朋友的信中所说:"一个人可以忍受仇敌的攻击,却受不了亲友的责备。"(第310页)"文革"初起,他也曾以积极的姿态响应,但很快就加入反对那位"全国第一张马列主义大字报"作者的队伍,以犀利的笔锋揭露之,终被打成"老保(右派)翻天急先锋",甚至被扣上"历史反革命分子"的帽子。据同被关进"牛棚"的郝斌老师回忆,即使在极端的困境下,他仍然认认真真做人做事,不打小报告,不操随机应变保存自己之术,对同"牛棚"难友从没有半点伤害。一旦境遇稍为好转，他又马上表现出乐观外向的性格："走着走着，鼻子里竟哼出了歌，调子好像也不是当时该唱的革命歌曲。这真是一个大胆的举动！时间过去三十余年，我眼前还时时浮现出这个情景。"回忆里还谈到，从劳动改造地回到北京后，某一天他竟然翻箱倒柜，拿出张大千、徐悲鸿、谢稚柳（皆为他父亲的生前好友）的扇面、花鸟和父亲的书画作品给郝斌看。这些在当时仍属犯忌之物，保存已经极有风险，何况拿出来展示！1973 年底，又一场以"反右倾回潮"为名的政治运动突袭而来，先生被定为历史系第一个批斗对象。残酷的打击几乎将他置于人生绝境。两年以后，先生仍未脱离困境，但他这时已经决计反抗，"考虑再三，决定不写检查"；"不能检查……等我跳出来，我则根本不动"（第 571 页）。想想当时"文革"尚未结束，这样大胆的对抗，一定让家人和好友为之捏一把汗。

罗先生的过人胆识，主要还是表现在学术思想上的见解和追求。还是 1975 年，当评《水浒》、批"投降派"的闹剧轰轰烈烈登场的时候，他已经尖锐地指出："当前评论《水浒》的文章，没有一篇在这个关键问题上（按：指农民起义为何失败）讲清楚，甚至根本回避这个关键问题，这是科学研究中极不正常的现象。把政治同学术、文艺完全混淆起来，造成这种极不正常的现象就不足怪了。"写到这里他笔锋一转："当前盲目自大，自以为'中国世界第一'的思想有所抬头，决不是什么好现象。"（第 574 页）显见他对当时国内的思想状况有超出常人的认识。如此对历史和科学研究较真，又如此忧国忧民，哪里像一个自身尚且难保的"老运动员"做的事！他一贯重视史学的社会意义，认为"通"比"专"更有价值，因而不愿为自己专长的美洲史、中美关系史所拘，而把主要精力放在世界历史重大理论课题的综合研究上，计划在一定时期以后，再把研究所获用于探索中国与西方历史的共同性与特殊性。他决心为此"倾毕生之力"，"成败利钝，非能逆睹，就置之度外了"。"马克思说过：'为世界工作'；鲁迅说过：'我们总要争取光明，即使自己遇不到，也可以留给后来的人。'这就是我自己在今后的学术生活中的座右铭。"（第 608 页）

1977 年后，他的人生处境发生根本转变。父亲的冤案昭雪，母亲的地主成分改划,他自己所受批判也被平反,审查结论被推倒,并以新晋副教授身份当选校、系学术委员会委员。作为一个研究世界史的学者,他终于能跨出国门行走世界。这使他更加坚定"打通"的决心:"今后我所要从事的,不是一般的历史研究工作,即考证某些历史事件和历史过程真伪,而是要通观世界历史的全局,继承马恩在历史唯物主义方面所开创的事业。"(第625页)他一次次以诗、词、对联言志——他给昆明西南联大纪念亭题写的楹联是"滇海筇吹心系中兴业,燕园弦诵胸怀四化图"。他回顾年轻时曾经"独把春光磨铁砚",现在更有信心"乘风觅险峰"。他还要"横游绝壑探幽奥",而"羞将华发换闲情"(第631、677、686、717页)。这些诗句,既是他豪情壮志真情实感的自然流露,也是他半个世纪"北大岁月"不懈奋斗的真实写照。

看到这里,对于后来先生致力于开创世界现代化进程研究和探索建立马克思主义的现代化理论,就不会感到奇怪了。当初,几乎没有人能理解他的这项工作。当时的历史系领导人回忆,"曾经不止一次劝他放弃这个计划"。"当他提出'一元多线'历史发展观时,我也曾警告他不要冒这个风险。"这是善意的劝阻。据当时正在北大访学的王加丰教授文章回忆,迟至1989年冬,北大校园里仍然有熟悉的人对罗老师研究现代化表现出"一脸不屑的样子"。也有风言风语的嘲讽以致恶意的中伤,甚至在全系师生大会上声色俱厉地予以批判,再一次给他戴上"反……"的帽子。

实际上,罗先生倾力研究现代化问题,不仅仅是出于史学家对凿通中外历史的责任心,还跟他对现实社会发展的深切关怀、跟他对中国与世界发展趋势的思虑判断密切相关。90年代初他多次给旅居海外的女儿写信,反复讲道:"中国正处在一场真正的深刻革命之中。这大概是一个半世纪以来中国从传统向现代化社会转变的决定性大变革之开始,其势迅不可挡。""(中国变革的)总趋势是好的,完全没有悲观的必要。要说悲观,世界的前景倒是令人悲观。现代化带来全球性的生态危机与发展性危机,恐怕将日益增长。"(第744、747页)在他看来,既然"现代化"是关乎中国和全人类命运的历史和现实进程,史学家自然不能置身事外或视而不见,对它进行记录和理论探讨是理所当然的事。

然而，现代化研究确实从一开始就一直处在新时期史学论争的风口浪尖上。当时中国史学仍然是革命史、阶级斗争史的一家天下。稍有新观念、新色彩或者提出新"范式"即被视为叛逆，史学界某些"掌舵人"必欲"统一"学界思想成一言之堂而后快。有人在"核心"刊物发表权威性述评文章，提出要对以"现代化"为现代史主线"理所当然"地予以否定；还有人著文点名批判《现代化新论》，强加给它一些莫须有的罪名。来访的外国学者也有对现代化研究不以为然者。一贯视"现代化"为反苏理论的苏联学者不用说了。笔者参与接待的一位西方教授就曾当面告诉我，现代化已经过时，不该再谈论它，还指点我一定要找来反现代化的论著仔细看看。他们不明白现代化在发展中国家方兴未艾。即使早期西方的现代化，作为一段历史进程也应纳入史家的视野。只有认真研究它才有资格批评它、超越它。对于现代化研究的价值、工作之艰巨和风险，罗老师心里其实比谁都清楚："深知开拓之难，对各种非议早有思想准备。"（第717页）他1990年致信二弟荣泉先生，说到自己"研究中国的现代化进程，非常艰苦……我不准备苟活，就要冒一点风险"（第724页）。他在复老友杨祖陶教授夫妇的书信里写道："拙书（指《现代化新论——世界与中国的现代化进程》）之完成完全是在风口浪尖之作，盛世之危言，欲以究天人之际，通古今之变，成一家之言。……祖师爷司马迁当年有言：'负下未易居，下流多谤议。'书成是福是祸，早置之度外。"（第746页）这是何等的气魄！回过头来想想，难道一个有担当的史学家不应以继承司马迁为己任吗？多年以后，现代化研究盛行于学界，罗先生也被公推为中国内地学者研究现代化理论和世界现代化进程的开创者。他的世界现代化三次浪潮说、百年中国四种趋势说、东亚传统文化与现代化之密切关系说、"现代化"作为一段有始有终的历史过程说，等等，皆为不刊之论。然而，确定新研究方向和建立新理论体系时，他找不到人交流思想。他的心一定火热，却又是寂寞的。然则所有成一家之言者，当初不都是寂寞的吗？学林正需要这种既勇于开拓创新又能耐得住寂寞的人。别说是学者，即使是工匠，一天到晚热热闹闹的人，肯定做不出好东西来。

从罗老师的《北大岁月》以及他的更多不见于文字的所作所为，我们还能看到：正所谓"功夫在诗外"，罗先生的胆识和他工作的勤奋，恐怕更多地体现在论文著作之外的学术活动上，而这些大多不为人所知。他赤手空拳组建"北京大学世界现代化进程研究中心"。这个后来享誉国内外的"机构"，实际上是一个没有经费、没有编制、开会和堆放图书资料只能借用教研室的"三无"虚体，更没有秘书或助理。除了让研究生帮忙管理一下图书借阅，其他事都是他亲力亲为。年过半百的他还要自己脚蹬单车，带着学生从中关村到几十里以外的白家庄去选购外文图书。办理有关中外学术交流、研讨会申报、科研项目经费申请表格填写等各种繁杂手续，也需他亲手写、亲自跑。主编"世界现代化进程研究丛书"，他亲自组稿，给外地撰稿人写一封封书信，提出修改建议甚至一遍遍帮作者修改文稿。主办大型国际国内学术研讨会和小规模专题讨论会也都是这样。他以独到的眼光回顾20世纪上半叶关于中国发展道路的四次大论争，组织人手收集整理散见于各处的文献资料，编成厚厚的一本文集《从"西化"到现代化——五四以来有关中国的文化趋向和发展道路论争文选》。该书已有多种版本，受惠者及于海内外学界。他在国内最早察觉西方学者关于全球通史和现代世界体系的研究成果对于开拓和发展新时期中国史学和整个社会科学的意义，为此而邀请沃勒斯坦等一批史学家、社会学家前来讲学，并在事前要他的研究生分工研读他们的著作，以便讨论对话。笔者关于殖民主义长波理论的读书札记就是这样产生的。为了扩大影响，他还组织了专题研讨班，吸收校内外青年学人参加。她（他）们中不少人后来成为知名的学者。他亲自组织翻译了《全球分裂》和多卷本的《现代世界体系》。后一种书今日已经风行全国，当初却没有出版商愿意接受。耽搁多年后好不容易求到一家出版社，前两次印刷还是尽量保守，生怕印多了卖不掉。

80年代北大校园和整个国家一样风云激荡，北大学子思想活跃，几乎每年都要起一次风潮。先生的书房自然也不是世外桃源。尽管时时关注改革进程，关注校内外局势的变化，如他在60岁生日抒怀诗中所言，"文锥痛砭匡时弊，独胆横陈逆耳言"，但他没有稍停自己的专业研究工作。收入《罗荣渠文集》前三卷的大量论文，都是在80年代写出的。他一再嘱咐他指导的硕士、博士研究生，术业要有专攻；作为史学从业者，应该老老实实扎扎实实做好历史学研究，做好现代化与现代发展基础理论和各国现代化模式、现代化道路的比较研究，不可荒废学业，不可舍己所长，急功近利，跟风头争做智囊、争上廷策。他自己曾谢绝了来自各方的此类邀约。他不为一时的风潮所左右，同时谆谆教导自己的学生甘于寂寞，耐心坐好史学的冷板凳。他在生活上处处关心体贴学生，但在学业上从来不讲情面，严格要求近于苛刻。我等一众及门弟子，甚至选过他的课的大学本科同学，对此都有切身体会。1989年3月到10月先生在欧洲访学，其间来信告诫我们要懂得"国运艰难"，不要忘乎所以；反复强调博士生学习任务艰巨，"要知道天外有天……我已来日无多，甚盼后继有人"（第715页）。到了90年代初，面对重启改革后出现的一些乱象，他甚至跟某些理论权威唱反调，在政协会议上发言，在各种报刊上发文，一再对文化滑坡、教育滞后、人文素质下降等人文生态中的严重问题敲响警钟。他真是一个肝胆照人的纯粹学者，一个真正的、可以大写的中国学人！

本文原刊于上海《文汇学人》2017年11月10日（总第317期）。

"世界历史"在中国

——以"世界现代化进程研究"为重点

一 年轻的"世界史"专业

中国特色的学科建设，特色之一是既自下而上又自上而下地制定和修订学科目录。某个学科在高校和科研院所能否成立，学术地位如何，需要得到学科目录、学科"布局"的认可。当然，骨子里还要看这个学科有无生命力、影响力。"世界史"曾经是历史学名下的八个二级学科之一，跟专门史、中国断代史、历史文献学、史学理论与史学史等等并列。现在地位上升，成为跟"中国史"分庭抗礼的一级学科。但是，如果自身软弱无力，甚至于支离破碎不成体系，这种上升的地位是可以随时降回去的。据我亲身经历，亲耳所闻，不止一位老一辈史学家曾公开非议"世界史"，认为世界史不应该成为一个专业方向，连"欧洲史"、"欧洲文学史"之类也难以成为大学生学习的专业。老一代中国史学家的经验是：史学应该一点一滴地做，一个人可以研究某个断代，某个人物，把它当作终身事业，思不出其位，这样才能出成果，成一家。说到外国史，似乎可以放宽一些，可以有英国文学史、法国文学史，甚至英国史、法国史、印度史，等等，但若说"欧洲史"、"亚洲史"，则何其大而无当！至于"世界史"、"全球史"，那简直漫无边际、不成体统了。

老一代提出这类批评意见其实是有针对性的。那还是20世纪70年代末,恢复高考后的 77、78 级入学不久。当时全国似乎只有三所大学设有世界史专业,可供大家选择的世界史教材也只有三种:苏联科学院编写的十卷本《世界通史》,周一良、吴于廑主编的四卷本《世界通史》,北大历史系编写的三卷本《简明世界史》。说是三种,其实同出一源,面孔也雷同,不过块头有大有小而已。在北大,世界史专业跟同属"外字号"的国际政治、世界经济专业同学混合编班学英文,私下里被戏称为"编译局",所编所译并非真正的世界史,而是一个个地区、国家的历史,充其量是地区国别史的堆积。说是世界,却不包含占世界人口四分之一的中国,打回原形,确实应该叫"外国史"。当时历史学刚从昏睡中醒来,对人类社会日益密切的物质和文化交往、对整体的世界史还没有今天看得这么清晰。更深层的问题是,从教材到课堂讲的基本都是阶级斗争的历史:古代希腊罗马是奴隶跟奴隶主的斗争,外加一点平民与贵族的斗争,中世纪是农民、农奴跟封建主的斗争。这些都限于一个个邦国之内,最大的单位也不过某个帝国。国际战争说到底也是阶级斗争。其他内容如讲文化艺术哲学也都要以阶级斗争为纲。当时还有一个口号叫"厚今薄古",世界史专业厚今薄古,重点在近现代,重点讲革命,从英国革命、美国革命、法国大革命到近现代史的转折点苏俄十月革命;现代史论述各国无产阶级登上舞台,社会主义战胜资本主义,共产党工人党取得政权巩固政权。这些斗争虽有国际联系、国际组织,但基本还是一个个民族国家范围内的事情。这样一种"世界史",其有限视野和研究方法使之不能不以国家为中心,不能不是国别史的堆积。总之,长时期内"世界史"显得年轻幼稚不成熟,一直处于起步甚至像幼童学步那样的状态,没办法跟悠长厚密功夫深不可测的中国史争一日之长。

二 从华夏中心到欧洲中心

中国有世界上最悠久的史学传统,但"世界史"确是从近代西方传来的。无论对现实还是对历史,国人的观念都有一个从"宇宙"、"天下"向世界的艰难转变过程:古代华夏族人以为天圆地方,以中原为天地之中不晚于周公营洛之际，无论宇（从"屋四垂为宇"到"四方上下"）宙（"古往今来曰宙"）、天下（疆土天下，四维八极），都是以华夏居住的中原为中心，四方边陲为四夷之地。中原王朝的有为君主期望或者被期望的是"并吞八荒"、"威绝域之民"，这些都没跳出"天下"范围。佛教传入给汉语增添了"世界"这一新概念，但世人仍然不知现实中和历史上散布于地球表面的完整的人类真实世界，遑论世界的历史！传统历史观则是治乱分合交替发生、中原王朝不断更迭依次继统的循环史观。历朝历代的史家都跟着说要"通古今之变"，写出来的却是延续两千年越到后来越严厉的君主专制制度——事实上也没有出现过别的制度，不过是帝王将相强胜弱败改名换姓而已。史家这种主要关注如何维护华夏文化中心地位的天下观和主要述论天下治乱更替王朝兴衰的循环史观，统治了中国几千年，直到19世纪才开始慢慢消解。

中国人认识现实世界和世界的历史，从逐渐了解东来的西方国家开始。其间，魏源的《海国图志》和徐继畬的《瀛寰志略》可以视为中国人睁眼看世界的标志。但即使后者也仍然坚守"无远弗及"的"我朝威德"与"靡不向化输诚"的"西海穷陬"之别。第二次鸦片战争后有中国人参与翻译汇编的《四裔编年表》仍在彰显中华的天下中心地位。黄遵宪的《日本国志》将中国与日本及泰西各国并列，尝试打破尊华卑夷的传统，开创了对日本近代史、东洋史的研究，但还是希望遵循周礼来重建世界秩序。

真正提倡和开创从旧史学转向新史学，从循环史观转向从近代西方引进的进步史观、进化史观的，是以梁启超为代表的一代新史学家。而真正放弃以我为中心的天下观，则还要走漫长的路，在这方面当今的世界史研究从业者仍然肩负着莫大的责任。

彼时从对单个西方强国的介绍到对多个西方国家的研究，放到一起称为"西洋史"。中国人的世界观从华夏中心到"欧洲中心"（依照吴于廑先生的说法，欧洲中心论即"以欧洲历史为主体，以欧洲历史分期为标准"），再到反欧洲中心（代表作是陈衡哲的《西洋史》，该书以国际主义反对帝国主义，以文化共有为主轴）。关于晚清到民国时期"世界史"的输入和兴起已经有不少文章论述，如南开大学邢科的《晚清至民国中国"世界史"书写的视角转换》(《学术研究》2015年第8期)。但这个时期的"世界史"基本上是地区史、外国史。许多基本的史学理论问题(例如怎样理解人类历史的"普遍规律")也有待澄清。

1949年周谷城撰写的《世界通史》问世,该书采取诸洲并立、同时叙述的方法,打破了以欧洲为中心的旧的世界史框框,曾多次再版。周谷城讲授中国和世界两部通史以及世界文化史。强调"历史完形论",着意阐明各个历史事件组成为整体历史过程的必要性,主张着眼全域、统一整体,反对以欧洲为中心的世界史,并相继发表过《史学上的全域观念》(1959)、《评没有世界性的世界史》(1961)、《迷惑人们的"欧洲中心论"》(1961),等等。周先生是新中国世界史学科的开辟者,也是反欧洲中心主义的先驱,但是,50—60年代直到"文革"时期却一再受到批判。

历史学家只见树木不见森林甚至只见自我不见世界的情况并非中国独有。古希腊史学家中,较晚的波里比阿亲历了罗马帝国兴起,他写的《通史》被认为是第一部从整体的视角撰写的世界史,"描写了一个形成期的世界"(沃格林:《政治观念史》卷一),其实记录的是以罗马为中心或"目标"的小世界,视野不比华夏古人的"天下"更大。基督教传教士传播一种"普世主义"的世界观、价值观,不过是要居高临下地教化世界,跟中国古代"以华变夷"的天下观异曲同工。近代以来,尽管海道大通、工业革命和世界市场的开辟使得人类社会原本分散的历史越来越成为世界的历史,西方史学界却长期被以西方为中心、以国家为本位的民族主义史学所统治。史学的专业化、与相邻学科的区隔也走向极端、僵化,成为史学继续发展的羁绊。兰克史学、黑格尔的历史哲学无不鼓吹本民族精神文化比别个优越。伊格尔斯指出,作为现代西方历史研究基础和源头的兰克史学,发展出历史研究的一整套职业文化。其影响及于整个世界,也造成了当今历史学的许多重大局限(〔美〕格奥尔格·伊格尔斯:《从21世纪的视角反思20世纪的史学》)。最近去世的海顿·怀特回忆:19世纪以前大学根本没有世界史。哈佛荣休教授入江昭回忆自己当年学过的都是以民族国家为中心的历史。他称自己的新作《全球史与跨国史》是"超越民族国家、超越国家主权的历史"。

从兰克史学到后来的苏联史学，都对现代中国史学——包括中国史和"世界史"——产生过深刻影响。简断捷说，世界史研究者需要对自己从事的专业加深认识。建立超越民族—国家史堆积的名副其实的世界史体系，就要真正走出以华夷之辨为基础的天下观和西方中心主义的历史观，跳出狭隘民族主义的藩篱。

三 从国别史的堆积走向整体的世界史

二战以后特别是近些年兴盛起来的"全球史"，主张建立一种持整体史观的新世界史，尝试突破西方中心主义和以国家为本位的狭隘民族主义偏见，尤其重视跨越国界的物质和文化交流以及疾病的传播、环境生态的变化等人类社会必须共同面对的问题。同样的尝试还有"世界文明史"和"世界现代化进程研究"。前者把各大文明而非民族国家作为研究对象，强调不同文明之间的交流与融合；后者着重于最近几百年来人类从农业社会向现代工商社会的过渡，涉及工业化、理性化、民主化、城市化、世俗化、区域一体化乃至全球化等人类社会面临的共同课题，也触及传统与现代的关系、不同文化的"涵化"等价值观念思想观念方面的问题，实际上是全球史、世界文明史研究的细化、具体化，是现当代这一大时段的全球史。

如果说狭义的全球史容易流于宽泛地"鸟瞰"世界，广义的全球史则更接近于一种方法，一种具有整体性观念的世界史研究新方法。阿里夫·德里克称之为"世界—历史的"方法。它把现实和历史上的民族、国家看作世界的有机组成部分，而非孤立的存在，从而将各个地区、各个民族、各个国家的历史，不同的历史事件和历史人物，置于世界历史的宏观视野下来考察。

笔者曾经在《论全球史的多层级结构》一文（《贵州社会科学》2011年第4期）中讨论了德里克所称"世界—历史"的方法论意义，注意到全球史尝试超越民族（transnational）、超越地方（translocal）的特点，例如挖掘和书写跨地域、跨民族的文化和经济关联与互动，以及全球史观的提出与现代化、全球化进程的关系，也提到了应该批判地看待充满内部矛盾的现代性，但对于全球史跟既往的以民族国家为中心或基本叙述单位的历史书写的区别，并没有展开讨论。迄今笔者仍坚持认为，运用全球史观，书写整体的世界史，必须正视民族国家的存在，必须处理民族国家个体和民族国家体系的形成，以及诸如民族独立和民族解放运动、国家之间的战争与和平等现代国际政治、国际关系中的诸多问题。但笔者同时认为，民族国家是一种产生于近代西方一隅的"现代性方案"。她从一种带有鲜明地方特色的建制，逐渐成长为一个个具有普遍价值的认同对象。在一个激烈竞争甚至弱肉强食的国际环境中，作为推行现代化、工业化的基本载体，主权独立的民族国家发挥了并且还在发挥着不可替代的作用。然而，民族国家只是一个历史的范畴。在经济日益全球化，人类社会面临的问题、人与自然的关系问题也日益全球化的大趋势面前，大到环境生态保护、防止发生大规模杀伤性现代战争，包括劳动力在内的生产要素如何实现真正自由的流动、合理的配置，小到一块土地、一座岛屿、一片海域的归属争议，许多问题都因民族国家的区隔、国家之间的利益冲突而成为难以解开的"死结"。全人类的理想社会，无论是康德所憧憬的永久和平，还是马克思的自由人联合体，都绝不是现在这样的民族国家林立的状态。跟民族国家紧密相关的还有民族主义。作为一种源于现代早期西方"地方性知识"的现代化意识形态，民族主义已经传布和支配现代世界数百年，繁衍出许多类型、支派，并且仍然展现着广泛的认受性（legitimacy）和强大的生命力。但它早晚也会跟现代化、现代性、民族国家等历史范畴一样被超越，被送入历史的博物馆。立足于这样一个视野，面向未来、面向全人类"想象的共同体"的全球史和全球史观，就不能仅关注"跨地域、跨民族的文化和经济关联与互动"，而应该建基于对民族国家、民族主义以及其他各种"现代性"的辨识、批判和超越。它不同于既往作为众多民族国家堆积体的"世界史"，而应当是一种认识和探究世界历史的新"范式"。

相比于"全球史"、"世界文明史"，"世界现代化进程研究"更直接地把正在越来越密切的连为一体的现代世界作为自己的论述对象。反过来，也正是因为人类社会已经进入一个整体上日益现代化、全球化的时代，我们才能被赋予这样一种超出前人的、兼顾纵向和横向历史发展变化的整体性大视野。

目下国内许多人对现代化研究的认知,仍然停留在二战后美国社会科学中的现代化理论。这也是西方中心主义的一种体现。这又造成了某些人轻易地把现代化研究视为过时的、早就应该被抛弃的范式,以为可以轻松打发掉。为了消除误解,还是要就此多说几句话。

四 现代化研究对史学发展的多重意义

应当承认,无论现代化还是"现代性",于中国人都是舶来品。但是,中国人研究现代化问题要比美国社会科学中的现代化论早得多。它发轫于梁启超提倡"探察人间全体之运动进步","以过去之进化,导未来之进化",光大于旗帜鲜明地以"中国现代化"为主题的大讨论。从20世纪20年代初到40年代末,中国知识界围绕有关现代化的各种历史与现实问题,如东西方文明与文化的比较、传统思想与现代的关系、中国本位还是全盘西化、以工立国与振兴农业的关系、走资本主义道路还是社会主义道路以及国家要自由民主还是要独裁专制,等等,进行过反复的论辩。有关的讨论时而热烈,时而沉寂,然后又转喧闹,不同观点在报纸和书刊上激烈碰撞。30年代由《申报月刊》发起的讨论,还将此前的有关问题归结为一个旗帜鲜明的总问题——"中国现代化问题"(见图1)。"现代化"这一概念由此而被推广(参见罗荣渠主编《从"西化"到现代化——五四以来有关中国的文化趋向和发展道路论争文选》,北京大学出版社,1990)。

20世纪80年代重启的世界现代化进程研究,迄今已经硕果累累。其中,罗荣渠先生的《现代化新论》注重对现代世界发展历史的理论探讨,突破了进化史观、五种生产方式系列(联共党史)或经济增长五至六个阶段依次递升(W. W. 罗斯托)等单线发展的历史观,提出了"一元多线历史发展观"。这种新发展观的核心内容可以简单概括为:以大工业生产力发展作为现代世界发展的中轴,揭示各地区各民族共同经历或者即将经历的大趋势,关注范围和声势一次比一次大的世界性现代化大浪潮,同时强调各地区各民族国家在不同的传统文化、社会经济和政治结构基础上以及在不同的国际环境条件下发展变革的不同道路。

图 1　《申报月刊》"中国现代化问题特辑"

我们现在所从事的世界现代化进程研究,不同于西方主要在结构功能主义指引下的对现代化目标、"模式变量"的横向研究。它更侧重"进程",有本国的学术脉络,但也十分注意吸收西方学术发展的新成就,比如现代世界体系理论、非西方发展理论等批判西方中心主义的理论框架。这些都是跟当年美国的"现代化理论"完全不同的。世界现代化进程研究的对象是人类社会从分散走向一体的历史,亦即现代世界形成和发展演变的历史,所以更能接近和触摸世界历史的内核或本质;在现代发展的时序方面,承认西方在多种动因的凑合作用下率先建立世界市场和启动工业化,但不认为西方文化从来比其他文化先进、优越。人类社会的发展演变从来都不是单线而是多线的,不能按照某一个国家或某一个地区的标准来裁剪。

需要特别指出的是:史学家眼里的"现代化",是一个有始有终的世界历史进程,一个内涵确定、不可逃避也终将被超越的历史范畴。迄今仍然汹涌澎湃的世界现代化大浪潮,既有波峰也有谷底,既带来希望和喜悦,也带来了"现代的灾难"(马克思语)、新的世界性危机甚至整个人类社会必须面对的各种风险。以一元多线历史发展观为基础的现代化研究对于史学——尤其世界史学科——的价值在于：它从近代以来全人类社会变革的角度看问题，把包括中国史在内的各国家、各地区的历史融入世界史，拓宽了史学家的视野与史学研究的领域，并且注意吸收社会学、经济学等学科的研究方法与成果，真正形成了人文社会科学以及自然科学的相互吸收接纳与跨学科的研究，有利于对纷繁复杂的历史过程、历史现象进行多方位、多角度的思考。

一元多线论里的一元是普遍性，共性，是人类社会大转型、科学技术带动生产力大飞跃的整体趋势，是宏观的大视野；多线是各文明区域、各民族、政治经济文化社会发展演变的不同道路，是特殊性，个性，是深入具体、丰富多彩的历史书写。《周易·系辞》里的"天下同归而殊途，一致而百虑"，讲的就是普遍与特殊、共性与个性、一元与多线的关系。世界史要扬弃和走出既往的民族主义史学、摆脱陈旧的欧洲中心或者中国中心偏见，则应当反映人类社会发展的整体进程和共同趋势。人类社会应当有一个超越民族国家体系、超越现代化的理想未来，对此已经有各种表述，如"天下为公"、"自由人的联合体"。比较跟现实贴近的有永久和平的世界、"人类命运共同体"，等等。既然是共同体，当然就有共同的普遍适用的价值、规范、制度，如民主、法治、诚信、自由、公正、公平、平等，主张或者贴近普遍人权的"己所不欲勿施于人"、"兼爱仁慈"等世界各宗教各文明都有的类似表述。对历史上诸如先秦诸子百家争鸣、北非和欧洲的启蒙思想运动和中国以民主科学自由平等和人权为旗帜的新文化运动、欧洲近代"二元革命"（工业革命、法国大革命）等产生这些价值观的政治经济制度、活动和思想运动的记述和评价，以及对由现代化带来的现代战争、现代性支配下的法西斯主义、大屠杀、征服自然所造成的环境生态空前的破坏等的记述和分析，也都是现代化研究的题中应有之义。

现代化研究既要关注世界现代化的大趋势、整体进程、社会转型时期的共同特点，也要分析研究比较各地区各民族现代化的不同排序、不同道路，先发展地区、后发展地区各自的优势和劣势。"从世界看中国"是世界现代化进程研究倡导者的初旨之一，体现了世界史学者对斯土斯民历史与现实的深切关怀。罗荣渠先生的《现代化新论》，副标题就是"世界与中国

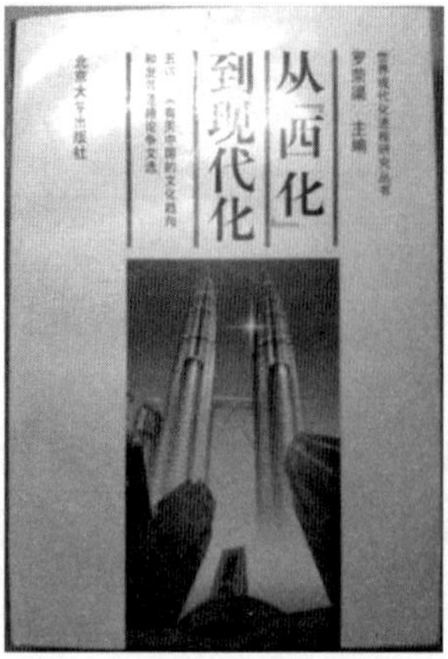
从「西化」到现代化
罗荣渠 主编
北京大学出版社

从「西化」到现代化
上册
罗荣渠 主编
黄山书社

现代化新论
罗荣渠 著
世界与中国的现代化进程

现代化新论

罗荣渠文集之
现代化新论
——世界与中国的现代化进程
（增订本）
商务印书馆

中国文库
现代化新论
——世界与中国的现代化进程
（增订本）

"世界历史"在中国 | 277

图 2 罗荣渠先生的《现代化新论》和他主编或组织翻译引介的有关著作。史学著作在十多年里出现这么多版本,说明其社会反响之大。像这样的情况迄今少见。

的现代化进程"。新论的后半部分（续篇）则主要讨论东亚与中国。

"从世界看中国"得到许多中国史、中外关系史学者的呼应。阎步克2012年和2017年关于"中国专制主义问题"的两篇长文［分别刊于《北京大学学报》（哲学社会科学版）2012年第6期和2017年第2期］，李伯重的专著《火枪与账簿：早期经济全球化时代的中国与东亚世界》，都体现出中国史学家的世界历史眼界。2017年第2期《读书》杂志刊登了罗志田和他的弟子的一个对谈，说到"研究近代中国，不仅要了解前近代中国，还要把它放在世界史中研究"。王立新在《民国史研究如何从全球史和跨国史方法中受益》（刊于《社会科学战线》2019年第3期）一文中指出：20世纪中国国内的经济、政治变化，例如革命与战争，以及国际地位和对外关系的变化，无不与世界潮流、与现代化的全球进程密切相关。很多重大现象是全球性的现象。把中国历史置于世界历史中考察，还有很大的研究空间。

现代化研究对于世界史学科的建设和发展还有另外一重意义。伊格尔斯在《从21世纪的视角反思20世纪的史学》一文中还指出，兰克史学及其传播在某种意义上是现代化进程的一部分。人们对跟兰克史学及其传播相关的社会和经济背景尤其是经济背景，还所知甚少。因此，真正认识和解析这"一部分"，需要对世界现代化进程做系统的、整体的研究。从数百年世界经济发展社会变迁的角度看史学形态的演变，才能洞察其实质。扬弃作为现代西方历史研究基础和源头并长期影响整个世界的兰克史学，打破西方中心论、本族优越论等狭隘观念对史学家视野的限制，才能建立真正的世界史。

本文原刊于香港珠海学院亚洲研究中心主办《亚洲研究》2019年总第75期。

口述史的方法和规则

口述史是历史学中非常重要的一部分，但它并不是像金融史、法律史这样一些专业的科目，它是一种方法、一种研究的理路。以前人们对它的重视不够，更多注重书面的材料。但实际上，它一直存在，比如《史记》里面有很多内容就是口口相传的资料，不过是古人记录下来的而已。

口述史作为一个重要的方法，在国内外出现已经很长时间，美国有专门的《口述史》杂志，还有专门的机构，如哥伦比亚大学口述史中心。我们在十多年前做过一个口述史的项目，叫作"中美文化交流与中国现代化——中国留美学人口述史"。采访了30多位著名的留美学者，整理了150多万字的资料。原本打算公开出版，但是因为出版社有自己的规则，难以保证不做删改，最终只好作为资料内部交流。我们采访的都是老人，现在有的已经去世了，他们留下的这些珍贵的资料，对于历史研究来说，依旧非常有价值。

做口述史不容易。当初我们请了美国口述史研究杂志的主编B.斯代夫教授来讲课，给研究生培训。最终组织了40多位研究生，还有几位辅导老师一起，采访了30多位老人，尽可能原汁原味地把他们讲述的内容保留下来。

说说我对于口述史的认识：第一，口述史很重要，应该提倡。第二，做口述史需要专门的训练，采访中要尊重当事人，还要有尽可能详细并且获得当事人认可的提纲，通过提纲引导采访，而不是漫无边际地谈。第三，研究口述史，应该对这些记录加以鉴别。人的记忆会有偏差，有时候时间顺序都可能记错。有的被采访人可能会有意无意地遮蔽一些对他不利的内容，有选择地讲述，所以，不可能要求讲述的都是事实，不能把口述内容等同于真实的历史,而是应该和对待其他的史料一样加以鉴别。

目前国内大学、研究机构做口述史的并不多,有个瓶颈,即学术评价机制的问题,口述史是不是一种研究成果,是哪一类的?很难界定。此外,在出版上,出版机构有自己的规则,而口述史要求保留访谈的本来面貌,这个矛盾很难化解。我们去哥伦比亚大学口述史中心参观,那里有大量的资料存档,但是正式出版的很少。

本文原刊于《北京晨报》2012年7月7日。

附:《"中国留美学人口述史"访谈实录》编者赘言

在中国近代留学史上,中国向美国派遣留学生最早,后来的发展最快,人数最多,因而影响也最大。从创制选派青少年赴美留学计划的容闳开始,中国学生在美含辛茹苦,求学真知识,以图学成后"以西方之学术,灌输于中国,使中国日趋于文明富强之境"(容闳:《西学东渐记》)。20世纪上半叶,中国赴美留学形成新高潮。据统计,从1902年到1938年,中国留美学生完成硕士、博士论文达2100篇。袁同礼辑录1905年至1960年中国留美学生完成博士论文者2789人,其中人文类327人,社会科学类548人,自然科学基础学科696人,地学40人,生物学439人,医学149人,工程学科590人。

在中国知识界,在"欧美同学会"内,老一代留美学人是一个有特定身份认同的群体。这个群体对于中美文化交流,对于自由、民主、法制等现代制度观念和现代科学技术在中国的传播,曾经起了并且仍然在起着重要作用。他们来自中国各个社会阶层,通过各自的途径走上远涉重洋的留学道路。留美期间，面对中美两种不同政治经济制度和文化传统的强烈碰撞、美国对内与对外政策常常造成的巨大反差，以及中美关系时而友好时而敌对等，他们苦苦思索。多数人毕业以后随即返回报效祖国，不能回国的也是身在异乡，心怀故土，每念以各种可能的方式为祖国发展效力。他们的人生经历和爱国情操，是一份宝贵的思想文化遗产。

"中国留美学人口述史"系由北京大学美国研究中心组织管理、福特基金会资助、北京大学世界现代化进程研究中心具体承担的一个项目。项目从1999年开始进行，历时两年有余，初步整理出口述记录150多万字。项目的主要任务是实录受访人的口述并以录音和照实笔录两种形式保存之。由于多数受访人已年过耄耋，我们的采访和整理还有抢救史料的性质。事实上，像对周一良先生的采访就因为先生身体状况欠佳而被迫中途停止，陈志潜先生在结束访谈后不久去世，而谢希德先生的访谈已经联系好却没有来得及进行。限于人手和交通，我们的采访多集中在北京，少数在北京以外地区的访谈都是靠研究生在寒暑假回家期间进行的。跟受访人的联系也有很大随机性。如果有条件，我们愿意与国内外同好将这项工作做下去。现在整理出来的，只是采访的一部分，但已经渗透了老一辈学人的心血。如杨生茂先生曾对自己的访谈录反复审查，为此而写给我们的书信就有十多封。他这种一丝不苟的工作精神非常令人感佩。

时任福特基金会驻北京代表、哈佛大学肯尼迪政府学院的托尼·塞奇教授，美籍华人张之香女士以及曾经在北大任教的美国《口述史评论》主编布鲁斯·斯代夫教授关心和热情帮助了我们的工作。时任北京大学副校长何芳川教授慨然允诺担任项目顾问，并亲自主持了1998年在美国安卡雷奇召开的国际口述史年会中国分会场的讨论。北京大学美国研究中心主任袁明教授为项目投入大量时间和精力，自始至终关注项目的进展。北大历史系刘一皋教授、牛大勇教授，美国加州大学尔湾校区的陈勇教授，在纽约从事教学工作的侯建平女士等先后参与了项目工作。历史系研究生李纪、赵海、林茂、侯晓佳在自己承担访谈以外做了大量的组织协调工作；昝涛、郑振清、刘坤、张杰、曹磊、刘青、吴延民先后参加了记录稿的后期整理、审校。项目全程的具体组织工作由董正华负责。

图书在版编目(CIP)数据

追寻现代世界的足迹 / 董正华著 . -- 北京：社会科学文献出版社，2020.3
（北京大学史学丛书）
ISBN 978 - 7 - 5201 - 6319 - 4

Ⅰ.①追… Ⅱ.①董… Ⅲ.①世界史 - 研究 Ⅳ.①K1

中国版本图书馆 CIP 数据核字（2020）第 031481 号

北京大学史学丛书
追寻现代世界的足迹

著　　者 / 董正华

出 版 人 / 谢寿光
责任编辑 / 邵璐璐

出　　版 / 社会科学文献出版社·历史学分社（010）59367256
　　　　　地址：北京市北三环中路甲 29 号院华龙大厦　邮编：100029
　　　　　网址：www.ssap.com.cn
发　　行 / 市场营销中心（010）59367081　59367083
印　　装 / 三河市尚艺印装有限公司
规　　格 / 开　本：787mm × 1092mm　1/16
　　　　　印　张：18　字　数：272 千字
版　　次 / 2020 年 3 月第 1 版　2020 年 3 月第 1 次印刷
书　　号 / ISBN 978 - 7 - 5201 - 6319 - 4
定　　价 / 98.00 元

本书如有印装质量问题，请与读者服务中心（010 - 59367028）联系

△ 版权所有 翻印必究